보혈은 기적이다 II

KB191469

보혈은 기적이다 II *Jesus blood is the miracle*

초판 1쇄 인쇄 | 2013년 03월 05일
초판 1쇄 발행 | 2013년 03월 15일

지 은 이 | **심상태**
펴 낸 이 | **백도연**
펴 낸 곳 | **도서출판 세움과비움**

등   록 | 제 2012-000230호
주   소 | 서울 마포구 양화로 16길 18(서교동)
전   화 | 02-704-0494
팩   스 | 02-6442-0423
메   일 | feelmoum@naver.com

ⓒ **심상태 2013**

디 자 인 | **명상완**

ISBN 978-89-98090-04-3 03230

정가 12,000원

보혈은 기적이다 II

Jesus blood is the miracle

심상태 지음

세움과 비움
Seum&Bium

몇 년 전에 필자는 어떤 목사님과 만나 보혈에 대한 이야기를 장시간 나눈 적이 있었다. 나중에 지인을 통해 안 일이지만 그분은 필자를 '보혈에 매우 치우친 사람'이라고 평했다고 한다. 그렇다. 필자는 보혈에 치우친 사람일 뿐 아니라 어쩌면 보혈에 미친 사람인지도 모른다.

그러기에 10여 개국과 15개 신학교와 많은 교회와 기도원에서 보혈을 전했고 3년에 걸쳐 『보혈은 기적이다 Jesus blood is the miracle』, 보혈시집 『은총의 붉은 낙엽 Leaves tinted red by His Grace』에 이어 『보혈은 기적이다 Ⅱ Jesus blood is the miracle』를 쓰지 않았나 생각한다.

한 가지 꼭 기억해야 할 것은 본서는 보혈에 대한 편향된 글이 주를 이룬다는 사실이다. 그 이유는 보혈은 성경의 진리요 성경이 보혈에 관한 책이요 또한 본서는 보혈을 설명하는 책이고, 필자는 보혈을 연구하고 전하는 보혈전도자요 보혈목사이기 때문이다.

그러나 무조건 보혈만 기록한 책이 아니라 보혈을 죄 사함과 구원의 언약을

성경적으로 상세하게 풀어놓았다

먼저 『보혈은 기적이다』와 보혈시집 『은총의 붉은 낙엽』에 이어 『보혈은 기적이다 Ⅱ』를 허락하신 하나님 아버지께 영광을 돌려드린다. 보혈은 성경 속에 숨은 보화요 진리이다. 다시 말해 보혈은 진리라는 그릇 속에 숨겨 놓은 보배이므로 많은 사람들이 잘 알지 못한다. 필자도 33년 목회 중에 23년은 보혈을 알지 못한 목회자로 살아왔다. 그런 필자를 택하시고 보혈을 계시 Revelation해 주시고 깨닫게 해주셔서 이렇게 보혈을 전할 수 있게 하신 것은 오로지 주님의 크신 은혜이다.

주님이 이 땅에 오심도, 특별계시인 성경을 우리에게 주심도, 우리를 예수 믿게 하심도, 교회를 주심도 그 뜻은 단 하나 우리를 죄에서 구원하시어 천국으로 인도하여 주시기 위함이다. 그래서 죄에서 우리를 구원하시기 위해 주님은 십자가에서 피를 흘리셨고 죽으신 것이다. 구약은 임시 피로, 예수의 피를 상징하는 짐승의 피를 통하여 죄를 구속하셨고 때가 되어 선지자들의 예언의 성취로써 주님은 우리를 위해 생명의 피를 쏟으시고 "다 이루었다"(요19:30)고 하신 것이다.

이제는 짐승 피가 아닌 예수 피가 필요하고 그 피로 죄를 씻어야 한다는 뜻이요 이제는 제사의 보혈이 아닌 예배의 보혈로 드려져야 한다는 뜻인데도 많은 사람들은 알지 못하고 있다. 우리는 예수 피로 죄를 씻고 이미 구원을 받았으므로 앞으로는 보혈이 필요 없다고 가르치고 믿고 있다. 물론 예수님의 피는 우리를 원죄의 저주에서 해방하시고 구원의 문을 열어주셨다.

하지만 '내가 너를 씻기지 않으면 너와 나는 상관이 없다'는 요한복음 13:8의 주님의 말씀을 어떻게 생각해야 하는가? 주님은 보혈로 씻기지 않으면 베드로도 상관이 없다고 하신 것이다.

이 말씀은 구약에는 짐승 피로, 신약에는 예수님의 피로 우리도 보혈을 믿고 그 피로 씻어야 한다는 사실을 말하고 있는 것임을 알아야 할 것이다.

필자는 본서에서 보혈과 구원을 연결하여 본문을 성경적으로 설명하기 위해 노력했다. 오늘날은 성경보다, 예수님 말씀보다 어쩌면 칼빈 Jean Calvin의 말, 칼빈주의 Calvinism가 성경 위에 있지는 않을까 생각하게 된다. 우리는 구원을 받았고 보혈로 이미 씻음 받았다고 믿고 있는 자 많기 때문에 한 말이다. 예수님의 보혈은 이 생명 다하는 날까지 필요하고 씻고 믿어야 할 진리요, 보화인 것이다.

바라기는 본서를 읽으시는 모든 분들이 본문의 내용을 기도하며 열린 마음으로 읽으셔서 필자가 알고 있는 보혈이 여러분에게도 그대로 역사하여 죄 씻음의 보혈로, 능력의 보혈로, 구원의 보혈로 열매 맺기를 바라며 끝으로 『보혈은 기적이다』 1권에 이어 기쁘게 추천서를 써주신 모교인 대신대학교 전재규 총장님과 이종보 목사님에게 감사드리며 책 교정에 수고하신 송해순, 김유진, 최하림, 선생께도 감사를 드린다.

주후 2013년 1월 20일

포도원교회 서재에서
저자 **심상태 목사**

주님의 특별하신 은혜와 사랑으로『보혈은 기적이다』, 보혈시집『은총의 붉
은 낙엽』에 이어『보혈은 기적이다 Ⅱ』를 출판하게 된 것을 진심으로 축하드
리며 허락하신 하나님께 크신 영광을 돌려 드린다.

보혈은 예수 그리스도의 피를 고상하게 높여 지칭하는 단어이다.

한자로는 보혈寶血, 보배로운 피란 뜻인데 영어로는 귀한 피Precious blood,
혹은 혈액으로 번역할 수 있다. 그러나 우리나라 성경에는 그리스도의 피, 어
린양의 피라는 말로 쓰여져 있다. 또한 히브리서에서는 '언약의 피'라고 하였
다. 굳이 설명을 드린다면 베드로전서 1:19에서 그리스도의 보배로운 피The
precious blood of christ라고 하였다.

우리나라에서 그리스도의 피를 보혈이라 부르는 것은 복된 표현이라 생각
한다. 그 이유는 우리는 그리스도의 피를 통하지 않고는 죄 사함도 구원도 받
지 못하기 때문이다.

신구약성경은 피의 기록이라 할 수 있다. 구약시대의 제사는 보혈을 상징하

는 짐승의 피를 통해 죄 씻음 받고 피를 뿌려서 죄를 덮는 예식을 행하였다. 신약시대에 와서는 예수 그리스도의 보혈로 단번에 죄를 도말하는 속죄의 영적예배를 드린다. 그러므로 구약을 짜면 짐승의 피가 흐르고 신약을 짜면 예수그리스도의 보혈이 흐른다고 표현할 수 있다. 따라서 기독교 교리 중 핵심인보혈은 아무리 강조해도 부족하다고 할 것이다. 왜냐하면 예수 그리스도의 보혈은 사죄의 능력, 구원의 능력, 영생의 생명력을 가졌기 때문이다. 주님이 친히 말씀하시기를 인자의 피를 마시지 아니하면 너희 속에 생명이 없느니라고하셨다(요6:53).

레위기 17:11 육체의 생명은 피에 있느니라고 하셨다. 다시 말씀드리면 보혈을 성경은 생명이라고 하였다. 육신의 생명도 피에 있다. 피가 없거나 모자라면 그사람은 죽게 된다. 그 이유는 피는 곧 생명이기 때문이다. 보혈을 통하지 않고는 죄 사함도 영생도 없다는 것이 성경의 가르침이며 핵심 진리이다. 그래서바울은 자기 피로 사신 교회를 치게 하신다고 하였다(행20:28).

주님은 죽으시기 전날 밤 제자들에게 떡과 잔을 주시며 다 받아 먹으라 하시고(마26:27) 마태복음 26:28 이것은 죄 사함을 얻게 하기 위하여 흘리는바 나의 피 곧언약의 피니라 하셨다.

우리 모두는 보혈이 필요하다. 피가 필요하지 않는 사람은 예수님밖에 없다. 만일 보혈이 없는 사람이 있다면 그는 주님을 만날 수도 없고 하나님께로 갈수도 없다. 구약의 대제사장이 하나님을 만나기 위해 지성소를 들어갈 때는 반드시 피를 가져가야 한다(히9:7).

마태복음 20:28 인자가 온 것은 섬김을 받으려함이 아니요 도리어 섬기려하고 자기목숨을 많은 사람들의 대속물로 주려함이라 하시므로 주님이 오신 목적도 보혈을 흘리려 오셨다고 말씀하셨다.

그 증거가 죽으시기 전날 밤 겟세마네 기도에서도 나의 원이 아니고 아버지의 원대로 되기를 원한다 하셨고 ^{요한복음 19:30}피를 다 쏟으시고 다 이루었다 하시므로 주님이 오신 목적이 보혈을 흘리려고 오셨음을 말씀하고 있다. 그런데 오늘날 교회는 주님의 보혈에 대한 강해, 강론, 설교를 잘 들을 수가 없다. 이는 참으로 안타까운 현실이다. 그런데 이번 심상태 목사님이 쓰신 『보혈은 기적이다』 I, II는 우리에게 신선한 충격을 주는 사건이라 할 것이다. 무엇보다 감사한 것은 『보혈은 기적이다 II』는 1권보다 깊은 복음의 진리를 성경적으로 풀어놓았다는 것이다.

보혈이 생명이라면 보혈이 없으면 생명이 없다는 뜻이다. 그런데 이러한 복음의 진리를 알고 우리에게 책으로 엮어 출판하신 심상태 목사님의 노고를 치하하며 기쁜 마음으로 추천하고 일독을 권한다.

주후 2013년 1월 10일

전재규 박사
경북대학교 의과대학 졸업 | 의학박사

미국 템플대학교 의과대학 교수, 계명대학교 의과대학 학장
한국의료윤리 교육학회 회장, 한국 호스피스협회 이사장
계명대학교 명예교수, 대신대학교 제5대 총장

　먼저『보혈은 기적이다 Jesus blood is the miracle』『은총의 붉은 낙엽 Leaves tinted red by His Grace』에 이어『보혈은 기적이다 Ⅱ Jesus blood is the miracle』의 출판을 허락하신 하나님께 크신 영광을 돌려드리며 독자의 한 사람으로 또한 저자를 사랑하는 목사로서 함께 기뻐하며 저자 심상태 목사께 축하를 드린다.

　필자는 목사로 장립 받은 지 금년 들어 41년이 되었고 약 50여 년을 목회자로 부흥사로서 또한 주님의 교회를 섬겨왔다. 그런데 보혈의 설교를 해본 일도, 보혈의 진리를 깊이 잘 알지도 못했다. 그런데 저자 심상태 목사는 세계 교회와 한국 교회에 남들이 알지 못하는 보혈의 진리를 환난 속에도 10여 년 동안 전해왔으니 주님의 크신 은혜요, 그 노고와 열정을 칭찬하지 않을 수 없다.

　심 목사는 이 시대를 위하여 숨겨놓은 주의 종이요 영적인 별이다. 남들에게 잘 알려지지 않아 많은 사람들이 잘 알지 못하지만 그는 성경학자요, 유명한 교수요, 부흥사요, 또한 8권의 책을 저술한 저술가요, 시인이다.

그는 본서를 구원과 보혈의 관계를 성경적으로 잘 해석하여 설명하였다. 그는 신앙이 투철하고 사랑이 많고 정이 많으며, 가슴이 따뜻한 사람이다. 지금까지는 모세처럼 주님이 미디안 광야에 숨겨두었으나 이제는 주님 영광과 세계 교회를 위하여 크게 쓰임 받을 것이라 확신한다.

이번에 나온 본서 『보혈은 기적이다 II Jesus blood is the miracle』는 1권보다 더 깊은 진리를 담았고 또한 쉽고 재미있게 쓰여졌으며 성경적으로 쓰여졌음을 함께 기뻐하는 바이다.

지금은 신앙서적들이 홍수처럼 쏟아져 나오나 유독 보혈에 대한 책은 찾아보기가 어렵다. 그런데 이번에 나온 본서는 모든 면에서 만족을 주는 성령의 영감으로 쓰인 주님의 책인 것이다. 아무쪼록 이 책이 한국과 세계인 모두에게 읽혀지기를 기도한다. 또한 이글을 읽는 모든 분들도 주님의 은총과 축복이 함께하길 기도하면서 일독을 권해드리며 추천서를 대신하고자 한다.

주후 2013년 1월 20일

이종보 목사
예장합동 경청노회 은퇴목사
서울문학이사
주사랑문인회 이사, 시인, 부흥사,
총회신학교수(개혁)

4장 　보혈과 신앙 Jesus blood & Faith

5장 　보혈과 성경 Jesus blood & Bible

9장   보혈과 체험 Jesus blood & Experience

" 또 잔을 가지사 사례하시고
저희에게 주시며 가라사대 너희가 다 이것을 마시라
이것은 죄 사함을 얻게 하려고 많은 사람을 위하여 흘리는바
나의 피 곧 언약의 피니라 "

마태복음 26:27~28

1장

보혈과 사랑
Jesus blood & Love

나에게 찾아온 보혈의 은혜

필자는 고린도전서 15장 10절의 바울 사도의 신앙고백을 항상 필자의 신앙 철학으로 삼아 가슴 속에 담고 살아왔다.

"나의 나 된 것은 하나님이 은혜로 된 것이니 내게 주신 그의 은혜가 헛되지 아니하여 내가 모든 사도보다 더 많이 수고하였으나 내가 한 것이 아니요 오직 나와 함께하신 하나님의 은혜로다". 지금까지의 나의 나 된 것은 주님의 놀라우신 은혜이다. 금년 들어 33년간의 목회를 하였으나 부족하고 허물 많은 종을 주님은 사랑해 주셨고 또한 죄악에서 사탄에게서 세상에서 종을 지켜주셨다. 필자는 네 번이나 죽을 고비를 넘겼다. 첫 번째는 어릴 때 홍수로, 두 번째는 초등학교 다닐 때 결핵 3기로, 또한 신학교 다닐 때 연탄가스로, 목사 안수 받은 후에는 오토바이 사고로 죽음의 위기를 네 번이나 넘겼던 것이다. 그때마다 주님은 생명의 천사를 파송시켜 종을 지켜주셨다. 이제 내 삶은 덤으로 살고 있는 것이다.

그런데 감사한 것은, 많은 사람들이 알지 못하고 깨닫지도 못하는 보혈의 진리를 주님은 종에게 계시하시고 연구하게 하시어 『보혈은 기적이다 Jesus blood is the miracle』 제1권과 보혈시집 『은총의 붉은 낙엽 Leaves tinted red by His Grace』에 이어 『보혈은 기적이다 II』를 쓰게 하셨다. 주님의 놀라우신 은혜를 찬양하며 모든 영광을 하님께 돌려드린다.

제1권에서 상세하게 소개한 바와 같이, 필자는 『당신의 말이 기적을 만든다』라는 책을 읽고 많은 감동과 도전을 받았다. 그 후 "기적이 일어납니다. 감사합니다." 라는 기도를 하루에 오천 번씩 1년 동안을 하게 되었고, 그 후 영적으로 주님을 만났다.

주님은 나의 기도를 다 들으셨노라고 말씀하시며 '기적이 무엇인지 아느냐?'고 내게 물으셨다. 나는 주님께 '주님, 기적이 무엇입니까?' 라고 물었다. 그때 주님이 하신 말씀이 '기적이 보혈이다!' 라고 하셨다.

그 후 10년이란 세월이 지나는 동안 나는 오직 보혈 연구와 보혈 전파에 최선을 다해 오늘에 이르게 되었다. 아직까지 육적인 면에서 보이는 기적은 많이 일어나지 않았지만 영적인 면에는 많은 기적이 일어났다.

주님은 보혈이 생명이라 하셨으니 필자의 보혈 전파를 통해서 많은 사람이 영적으로 살아났으니 보혈은 기적임에 틀림이 없다.

필자는10여개 나라에 보혈선교를 하였고, 인터넷 카페 〈보혈신앙선교회〉 http://cafe.daum.net/angtae를 통하여 보혈을 전하고 있으며, 국내 15개 신학교와 많은 교회에서 보혈 집회와 세미나를 인도하였다. 국내외적으로 보혈을 전하기가 쉽지는 않았지만 필자는 최선을 다했다.

요한계시록 7장 14절 말씀에는 흰 옷 입은 자들이 누구냐는 요한 사도의 물음에 주님께서 말씀하시기를 큰 환난에서 나온 자들인데 어린양의 피에 그 옷을 빤 자들이라고 말씀하셨다. 다시 말하면 보혈은 환난인 것이다. 그것도 큰 환난이라고 주님은 말씀하셨다.

며칠 전에 TV에서 북한 탈출기를 보았다. 많은 사람들이 몇 번이나 죽을 고비를 넘기면서 사선을 넘어 탈출하는 장면이 나왔다. 그것을 보면서 이런 생각이 들었다. 잠시 살다 죽는 육적인 자유를 얻는 길도 저렇게 힘이 드는데, 영적인 영원한 생명인 보혈을 얻는 것이 어찌 쉽겠는가. 보혈이 큰 환난이란 주님의 말씀이 깨달아졌다.

보혈 전도자로 10년의 세월 동안 너무 힘들고 어려울 때도 많았다. 한번은 주님께 항의하는 기도를 했다.

'주님, 저를 한국의 엘리야요, 세례 요한이라고 하시면서 아직도 교회는 부흥도 안 되고……, 주님이 종에게 주신 것이 무엇이 있습니까?'

이렇게 투덜거리며 원망하는 기도를 하였다. 그때 주님이 물으셨다.

'종아, 대구·경북에 교회가 몇 개냐?'

'잘은 모르지만 4천여 교회가 된다고 들었습니다.' 라고 하였더니

'종아, 그들 중에서 너와 같이 보혈을 알고 전하는 사람이 얼마나 되느냐?' 라고 하시는 것이 아닌가! 필자가 말했다.

'주님, 아마도 대구·경북에서는 종이 보혈을 제일 많이 알고 전하고 있다고 생각합니다.'

이렇게 대답하였더니, 주님이 말씀하시기를 '그렇다. 바로 그것이니라! 보혈이 기적이라고 하지 아니하였느냐? 네가 구하는 것보다 더 많이 주리라. 그리고 너를 통하여 세계인들에게 보혈의 복음을 전하는 기적의 종으로 너를 쓰리라.' 고 하셨다. '너보다 내가 더 급하다. 조금만 더 기다려라.' 라고 말씀하셨다.

그날 밤 주님의 음성을 듣고, 나는 눈물을 흘리며 주님께 고백하였다.

'주님, 감사합니다!' ^{시편 116:12} "여호와께서 내게 주신 이 모든 은혜를 무엇으로 보답할꼬". 이 말씀을 떠올리며 기쁘고 즐거운 마음으로 그날 밤 주님이 내게 하신 말씀을 마음에 새기며 나는 오늘도 주님의 그 약속이 이루어지기만을 간절히 기다리고 있다.

나의 지난 시절

필자의 고향은 경북 청송이다. 감사하게도 필자의 가정은 6대 째 예수를 믿는 가정이며 청송에서 제일 먼저 예수를 믿은 가정에서 출생하였다. 증조할머님은 초대교회 권사셨고 할아버님이 영수領袖이셨다. 필자의 아버님은 유아세례를 받으셨는데 지금 생존해 계시면 89세이시다. 우리 가정의 신앙 역사는 약 100년이 조금 넘는다고 들었다.

필자는 9남매의 장남으로 태어난 데다 어려운 가정 형편으로 많은 고난이 있었다. 어릴 때 얻은 결핵 때문에 그 병을 고치려고 기도원에 가서 철야기도 20여 일을 하면서 주님께 목사가 되겠다고 서원하여 치유 후 신학교를 가게되었고, 목사가 되었다. 필자는 35년 전에 방언을 받았고 그때부터 영의 세계와 성경 속의 신비와 비밀을 이해하고 인정하게 되었던 것 같다. 이미 21살에 성령 세례를 받았다. 그러나 신학교에 입학한 후에는 학문에 빠져 차츰 영적인 은사로부터는 멀어지게 된 것 같다.

총신을 다닐 때, 은사恩師 박희천 교수의 영향을 받아 말씀의 종이 되겠다고 서원하고 17년 동안 성경과 신학 서적을 많이 읽었는데, 신약을 약 1,200독을 하였고 신학 서적은 1,000권 이상 읽은 것 같다. 목사 안수를 받은 지도 금년 들어 25년이 되었고 33년간 목회를 하였고 신학 강의 20년, 부흥사 26년 저술한 책도 8권이었으나 지금 생각해보니 나는 육적인 목사였다.

'설교를 잘한다. 말씀이 좋다. 명 강의를 한다.' 라는 말은 많이 들었으나 단 한 번도 보혈에 대한 설교를 해보지도 생각조차도 하지 못하였다. 그렇게 지내온 지난 시절이었으나 지금은 보혈에 미친 사람이 되었고 사람들에게 일명

'보혈 목사'로 불리게 되었다.

어느 세미나에 가서 우연히 들은 이야기인데, 목사님들이 여러분 모여서 이야기하는데 "우리나라에서 누가 보혈을 제일 잘 알지?"라고 묻는 어느 목사님의 질문에 옆에 있던 어떤 목사님은 『보혈은 기적이다』의 저자 심상태 목사야!" 하는 것이 아닌가! 그때 깜짝 놀랐다. '주님의 일은 결코 헛되지 않았구나.' 하는 생각이 들었다.

보혈과 생명

요한복음 6:53~58 "예수께서 이르시되 내가 진실로 진실로 너희에게 이르노니 인자의 살을 먹지 아니하고 인자의 피를 마시지 아니하면 너희 속에 생명이 없느니라 내 살을 먹고 내 피를 마시는 자는 영생을 가졌고 마지막 날에 내가 그를 다시 살리리니 내 살은 참된 양식이요 내 피는 참된 음료로다 내 살을 먹고 내 피를 마시는 자는 내 안에 거하고 나도 그 안에 거하나니 살아계신 아버지께서 나를 보내시매 내가 아버지로 인하여 사는 것 같이 나를 먹는 그 사람도 나로 인하여 살리라 이것은 하늘로서 내려온 떡이니 조상들이 먹고도 죽은 그것과 같지 아니하여 이 떡을 먹는 자는 영원히 살리라"고 하셨다.

요한복음 6장은 생명장

신구약 성경의 말씀의 권위는 모두 다 같다. 그 이유는 모두 하나님의 말씀이기 때문이다. 그러나 구약보다는 신약이 더 중요하고 신약 중에서도 복음서가 더 중요하다. 왜 그럴까? 다른 성경은 예수님을 간접적으로 말씀하고 있으나, 복음서는 예수님께서 직접 말씀하셨고 그의 행적과 교훈, 말씀과 모든 이적들이 기록된 책이기 때문이다.

복음서 중에도 마태복음은 왕이신 그리스도를 강조하고 있으므로 사자 복음이라 하였고, 마가복음은 종이신 그리스도를 강조함으로 송아지 복음이라 부르며, 누가복음은 사람이신 예수님을 강조함으로 인자의 복음이라 하고, 요한복음은 신성 복음으로, 예수님을 하나님으로 보았기에 독수리 복음이라 부른다.

독수리는 하나님이 만드신 피조물 중에 유일하게 태양을 보는 동물이다. 그래서 요한복음을 독수리 복음, 신성 복음이라고 부른다. 요한은 예수님을 하나님으로 본 것이다(요1:1~12 참조). 그래서 요한복음은 다른 복음서보다 더 귀하다고 할 수 있다. 그런데 요한복음 중에도 요한복음 6장이 더 귀하다. 요한복음 6:22~65절까지 말씀 중에 '진실로 진실로'라는 말씀이 세 번이나 나오고, '생명, 구원, 영생'이란 말이 무려 19번이나 기록되어 있다.

우리 육체 중에서 아니, 우리 삶 중에서 무엇이 제일 중요하겠는가? 그것은 생명이 아니겠는가? 그래서 요한복음 6장이 성경에서 가장 귀하다고 할 수 있다. 그 이유는 요한복음 6장은 보혈장이요 생명장이기 때문이다.

1권에서도 본문을 기록하였으나 본문이 너무 중요하기도 하지만 좀 더 깊이 연구하여 다시 한 번 언급하고자 한다. 그럼 예수님이 말씀하시는 보혈은 무엇인지 이제 살펴보도록 하자.

보혈을 먹고 마셔야 한다

예수님께서는 마태복음 26:27에서 보혈을 상징하는 잔을 제자들에게 주시며 "너희가 다 이것을 받아 마시라"고 말씀하셨다. 그 이유는 ^{마태복음 26:28} "많은 사람을 위하여 흘리는바 나의 피 곧 언약의 피니라"라고 하셨기 때문이다.

이 말씀은 예수님이 죽기 전날 밤 성 만찬식 Last Supper 때에 열두 제자들에게 포도주를 주시며 하신 말씀이다. 이 포도주는 당신의 피를 상징하기 때문에 예수님의 잔을 주심은 당신의 피를 반드시 마시라고 하신 것이다. 예수님의 피를 마시지 않아도 될 사람은 예수님밖에 없다. 그 이유는 우리 모두는 죄인이기 때문이다.

본문에서도 "많은 사람을 위하여 흘리는바 나의 피 곧 언약의 피"라고 말씀하셨다. 다시 말해 피를 마셔야 죄 사함을 받는다는 하나님과 인간과의 언약이란 뜻이다. 여기서 마신다는 말은 무엇을 뜻하는가?

1) 보혈을 믿는다.
2) 그 피로 씻는다는 뜻이다.

보혈을 믿고 그 피로 죄를 씻어야 한다는 말이다.

보혈이 있어야 구원을 받는다

요한복음 6:53에는 "예수께서 이르시되 내가 진실로 진실로 너희에게 이르노니 인자의 살을 먹지 아니하고 인자의 피를 마시지 아니하면 너희 속에 생명이 없느니라"고 하셨다. 긍정적인 면에서는 '진실로 진실로'란 말씀 다음에 나오는 말씀이 신구약 성경에서 가장 귀한 말씀이요. 부정적인 의미에서는 '결단코'란 말이 나온 다음 말이 가장 중요한 말씀이다.

생명이 없다는 말씀은 구원이 없다는 말씀인 것이다. 내 살과 피를 먹고 마시지 않으면 영생이 없다는 말씀을 주님이 직접 하셨다. 이 말씀은 보혈 그 자체가 곧 구원이요, 생명이란 뜻이다. 메마른 대지 위에는 단비가 내려야 모든 식물이 소생하는 것처럼, 보혈이 우리 영혼에 생명수요 구원 자체이며 주님이 우리에게 주시는 측량할 수 없는 최고의 선물인 것이다.

요한복음 6:54에 "내 살을 먹고 내 피를 마시는 자는 영생을 가졌고 마지막 날에 내가 그를 다시 살리리라"고 하셨다. 다시 말해서 예수 피를 마시지 않는 자는 영생이 없고 마시는 자는 영생을 얻게 된다고 주님이 말씀하신 것이다. 어떤 신앙의 행위를 했든 신앙 연조를 가졌든 어떤 직분을 가졌는가 순종을 했느냐가 구원의 조건이라 말씀하지 않고, 예수님의 살인 십자가의 복음과 예수님의 피인 보혈을 먹고 마시지 않으면 영생이 없고 먹고 마시면 영생을 얻는다고 주님이 말씀하신 것이다. "진실로 너희에게 이르노니 천지가 없어지기 전에는 율법의 일 점 일 획이라도 없어지지 아니하고 다 이루리라"(마5:18)고 말씀하셨다.

여기서 생각해 보아야 할 것은 54절 "마지막에 그를 다시 살리리라"고 하신 말씀이다. 요한복음 5:29에는 "선한 일을 행한 자는 생명의 부활로, 악한 일을 행한 자는 심판의 부활로 나오리라"고 하셨다.

그렇다! 인생은 죽지 않는다. 다만 생명의 부활이냐 심판의 부활이냐의 차이이다. 다시 말해서 천국에서 삶을 본문 54절 생명의 부활로 말하고 있고 지옥에서 삶을 심판의 부활로 본다는 것이다. 본문은 보혈을 마시는 자는 천국에서의 삶을 말하고, 보혈을 마시지 않는 자는 지옥에서의 삶을 말하고 있다는 사실이다.

이것이 성경의 진리요 비밀이요 보혈의 신비인 것이다.

그런데 놀라운 사실은, 주님은 생명인 보혈의 말씀을 먹고 마시는 자에게만 생명을 주신다는 사실이다. 그 사람이 선교사든지 목사든지 기도자나 봉사자나 헌금을 많이 한 사람이라 할지라도 구원은 그것과는 아무런 관계가 없다는 것이다. 다만, 주님은 우리에게 당신의 무죄한 피가 있는지 없는지만 보신다는 것이다.

히브리서 9:27 "한번 죽는 것은 사람에게 정하신 것이요 그 후에는 심판이 있으리라". 이 말씀은 다시 말해, 보혈이 없는 자에게는 죗값을 적용하여 심판하시겠다는 뜻이다. 그 이유는 보혈이 생명이요, 하나님과 우리 사이에 맺은 언약이기 때문이다. 여기서 '내 피를 마시는 자'란 말이 매우 중요한데, 바꾸어 말하면 내 피를 마시지 아니한 자는 구원의 은혜에서 제외된다는 사실을 의미한다.

보혈은 참된 양식

요한복음 6:55 "내 살은 참된 양식이요 내 피는 참된 음료로다". 우리가 살아가려면 육신의 밥과 물을 먹어야 생명을 유지할 수 있듯이, 우리의 영혼은 말씀을 먹어야 살 수 있다. 그런데 예수님은 보혈의 말씀과 보혈을 마셔야 한다고 하셨다. 그 이유는 보혈이 생명이기 때문이다. 구약에서는 대제사장이 지성소에 들어갈 때에 피를 가져가듯이 오늘날 목사님들도 강단에서 보혈에 대한 설교와 보혈 찬송과 보혈의 기도를 드려야 한다는 것을 주님이 친히 말씀하신 것이다.

보혈이 있어야 주님이 우리 속에 오신다

요한복음 6:56 "내 살을 먹고 내 피를 마시는 자는 내 안에 거하고 나도 그 안에 거하나니. 여기서 '마신다'는 말은 보혈을 ① 믿고 ② 씻는 것을 의미한다는 것을 앞 장에서도 말씀하였다. 보혈로 우리 심령을 씻어야 한다는 것이다. "주께서 이르시되 너희 바리새인은 지금 잔과 대접의 겉은 깨끗이 하나 너희 속인즉 탐욕과 악독이 가득 하도다"(눅11:39)고 말씀하셨다. 이 말씀은 예수님 피로, 우리의 속을 보혈로 씻어야 한다는 것이다.

예수님은 우리 입으로 들어가 뒤로 나오는 것이 더러운 것이 아니라 우리 속에서 나오는 것이 우리를 더럽게 한다고 하셨다. 주님은 우리 속에 들어오시기 위해 우리의 마음 문 밖에 서서 우리 안에 들어오시기 위해 문을 두드리신다 (계3:20). 그러나 우리가 보혈로 씻어야만 우리 속에 들어오실 수 있다는 것이다. 우리 속에는 더러운 죄와 사탄으로 가득 차 있어 들어오실 수가 없다. 그러나 보혈로 씻으면 들어오실 수가 있다.

필자가 전남 여수에 있는 한 기도원의 부흥회에 갔을 때 이야기인데, 원장님이 필자를 참 능력의 종으로 알고 매일 기도한다는 것이 아닌가! 그 때 필자가 물어 보았다. 부족한 종을 왜 그렇게 생각하느냐고 물었더니 40일 작정 철야 기도를 간절히 하는데 주님이 피 흘리시는 모습을 환상으로 보았는데 주님이 말씀하시기를 "사랑하는 딸아, 내가 네 속에 들어가고 싶은데 내 피가 없어서 들어갈 수가 없단다."라고 하시더라는 것이다. 그래서 "주님 들어오세요. 왜 못 들어오십니까?" 하여도 주님은 말씀도 없이 떠나 버리셨는데, 그 말씀의 뜻을 몰라 궁금했다고 한다. 그러다가 필자가 총회신학교 보혈세미나에서 요한복음 6장을 강의하면서 그 이야기를 하더라는 것이다. 그래서 귀한 종이라고 생각하고 기도한다고 하였다.

그렇다. 많은 사람들은 주님이 우리 속에 들어와 계신다고 믿고 있다. 그러나 성경은 보혈로 씻어야 주님이 우리 속에 들어오신다고 말씀하고 있음을 알아야 할 것이다.

요한복음 1:12 "영접하는 자 그 이름 믿는 자들에게는 하나님의 자녀가 되는 권세를 주시나니".

영접이란 단순한 말로 받아들인다는 뜻이 아니라 주님이 우리 속에 들어오신 것을 말한다. 고린도후서 13:5 "예수께서 너희 안에 계신 줄을 너희가 스스로 알지 못하느냐 그렇지 않으면 너희가 버리운 자라"고 하셨다. 많은 사람들은 주님이 우리 속에 계시다고 생각하지만 그것은 착각이다. 요한복음 6:56에 예수님의 살을 먹고 피를 마셔야 들어오신다고 가르치고 있다.

보혈은 4가지 진행형의 생명

요한복음 6:57 "살아계신 아버지께서 나를 보내시매 내가 아버지로 인하여 사는 것 같이 나를 먹는 그 사람도 나로 말미암아 살리라"고 말씀하셨다.

여기 요한복음 6:57에는 놀라운 4가지 생명의 비밀이 숨어있다.

(1) '살아계신 아버지' 라 하였으니 하나님이 생명이시라는 말씀이요.

(2) '살아계신 아버지로 말미암아 사는 것 같이' 란 말씀은 예수님이 곧 생명이란 뜻이다(마16:16 요14:6참조).

(3) 또한 '나를 먹는 그 사람도 살리라' 이 말씀은 보혈을 마시는 자마다 예수님처럼 다 생명을 얻는다는 뜻이요.

(4) 또한, 내가 보혈의 복음을 전하여 그 사람도 보혈을 마시게 되면 그 사람도 생명을 얻게 된다는 뜻을 내포하고 있다.

물론 아무리 나와 친한 자나 나의 가족이라도 보혈을 전하지 않으면 그 사람은 생명에서 재외 됨을 알아야 할 것이다. 이 얼마나 놀라운 복음이요 비밀인가! 보혈을 믿고 마시는 자는 누구든지 다 생명을 얻게 되지만, 보혈을 마시지 아니하는 자는 생명에서 끊어지고 영원한 사망이라는 사실을 의미하는 말씀이다. 그 이유가 무엇인가? 로마서 6:23에서 말씀하듯이 "죄의 삯은 사망"이기 때문이다. 그러나 하나님의 은사인 보혈을 뿌리고 마시면 죄는 없어지고 생명을 얻게 되는 것이다.

"이것은 하늘에서 내려오는 떡이니 조상들이 먹고도 죽은 그것과 같지 아니하다"(요6:58)고 말씀하셨다. 이 말씀은 곧 영을 의미하는 것이지 육신을 의미하는 것이 아님을 말씀하시는 동시에 보혈의 말씀이 우리를 천국으로 인도하신다는 말씀이다.

"살리는 것은 영이니 육은 무익하니라"(요6:63)고 하셨다. 성경의 말씀은 영을 의미하는 것이지 육을 말씀하는 것이 아니다.

보혈의 진리를 잘 알지 못한다

본문 요한복음 6:66 그때로부터 제자 중에 많은 사람이 떠나가고 다시는 그와 함께 다니지 아니하리라고 하였다. 그때로부터 떠났다는 말씀은 보혈의 말씀을 듣고 제자들의 다수가 떠났다는 말이다. 그리고 주님께 다시 오지 않았다. 그 이유가 무엇인가 보혈은 진리요 들어보지도 또한 많은 사람이 알지 못한 비밀이기 때문이다.

복음 성가 '예수가 좋다오' 란 가사 중에 이런 가사가 있다 '많은 사람들 참된 진리를 모른 채 주님 곁을 떠나갔지만 내가 만난 주님은 참사랑이었고 진리였고 소망이었소.'

그렇다. 그들은 진리를 모르기에 떠난 것이다. 그러니 내가 모르는 것은 어쩌면 지극히 당연하다 하겠다. 그 당시에 제자들 심지어 예수님의 어머니 마리아도 몰랐던 것이다.

요한복음 8:32 주님은 진리를 알찌니 진리가 너희를 자유케 하리라고 말씀하셨다. 그러나 유대인들은 그 말의 뜻을 알지 못하여 우리가 남의 종이 된 적이 없거늘 어찌하여 자유케 되라고 하느냐고 말했다(요8:33). 주님은 영적으로 말씀하셨으나 저들은 육적으로 생각하고 대답한 것이다.

그런데 놀라운 사실은 찬송가 268장 1절은 '죄에서 자유를 얻게함은 보혈의 능력 주의 보혈 시험을 이기고 승리하니 참 놀라운 능력이로다.'

다시 말해 찬송가 268장은 보혈이 진리라고 한 것이다.

누가복음 18:34 제자들은 하나도 깨닫지 못하였으니 그 말씀이 감추었으므로 하였다. 그러므로 보혈의 말씀을 유대인들처럼 내생각대로 평가하지도 말고 제자들처럼 떠나지도 말고 겸손하게 보혈의 진리를 기도하고 겸손하게 받아들여야 할 것이다.

구약 짐승의 피와 신약의 예수님 피

구약의 짐승 피도 예수 피를 예표하고 상징하기 때문에 보혈이라고 할 수 있다. 그 피에는 흠이 있고 깨끗할 수는 없지만 예수 피를 상징하였고 그 피가 임시지만 죄를 씻었기 때문이다. 이 장에서는 구약의 짐승 피와 신약의 예수님 피를 비교해 보려고 한다.

예수님의 피는 찬송가 493장 2절 가사처럼 모든 것을 이긴다. 예수님의 피의 능력은 셀 수 없이 많다. 그러나 주된 사역은 죄 사함이고 능력의 피인 것이다. 무엇보다 성령과 보혈은 하나이며 따로 말할 수 없다. 보혈과 성령은 함께 복음 전파와 죄 씻음, 천국사역을 하는 것이라 볼 수 있다(요일 5:6~8 참조).

베니 힌Benny Hinn은 120명이 함께 모여 보혈을 불렀더니 120명 모두가 성령의 충만을 받았다고 하였다. 구약에서 각종 제사를 드릴 때도 보혈을 뿌리고 번제는 7주일 동안 피를 뿌린다. 그 다음 성령을 상징하는 불을 붙여 제물을 드린다. 구약에서 임직자를 세울 때도 피를 뿌리고 성령을 상징하는 기름을 양 각에 부어 머리에 붓는다. 다시 말해 보혈과 성령을 붓는다는 것이다.

히브리서 9:22에는 거의 모든 물건이 피로써 정결케 되나니 피 흘림이 없이는 사함이 없느니라고 하였다. 요한일서 1:7에도 그 아들 예수의 피가 우리를 모든 죄에서 깨끗하게 하실 것이라고 하셨다. 히브리서 9:12에는 자기 피로써 영원한 속죄를 이루시고 단번에 성소에 들어가게 하였다고 하셨다.

우리가 꼭 기억해야 할 것은 모든 인류가 다 죄인이라는 사실이요, 모든 인류는 반드시 보혈로 씻어야 된다는 사실이다. 지금도 보혈의 강은 흘러넘치고 있다. 주님은 죄인은 사랑하시지만 죄는 미워하신다. 시편 66:18에 네 마음에 죄악을 품으면 주님이 우리 기도를 듣지 아니하신다고 하셨다. 이사야 59:1~2에는 여호와의 손이 짧아서 구원하지 못함이 아니요 귀가 둔하여서가 아니라 너희 죄가 너희와 사이를 내었고 그 얼굴이 가리워 듣지 못함이라 하였다.

주님은 우리에게 말씀하신다

이사야 1:18에 오라 우리와 변론하자 너희 죄가 주홍 같을지라도 눈과 같이 희어질 것이요 너희 죄가 진홍 같을지라도 양털 같이 되리라고 하셨다. 예수님 피는 이렇게 주홍같이, 진홍같이 검고 붉어도 눈과 같이 양털같이 희게 하는 능력이 있는 것이다. 로마서 5:9에는 이제 우리가 그 피로 의롭다 함을 얻었다고 하셨다.

우리의 옛 모습은 에베소서 2:1~2에 있는 것처럼 허물과 죄로 죽은 상태이며 공중 권세 잡은 자를 따르는 자였으며 백성이 아닌 자(엡2:10)였다. 그런데 베드로전서 1:19을 보면 십자가의 피로 우리 죄를 구속하신다는 것을 알 수 있다. 로마서 14:8을 보면 영원히 주님이 우리를 주님 것으로 사시고, 요한계시록 1:5에는 그 피로 우리를 죄의 저주에서 완전히 해방시키셨다고 말씀하고 있다.

로마서 8:1~2에는 "이제 그리스도 예수 안에 있는 자에게는 결코 정죄함이 없나니 이는 그리스도 예수 안에 있는 생명의 성령의 법이 죄와 사망의 법에서 너를 해방하였느니라"고 하였다. 이 말씀은 주님의 보혈이 성령과 함께 역사하여 죄를 씻어 죄에서 해방시켰다는 뜻이다.

찬송가 258장 3절에는 '샘솟듯 하는 피 권세 한 없이 크도다'라고 하였다. 우리가 기억해야 할 것은 보혈이 와서 씻어야만 우리 죄가 씻긴다는 것을 알아야 할 것이다.

예수님의 피는 주님의 사랑

어느 목사님이 설교하는 중에 성령에 감동되어 하는 말씀이 예수 피는 지금도 살아 역사하시는 예수님을 가리키며 또한 예수 피는 그 자체가 주님의 사랑이라고 주님이 직접 말씀하셨다는 그 말을 듣고 많은 은혜를 받았다. 그렇다. 예수님의 피는 곧 주님의 사랑이다. 그 이유는 주님은 십자가에서 피를 흘려 죽으셨기에 그 피가 곧 주님의 존귀한 생명이요, 사랑인 것이다.

^{요한복음 3:16} "하나님이 세상을 이처럼 사랑하사 독생자를 주셨으니"라고 하였다. 이 말씀은 주님이 십자가에서 생명의 피를 주셨다는 말이다. 바로 우리를 사랑하신 그 한 가지 이유 때문에 그렇게 하셨다.

^{요한계시록 1:5} "우리를 사랑하사 그 피로 우리를 죄에서 해방하시고". 우리를 사랑하셨기에 그 피로 우리 죄를 씻어주신 것이다.

^{로마서 8:32} "자기 아들을 아끼지 아니하시고 우리 모든 사람을 위하여 주신 이가 그 아들과 함께 모든 것을 주시지 않겠는가" 한 말씀을 깊이 생각해보자. 아들을 죽여 피도 우리에게 주었는데 무엇을 못주겠느냐는 뜻이다. 내가 널 사랑해서 내 생명도 피도 주었는데 무엇을 못주겠느냐. 이 세상에 가장 귀한 것이 보혈이란 뜻이다.

"우리가 아직 죄인 되었을 때에 그리스도께서 우리를 위하여 죽으심으로 하나님께서 우리에게 대한 자기의 사랑을 확증하셨느니라"(롬5:8)고 하셨다.

이 말씀은 우리의 신분은 아직 죄인인데도 우리를 너무 사랑하시어 예수님 피를 주셔서 그 보배 피가 우리를 사랑하는 사랑의 증거라는 뜻이다.

찬송가 542장 후렴에는 '예수 예수 믿는 것은 받은 증거 많도다 예수 예수

귀한 예수 믿음 더욱 주소서'라고 하였다. 우리를 사랑하는 증거가 무엇인가. 그것이 보혈을 주신 것이라는 뜻이다. 이 말씀이 보혈이라는 증거가 다음 구절에 기록되어 있다.

로마서 5:9 "그 피로 의롭다 하심을 받았으니 더욱 그로 말미암아 진노하심에서 구원을 얻은 것이라"고 하였다. 예수님의 피는 우리를 의롭게 할 뿐 아니라 심판과 진노에서 구원으로 바꾸는 능력의 피인 것이다.

예수 피는 주님의 생명이요, 나의 생명이다. 주님은 주신 생명, 우리는 얻는 생명, 주님은 잃는 생명, 우리는 사는 생명이므로 예수 피는 주님이 우리에게 주시는 최고의 선물이요, 주님의 사랑의 증거인 것이다. 찬송가 254장 후렴을 보자. '그 피가 맘속에 큰 증거됩니다'라고 하였다. 큰 증거란 무슨 증거일까. 구원의 증거, 사랑의 증거, 죄 씻음의 증거인 것이다.

성만찬의 진리(마태복음)

마태복음 26:23~30 예수님은 죽으시기 전날 밤 열두 제자를 불러 성만찬을 베푸셨다. 이 성만찬은 예수님의 살과 피를 우리 위해 주시고 새 언약을 이루시어 우리를 원죄에서 씻어 영원한 저주에서 해방하시고 우리가 지은 자범죄를 보혈로 씻어 구원을 얻게 하시려고 보여주신 주님의 은혜이며 진리의 전파이다.

먼저 떡을 주시며 축사하시고 우리 인류를 대표하여 제자에게 주시며 이것을 받아 먹으라 이것은 내 몸이니(마26:26)라고 하셨다. 이 말씀은 인류의 죄를 대신하여 당신이 죽으시어 자기 몸을 내어 주실 것을 예표하는 말씀이다.

요한복음 6:51 "나는 하늘에서 내려온 살아 있는 떡이니 사람이 이 떡을 먹으면 영생하리라 내가 줄 떡은 곧 세상의 생명을 위한 내 살이니라".

살을 먹으라는 말씀은 이 십자가의 복음을 상징하고 예수님은 보이지 않는 떡, 내일 죽으실 당신의 성체를 말씀하고 있으며 십자가 복음과 보혈을 알고 믿으라는 교훈이 말씀 속에 숨겨져 있다. 제자들은 보이는 떡에만 관심을 가졌으니 영적인 진리를 한 사람도 깨닫지를 못하였다.

마태복음 26:27 떡을 주신 후 잔을 주시며 이것을 다 받아 마시라고 하셨다. 이 말씀은 우리 위해 흘리신 당신의 피 곧 보혈을 마시라는 것이다. 예수님께서 이것을 다 받아 마시라고 하셨는데 영적으로 보면 받아 마셔야만 구원을 받기 때문이다. 피를 받아 마시지 않아도 될 분은 예수님 한 분밖에 없고 모든 인류는 다 받아 마셔야 한다. 이유는 우리는 모두가 죄인이기 때문이다.

그리고 이것은 그냥 보이는 포도주가 아니다. 보이지 않지만 흐르고 있는 십자가 보혈의 피이다. 받아 마시라는 말씀은 믿고 그 피로 씻으라는 뜻이다. 우리가 알아야 할 것은 구약에 나오는 짐승의 피는 보이기 때문에 믿어지지만 오늘의 보혈은 보이지 않기 때문에 잘 믿어지지 않는다. 믿음의 눈으로, 성경의 눈으로, 성령으로 바라보고 믿어야 할 것이다.

받아먹고 마셔야 할 이유

마태복음 26:28 "이것은 죄 사함을 얻게 하려고 많은 사람을 위하여 흘리는바 나의 피 곧 언약의 피니라"라고 하셨다. 그 죄가 무슨 죄인지가 중요하지 않다. 다만 그 피를 믿음으로 예수 피로 씻었는가 안 씻었는가가 중요할 뿐이다. 그 어떠한 죄도 예수의 피는 다 씻을 수가 있다. 이 세상에 어떠한 것보다 예수의 피가 가장 귀하다.

언약의 피

언약의 피란 말씀의 뜻은 보혈을 통해 죄를 씻고 구원 받기로 한 하나님과 인간과의 약속이란 뜻이다. 다시 말씀드리면 어떤 죄든지 보혈로 그 죄를 씻으면 구원을 받지만 반대로 아무리 작은 죄라도, 능력자요 봉사자라도 그들의 죄를 보혈로 씻지 않으면 죄 사함과 구원이 없다는 것이다. 이것이 언약의 죄 사함의 참된 의미이다.

마태복음 7:21~24

마태복음 7:21 "나더러 주여 주여 하는 자마다 다 천국에 들어갈 것이 아니요 다만 하늘에 계신 내 아버지의 뜻대로 행하는 자라야 들어가리라".

마태복음 7:22 "그 날에 많은 사람이 나더러 이르되 주여 주여 우리가 주의 이름으로 선지자 노릇하며 주의 이름으로 귀신을 쫓아 내며 주의 이름으로 많은 권능을 행하지 아니 하였나이까 하리니".

마태복음 7:23 "그 때에 내가 그들에게 밝히 말하되 내가 너희를 도무지 알지 못하니 불법을 행하는 자들아 내게서 떠나가라 하리라".

이 말씀을 다시 한 번 생각해보자. 선지자, 능력자, 은사자도 주님이 왜 알지 못한다 하셨을까? 그 이유는 아버지의 뜻을 어겼기 때문이다. 아버지 뜻이 무엇이냐? 예수님이 십자가에서 피 흘리신 것이다. 이는 요한복음 19:30에 예수님이 "다 이루었다"고 하심을 통해서 알 수 있다. 또 하나의 이유는 불법을 행하였기 때문이다 이는 누구든지 보혈로 죄 사함 받고 구원을 얻는 것이 언약인데 그들은 언약을 어겼다는 것이다. 불법이라고 주님이 말씀하셨다. 그 피로 씻지 않았으므로 그 언약을 어겼으니 주님께서 나는 너를 도무지 알지 못한다고 하신 것이다. 우리의 의와 공로로 구원 받는 것이 아니다. 예수 믿는 것이 예수 피를 믿는 것이요, 이와 같이 그의 공로 또한 보혈인 것이다. 이미 다른 장에서도 이 본문의 말씀을 언급하였으나 다시 말씀드리는 것은 너무나도 귀하기 때문이다.

찬송가 259장 1절 '예수 십자가의 흘린 피로써 그대는 씻기어 있는가 더러운 죄 희게 하는 능력을 그대는 참의지 하는가 예수의 보혈로 그대는 씻기어 있는가 마음속의 여러 가지 죄악이 깨끗이 씻기어 있는가'. 이 찬송이 우리의 가슴에 남기를 원한다.

성만찬의 참된 의미 (고린도전서)

다른 장에서 예수님의 성찬식의 의미에 대해서 생각해 보았다. 이번에는 고린도전서 11장에 숨어있는 성찬식의 참된 의미를 생각해 보고자 한다. 성찬식의 유례는 예수님이 죽으시기 전날 밤, 열두 제자에게 자신의 몸을 상징하는 떡을 주시고 자신의 피를 상징하는 포도주를 주시며 다음날 흘리실 언약의 보혈의 참된 의미를 가르쳐 친히 보여주심에서 알 수 있다.

로마 가톨릭교회는 7가지 성례가 있으며 예배(미사) 시간마다 성찬식을 행한다. 개신교는 성찬과 세례를 성례로 정하여 지키고 있으며 예배를 드릴 때에는 대체로 말씀과 기도, 찬송, 헌금이 주요 순서이며 교회마다 교파마다 목사님들마다 다소 차이가 있으나, 일 년에 몇 차례 정도로 국한하여 성찬식을 행하고 있다.

대체로 성찬식은 세 가지가 있다.

(1) 화체설 : 이는 로마 가톨릭교회에서 행하는 방식인데 성찬식 때 쓰인 떡과 포도주는 예수님의 살과 피로 변한다고 한다. 그러므로 떡이 아니요 주님의 살이요, 포도주가 아니라 예수의 피라는 주장이다.

(2) 기념설 : 이는 쯔윙글리의 주장으로 떡은 떡이요, 잔은 잔이므로 아무 의미가 없고, 다만 주님의 살과 피를 상징하므로 주님의 십자가 사건과 보혈을 상징하여 그날을 기념한다는 기념에 의미를 두는 것이다.

(3) 영적 기념설 : 이는 칼빈주의 제도이며 특히 장로교 교회들이 이를 선택한다. 영적 기념설은 떡은 떡이요 잔은 잔이지만, 성찬식을 행할 때는 주님이 영적으로 출석하시고 우리가 떡과 잔을 먹고 마실 때 영적인 은혜를 주신다는 것이다. 우리는 화체설과 기념설의 중간 형태인 영적 기념설을 믿고 시행한다.

그럼 바울은 어떻게 말하는가?

이것은 주님께 받은 것이라고 하였다. 바울은 복음을 말하면서(고전11:23) 이는 너희가 받은 것이요 그 가운데 선 것(고전15:1)이라고 하였다. 그렇다. 보혈은 주님께 받은 것이지 인간에게 나온 것도 받은 것도 아니다. "축사하시고 떼어 주시며 가라사대 이것은 너희를 위하는 내 몸이니 이것을 행하여 나를 기념하라 하시고 식후에 또한 이와 같이 잔을 가지시고 가라사대 이 잔은 내 피로 세운 새 언약이니 이것을 행하여 마실 때마다 나를 기념하라 하셨으니" (고전11:24~25)라 말씀하셨다.

주님은 고린도전서 11:24~25에서 이 떡은 너희를 위하는 내 몸이라고 하셨고, 이 잔은 내 피로 세운 새 언약이라 하셨다. 성찬식은 주님이 우리에게 주신 가장 귀한 선물이다. 그 이유는, 영적으로 이 떡과 잔을 먹고 마심으로 죄가 없어지고 죄에서 자유를 누리기 때문이다.

그런데 주님이 축사하셨다. 축사란 음식을 주심에 대한 축복 감사기도이다. 성경에는 축사란 말이 열한 번 나온다. 신약에서 열 번 구약에서 한 번 나온다. 주로 주님이 하신 것인데, 주님이 축사하신 후 기적이 일어났다. 떡은 말씀을 상징한다. 더 깊이 보면 보혈의 말씀을 의미한다.

주님은 당신의 살과 피를 믿고 마시고 덮고 뿌리는 자를 축복하시는 것을 알 수 있다. 엠마오로 가던 두 제자에게 주님이 떡을 주셨는데 그 떡을 먹은 후에 비로소 주님을 알아보게 되고 마음이 뜨거워졌다고 하였다(눅24:30). 이 떡은 주님의 십자가 말씀을 의미한다. 다시 말해 보혈의 말씀을 의미하는 것이다.

고린도전서 11:25에는 이것을 행할 때마다 나를 기념하라고 하셨다. 기념하라는 말은 생각하라는 뜻인 동시에 감사하라는 뜻이다. 우리는 육적인 것을 얻는 것은 감사하였지만, 정말로 보혈을 주심에 감사하였는지 생각해보아야 할 것이다. 그런데 많은 사람들은 기념을 추억에다 맞추고 문자대로 기념하는 일로만 그치고 있다. 이것은 보혈을 향한 주님의 은혜를 무시하는 것이라 아니할 수 없다.

또 너희가 이 떡을 먹으며 이 잔을 마실 때마다 주의 죽으심을 주님이 오실 때까지 전하라고 하셨다(고전11:26). 우리는 보혈의 복음을 증거해야 한다. 예수님은 왜 아직 안 오실까? 속히 오리라고 말씀하셨는데 말이다. 우리는 알아야 한다. 택한 백성에게 보혈을 뿌려야 하는데, 천국 복음의 증거자가 적기 때문이다.

^{마태복음 24:14}"이 천국 복음이 모든 민족에게 증거되기 위하여 온 세상에 전파되리니 그제야 끝이 오리라".

^{베드로전서 1:2}"예수 그리스도의 피 뿌림을 얻기 위하여 택하심을 입은 자들"이라고 하셨다. 우리는 보혈의 복음을 전하여 그들로 보혈의 신앙을 갖게 하자! 이것이 성찬식의 참된 의미인 것이다.

보혈은 어디에 뿌려야 하는가

구약에서는 제사를 드릴 때에는 번제단에 칠일 동안 피를 뿌렸다. 먼저 양이나 소나 염소를 잡아 피를 뿌리고 그 짐승을 태워 연기로 드리는 것이다. 또 향단이 있었는데 그 위에도 피를 뿌리고 나서 향을 피웠는데 "이 향은 성도의 기도들이라"(계5:8)고 하였다. 이 말씀은 보혈의 기도를 드리라는 것이다. 놀라운 사실은 여기 모든 것에 피가 뿌려진다는 것이다. 구약에서 피로 드리는 제사가 오늘날 예배로 바뀌었다.

주님이 죽으시자 "이에 성소 휘장이 위로부터 아래까지 찢어져 둘이 되고"(마27:51) 이 말씀을 잘못 해석하여 이제 피의 제사를 드릴 필요가 없는 것처럼 생각하고 가르치나 이는 착각이다. 이제는 짐승의 피의 제사가 아닌 예배가 예수의 피로 바뀐 것이다. 이제는 대제사장을 통한 것이 아니라 우리가 제사장이 되어 직접 드리는 권세를 얻은 것이다. 그러므로 우리는 모든 예배에 보혈을 사용해야 한다.

보혈은 예배의 언약이며 하나님과의 만남의 언약이다. 예배라는 의미는 만

남이란 뜻이다. 주님과 사람과의 만남을 뜻한다. 모든 일에 보혈을 뿌려야 한다. 그 이유는 보혈은 생명이기 때문이다.

"모세가 율법대로 모든 계명을 온 백성에게 말한 후에 송아지와 염소의 피와 및 물과 붉은 양털과 우슬초를 취하여 그 두루마리와 온 백성에게 뿌려 이르되 이는 하나님이 너희에게 명하신 언약의 피라 하고"(히9:19-20).

"모세가 그 피를 취하여 백성에게 뿌려 가로되 이는 여호와께서 이 모든 말씀에 대하여 너희와 세우신 언약의 피니라"(출24:8)고 하였다.

진리가 무엇인가?

진리Truth는 참된 도리, 불변이란 뜻이다. 진리는 속성과 관련되어 있는데 영원한 본질을 가리킨다. 헬라어 aletheia는 성육신하신 참된 도리라는 뜻이다. 그러나 성경에는 진리를 하나님, 예수님, 성령님, 말씀, 복음, 보혈을 동시에 가리켜 말하고 있다. 그러나 더 깊이 보면 성령으로 예수 안에 거하는 구원의 말씀, 천국 복음, 즉 보혈을 진리라고 말씀하고 있다. 우리가 기억할 것은 진리는 반드시 숨어 있으며, 또한 그 가치는 값으로 측량할 수 없는 보배이니 그것이 보혈의 말씀인 것이다. 예수님은 "진리를 알지니 진리가 너희를 자유케 하리라"(요8:32)고 하셨다. 이 말씀은 그들은 지금 자유가 없다는 뜻이며 포로자임을 말씀하고 있으며 죄와 사탄에 매여 있음을 말씀하셨다. 그들은 우리는 남의 종이 된 일이 없다(요8:33)고 항변하므로 그들에게 진리가 없음으로 자신의 포로 됨을 알지 못했다.

이어서 요한복음 8:34에는 "진실로 진실로 너희게 이르노니 죄를 범하는 자마다 죄의 종이요"라고 하심으로 그들은 죄를 씻지 못하였고 죄의 종이 된 결과 사탄에 매여 있다는 것이다.

또 35절에 "종은 영원히 집에 거하지 못하나 아들은 영원히 거하나니"라고 하였는데 이 말씀은 죄를 회개하지 않으면 죗값으로 사탄의 나라, 즉 지옥에 간다고 말씀하고 있는 것이다. 그리고 "아들은 영원히 거하나니"라고 하심으로 하나님의 아들이 되어야 천국에 간다고 주님은 말씀하고 있다.

디모데전서 2:4 하나님은 모든 사람이 구원을 받으며 진리를 아는데 이르기를 원하신다 하였다. 이 말씀은 진리를 알아야 진리가 우리를 구원의 길로 인도 한다는 말이다.

필자도 보혈을 깊이 알기 전에는 이 말씀을 잘 깨닫지를 못했다. 우리가 죄를 지으면 죄와 사탄이 우리 속에 들어와서 집을 짓는다. 그 결과 지옥에 간다는 것을 본문은 가르쳐 주고 있다. 그럼 어떻게 해야 할 것인가?

요한복음 8:36에 "아들이 너희를 자유롭게 하면 너희가 참으로 자유로우리라"고 하였다.

우리 모두 보혈로 죄를 씻어 참 아들이 되어야 하는 것이다.

진리 말씀의 뜻

진리를 알면 간단하다. 예수 피의 비밀을 알면 풀린다. 예수 피와 성령으로 죄를 씻고 사탄을 축사해야 성령이 임하고 하나님의 백성이 되어 우리 속에 천국이 이루어진다는 말씀이니 예수님은 우리가 성령으로 보혈로 구하면 우리 속에 있는 죄와 불의한 사탄을 다 멸하여 주시고 자유하게 하신다는 것이다. 요한계시록 1:5에는 "우리를 사랑하사 그의 피로 우리를 죄에서 해방하시고"라고 하였다. 해방이 무엇인가 해방이 바로 자유다. 디모데후서 2:15에는 "진리의 말씀을 옳게 분별하여 부끄러울 것이 없는 자가 되라"고 하셨고, 디모데후서 2:25에는 "회개함을 주사 진리를 알게 하실까 함이라"고 하셨다. 즉 회개하여야 진리를 안다고 했으니 진리는 비밀이요 숨어있는 보혈임을 알 수 있다.

요한계시록 12:10 보혈의 말이 사탄을 이겼다고 하였으며 시편 31:5 "진리의 하나님 여호와여 나를 속량하였다"고 하였다. 즉 '진리는 바로 하나님이신대 진리로 속량하므로' 라고 말하므로 보혈이 곧 진리라는 뜻이다. 예수님이 우리를 위하여 한 기도 중에서 "진리로 거룩하게 하옵소서 아버지의 말씀은 진리니이다(요 17:19)"라고 한 구절이 있는데 이는 보혈의 말씀이 진리임을 친히 말씀하신 것이다.

예수님의 구속사건은 비밀이다

많은 사람들은 보혈을 잘 알지 못한다. 그도 그럴 것이 출애굽기 12:1~14 말씀을 보면 모세와 아론에게만 보혈을 전수하셔서 이스라엘 백성 중에 이 두 사람밖에 알지 못하였고, "베드로가 가로되 내 발을 절대로 씻기지 못 하시리이다" 하므로 베드로도 보혈을 알지를 못하였다. "예수께서 대답하시되 내가 너를 씻기지 아니하면 네가 나와 상관이 없느니라"(요13:8) 하심으로 보혈은 계속 반복적으로 씻어야 함을 말씀하심에도 불구하고 사람들은 이 비밀을 알지 못한다. 다른 장에서 말한 바와 같이 보혈은 성경 속에 감추어 놓은 비밀이다. 그 이유는 진리요 보화이기 때문이다.

마태복음 16:21에서 처음으로 예수님께서 십자가의 구속사건을 말씀하시면서 "이때로부터 예수 그리스도께서 자기가 예루살렘에 올라가 장로들과 대제사장들과 서기관들에게 많은 고난을 받고 죽임을 당하고 제 삼일에 살아나야 할 것을 제자들에게 비로소 가르치시니"라고 하셨는데 이 말씀을 봐도 잘 알 수 있다. 예수님의 사역 초기에는 말씀하지 않으시고 사역 마지막에서야 말씀하신 것이다.

이미 여러 번 말씀한 바와 같이 요한복음 6:66은 예수님의 보혈설교를 들은 제자들 중에서 많은 사람이 떠나가고 다시는 주님과 함께 다니지 아니하셨다고 하였다.

누가복음 18:31~33을 보면 예수님의 십자가 구속사건, 다시 말해 보혈의 진리와 부활을 설명할 때 제자들은 깨닫지 못했다.

"제자들이 이것을 하나도 깨닫지 못하였으니 그 말씀이 감추었으므로 저희가 그 이르신 바를 알지 못하였더라"(눅18:34).

"예수께서 대답하여 가라사대 나의 하는 것을 네가 이제는 알지 못하나 이후에는 알리라"(요13:7).

예수님의 부활을 믿는 사람은 단 한 사람도 없었다. 심지어 예수님의 어머니 마리아도, 열두 제자들과 막달라 마리아도 알지 못했던 것이다. 그래서 필자는 이것이 비밀인 것을 알리기 위해서 같은 말을 반복적으로 증거하는 것이다. 사람들은 보이는 것만 믿는다. 그러나 진리는 보이지 않고 죄도 보이지 않는다.

누가복음 11:39~41 "주께서 이르시되 너희 바리새인은 지금 잔과 대접의 겉은 깨끗이 하나 너희 속인즉 탐욕과 악독이 가득하도다. 어리석은 자들아 밖을 만드신 이가 속도 만들지 아니하셨느냐 오직 그 안에 있는 것으로 구제하라 그리하면 모든 것이 너희에게 깨끗하리라".

마태복음 15:11 "입에 들어가는 것이 사람을 더럽게 하는 것이 아니라 입에서 나오는 그것이 사람을 더럽게 하는 것이니라" 하셨다.

마태복음 15:18~19 "입에서 나오는 것들은 마음에서 나오나니 이것이야말로 사람을 더럽게 하느니라 마음에서 나오는 것은 악한 생각과 살인과 간음과 음란과 도적질과 거짓 증거와 훼방이니".

마태복음 15:20 "이런 것들이 사람을 더럽게 하는 것이요 씻지 않은 손으로 먹는 것은 사람을 더럽게 하지 못하느니라".

위의 말씀에서 알 수 있듯이 우리 눈으로 보면 더럽다 하는 것들이 우리를 더럽게 하는 것이 아니라 우리 눈에는 보이지 않지만 우리가 지은 죄, 즉 말로 지은 죄, 마음으로 지은 죄, 행동으로 지은 죄가 우리를 더럽게 하는 것이며 이 같은 죄들을 보혈로 씻어야 한다는 것이다.

누가복음 11:40 "어리석은 자들아 밖을 만드신 이가 속도 만들지 아니하셨느냐". 사람들은 자신의 외모에는 신경을 많이 쓰지만, 정작 내면에는 관심이 없다. 그러나 주님은 영적으로 깨끗함을 요구하시고 보혈로 우리의 죄를 씻어야 할 것을 교훈하고 계시는 것이다. 병도 우리 눈에 보이는 병보다 보이지 않는 숨어 있는 작은 병균이나 암이 더 무서운 것이다. 그러므로 우리는 보이지 않는 보혈을 믿음의 눈으로 성경의 눈으로 보아 죄 씻음을 받자!

주님이 주신 가장귀한 선물

우리는 가장 사랑하는 자에게 무엇을 주겠는가? 누구든지 자기가 가장 아끼고 귀한 것을 줄 것이다. 그것이 무엇일까? ^{요한복음 3:16} 하나님은 우리를 이처럼 사랑하사 독생자를 주셨으니 이 말씀은 주님이 우리를 사랑하셔서 보혈을 주셨다는 말씀이다. 그렇다면 이 세상에서 가장 귀한 선물이 무엇일까?

돈, 명예, 건강, 장수, 보석, 부귀영화, 자녀, 가족 등 이 모두가 다 귀하고 좋은 선물임에는 틀림없다. 그러나 이것은 육적인 것이요 썩어질 세상의 것들이다.

당장 그 가치를 느끼지 못한다 할지라도 영적인 것이 더 귀하고 누가 주느냐에 따라 그 가치는 크게 달라질 것이다. 그 선물이 하나님이 주신 것이라면 비록 우리 눈에는 귀한 것이 아니라 생각된다 할지라도 그것이 가장 귀한 선물일 것이다.

무엇보다 가장 귀한 선물은 영생이다. 다른 말로 천국에 가는 구원일 것이다. 그래서 주님도 부자 청년에게 "네 재산을 팔아서 불쌍하고 가난한 이웃을 위하여 나누어 주라 그리하면 하늘에 보화가 네게 있으리라"(눅18:22)고 하셨다. 하늘의 보화가 이 세상의 재산과 명예, 모든 것보다 더 귀하다고 주님이 말씀하셨다. 보화는 육적인 것도 귀하지만 영적인 보화는 그 값을 측량할 수 없을 만큼 크고 귀하다.

성경은 예수님을 보배(벧전2:4), 믿음을 보배(벧후1:1), 약속을 보배(벧후1:4), 보혈을 보배(벧전 1:19)라 하였다. 이 모두를 종합하면 구원이라는 뜻이다.

다시 말씀 드려서 구원을 받는 데 필요한 것이다.

이 말씀은 예수님께로−난 약속의−믿음으로−구원을 받는데 그것이=보혈이라는 말씀이다.

요한복음 3장 16절을 해석해 보자. 하나님은 우리를 너무 너무 사랑하신다는 것을 '이처럼'이란 말로 표현하고 있다. 우리를 사랑했으므로 주님을 이 땅에 보내셨다는 것이다. 우리를 죄에서 구원하기 위해서 보내셨다는 것이다.

찬송가 102장도 '주예수보다 더 귀한 것은 없네 이 세상 부귀와 바꿀 수가 없네 영 죽을 내 대신 돌아가신 그 놀라운 사랑 잊지 못해…'라고 노래하고 있다. 영 죽을 내대신 돌아가신 것이 놀라운 사랑인데 그것은 가장 귀중한 보배, 즉 예수라는 것이다.

본문으로 돌아와서 독생자를 주셨다는 말은 무슨 뜻일까. 찬송가 가사처럼 나의 죄를 위하여 죽어 보혈을 흘려주셨다는 말씀이다. 그냥 죽이신 것이 아니라 보혈의 피를 주셨는데 누구든지 그 피를 믿고 씻으면 구원을 얻는다는 것이다.

누구든지 그 피를 믿고 씻으면 구원을 얻지만 아무리 귀한 신앙인이라도 그 보혈의 비밀을 알지 못하고 씻지 않으면 구원을 얻지 못한다는 말이다. 그런데 왜 보혈로 씻고 믿으면 구원을 받는다고 말하면 되는데 왜 그 말씀이 없을까? 보혈은 진리요, 비밀이요, 숨어있고 또한 보화이기 때문에 그렇게 한 것이다. 그러니 계시가 필요한 것이다. 만일 보혈의 비밀을 알지 못하면 모든 것이 허사인 것이다.

보혈의 신앙을 믿는 자가 구원을 얻는 것이 하나님의 사랑이라는 것이다.

"우리가 아직 죄인 되었을 때에 그리스도께서 우리를 위하여 죽으심으로 하나님께서 우리에게 대한 자기의 사랑을 확증"(롬5:8)하셨다고 하였다. 이 말씀은 우리를 사랑해서 당신의 피를 주셨는데 예수 피가 곧 사랑의 증거라는 것이다. 보혈을 주셨다면 이것이 주님의 참사랑이라는 것을 알아야 한다. 예수님의 보혈보다 더 귀한 보배가 없다는 것을 우리는 알아야 한다.

왜 그럴까. 보혈이 예수님의 생명이요 또한 그 피가 우리를 영원한 사망의 죄에서 구원하는 생명수이기 때문이다.

요한계시록 1:5에 우리를 사랑하사 그 피로 우리를 죄에서 해방시키신다고 하였다.

첫째, 예수님의 보혈은 우리를 모든 죄에서 해방시켜 구원하시니 보혈이 사랑이요.

둘째, 보혈은 주님의 생명을 버리심으로 주시는 주님의 귀한 생명이요, 나에게는 얻는 생명이니 사랑이다.

셋째는, 이 세상에서도 모든 것에서 승리는 보혈인데 주님이 그 보혈을 나에게 주시어 승리하게 하시니 보혈이 주님의 참 사랑인 것이다.

2장

보혈과 언약
Jesus blood & Covenant

보혈과 언약

히브리서의 언약

보혈과 언약

언약covenant이란 두 당사자의 합의 하에 이루어진 협약이다. 구약에서 언약(계약)으로 번역된 히브리어 berith는 '끊는다' 의 어원을 가졌는데, 이는 계약을 맺을 때 짐승을 둘로 절단하여 엄숙한 의식을 행하는 데서 유래된 말이다.

언약은 보혈로 맺은 하나님과 성도와의 약정을 의미한다. 보혈로 죄를 씻은 자만이 구원을 받는다는 하나님과 인간과의 약속이라는 뜻이다. 그래서 우리는 성경을 '약속서' 또는 '언약의 책' 이라 부른다. 언약은 두 가지인데 옛 언약 old testament은 구약에서 짐승의 피를 통한 죄 씻음을 말씀하고, 새 언약 new testament은 예수님의 보혈을 통한 구속(죄 씻음)을 가리킨다. 언약이란 다른 말로 약속이란 뜻이다.

몇 년 전에 필자는 신학 강의 차 대구에서 전남 여수로 가게 되었다. 아침 7시에 출발하는 고속버스를 탔는데 승객은 모두 필자를 포함하여 세 사람뿐이었다. 그런데 그 버스기사는 정각 7시에 정확히 출발하는 것이 아닌가! 필자가 물었다. "기사님, 조금만 기다리면 사람들이 더 탈 수도 있는데 왜 정시에 출발하십니까, 세 사람 차비로 경비가 됩니까?" 했더니 버스기사가 하는 말이 "선생님, 무슨 말씀을 하십니까. 20만 원은 되어야 되는데 15만 원이 적자입니다." 하는 것이 아닌가. "그런데 왜 출발합니까?" 하고 물으니, 그 기사님이 하시는 말씀이 "우리 회사와 대구 시민과 다음 버스와 약속입니다." 하는 것이 아닌가!

버스기사도 회사도 많은 손해를 감수하면서까지 시민들과의 약속을 지키지 않는가! 하물며 하나님께서도 성경에 약속한 모든 약속은 반드시 지키시는 약속의 하나님이심을 우리는 알아야 한다.

우리가 기억해야 할 점은 약속이란 양쪽이 모두 지킬 때에 유효하다는 것이다. 이것을 보혈의 경우로 대입해서 설명해 보면 이렇다. 보혈은 죄 사함을 위한 하나님과 인간과의 약속이다. 그런데 하나님은 반드시 약속을 지키신다. 문제는 인간에게 있다. 보혈이 우리와 하나님과의 언약이기에 말이다.

"진실로 너희에게 이르노니 천지가 없어지기 전에는 율법의 일점, 일획이라도 반드시 없어지지 아니하고 다 이루리라"(마5:18).

하나님은 공의의 하나님이시다. 성경에 약속한 언약대로 운행하시고 반드시 이루시고 성취하시는 언약의 하나님이시기에 언약을 지키지 않는 인간에게 모든 책임이 있음을 우리는 잘 알아야 한다.

행위언약 Covenant of Works

행위언약이란 하나님과 아담(인간) 사이에 맺은 언약이다. 하나님께서는 아담과 하와를 창조하시고 "그들에게 이르시되 생육하고 번성하여 땅에 충만하라, 땅을 정복하라"(창1:27~28) 하시고 크게 기뻐하셨다. 그리고 선악과만 먹지 말라고 말씀하시고 먹는 날에는 정녕 죽으리라고 하셨다. 이것이 행위언약의 기초이다. 순종하면 영원히 살고 불순종하면 영원히 죽는다는 것이다. 이것이 언약의 내용인데, 하나님은 언약을 지키셨으나 언약의 체결자인 아담(사람)의 불순종함으로 그때부터 인간 에게는 영육간의 죽음과 모든 저주와 고통이 오게 된 것이다. 하나님이 어긴 것이 아니라 아담이 어긴 것이다. 아담이 죄를 짓게 된 그 배후에는 뱀(사탄)이 있었다.

로마서 6:23에는 "죄의 삯은 사망이요"라고 하였다. 그 결과로 아담과 하와 (사람)에게 죽음이 찾아왔고, 그들은 저주를 받아 에덴동산에서 쫓겨나게 되었다. 하나님은 사랑의 하나님이신 동시에 심판judgement과 공의righteousness 의 하나님이시기에 어쩔 수 없이 인간의 죄로 인해 사망이 들어오게 된 것이다. 우리가 기억할 것은 여기서 말하는 사망이란 육적인 면도 있지만 영적인 면을 말씀하고 있음을 알아야 할 것이다.

구속언약 (보혈언약)Covenant of Redemption

구속언약이란 하나님과 예수님 사이에 맺은 언약이다. 이제 언약을 어긴 사람이 아니라 예수님이 언약의 주체가 되신 것이다. 우리를 대신하여 주님이 대신 죽으신 것이다. 하나님은 공의의 하나님이기에 언약대로 이루시지만 또한 사랑의 하나님이시기에 어느 누구도 지옥 형벌을 받기를 원치 않으신다. 하나님은 우리 모두가 구원받기를 원하신다(벧후3:9). 그래서 인류를 구원하기 위해 제2의 언약을 세우셨다. 그것이 구속언약, 다른 말로 보혈언약이다. 하나님은 공의의 하나님이심으로 반드시 죽어야 하는데 죽은 인간을 살리기 위해 예수님께서 우리를 위하여 대신 죽으신 것이다.

창세기 3:21 "여호와 하나님이 아담과 그 아내를 위하여 가죽옷을 지어 입히시니라". 이 말씀 안에 구속언약이 숨어있다. 죄 지은 아담과 하와를 위해 가죽옷을 지어 입히셨다. 가죽옷을 입히기 위해서는 죄 지은 아담과 하와를 위해 죄가 없는 짐승이 대신 피를 흘리고 그 피가 그들의 죄를 씻고 그 가죽옷으로 우리에게도 입혀 구원을 얻게 하신 것이다. 여기서 짐승은 예수님을 가리킨다. 세례 요한은 "보라 세상 죄를 지고 가는 하나님의 어린양이로다"(요1:29)라고 하였다. 그때로부터 하나님께서는 예수님을 예표하는 짐승을 잡아 그 피로 인간의 죄를 씻게 하고, 구원을 이루신 것이다.

그럼 왜 예수님이 죽으셔야 하느냐. 그 이유는 죄지은 인간은 구속자가 될 수 없고 죄가 없는 자라야 되는 것이기 때문이다. 주님은 하나님이시요, 죄가 없으시고 또한 인간이 되셨지만 성령으로 잉태하심으로 원죄가 없으시다. 그리고 대신 죽으심으로 정녕 죽으리라는 말씀을 이루시며 죄로 인한 형벌을 친히 담당하셨고 그것으로 우리를 원죄로 인한 영원한 사망의 저주에서 해방하시고 그 피를 통해 우리의 자범죄를 씻게 하신 것이다. 구약에 선지자를 통해 약속하신 그때가 되시어 예수님이 골고다에서 십자가를 지시고 물과 피를 다 쏟으시고 "다 이루었다!"(요19:30) 하시고 구속(보혈)언약을 완성하신 것이다.

은혜언약 Covenant of Grace

은혜언약은 아무런 공로도, 의도 없는 죄인인 인간에게 베푸신 하나님의 자비와 사랑이다. 이 언약은 실패한 제1언약인 행위언약이 아닌 제2의 보혈(구속)언약의 주체이신 예수님의 피로 우리 죄를 씻고 그 피로 구원을 받는 것을 의미한다. 이것이 은혜이다. 주님이 다 이루어 놓으신 것을 인간이 믿음으로 받는다는 뜻이다.

하나님은 아담이 요구하지도 않았음에도 자원하여 가죽옷을 지어 입혀주셨다(창3:21). 이는 죄지은 인간을 위하여 주님을 보내주시고 피 흘려 우리를 죄에서 구속해 주시겠다는 주님의 은혜요 사랑인 것이다.

바울은 이미 에베소서 2:1에 "허물과 죄로 죽었던 너희들"이라고 하였다.

에베소서 2:8~9 "너희가 그 은혜를 인하여 그 믿음으로 말미암아 구원을 얻었나니 이것이 너희에게서 난 것이 아니요 하나님의 선물이라. 행위에서 난 것이 아니니 이는 누구든지 자랑치 못하게 함이니라".

은혜란 선물이란 뜻이며 공짜란 뜻이다. 우리가 이룬 것이 아니라 주님이 이루어놓으신 것을 우리는 믿음으로 받아 그 피로 죄를 씻으면 되는 것이다. 엄밀한 의미에서 믿음도 보혈도 죄 씻음도(엡2:8, 엡2:5) 하나님이 주시는 선물인 것이다.

구약에서의 성부 하나님은 보혈을 약속하셨고, 신약에서 예수님은 보혈을 직접 성취하여 피를 흘려주셨고, 성령님은 그 남겨주신 보혈을 우리에게 지금 적용하시는 것이다. 성삼위 하나님께서 이루어 놓으신 보혈언약을 감사로 받고 마음으로 믿어 그 피로 우리의 죄를 씻고 많은 사람에게 은혜의 보혈을 전하는 것이 은혜언약의 본질인 것이다.

히브리서의 언약

신구약 성경 중에서 보혈을 가장 많이 기록한 책은 구약에서는 레위기요 다음은 출애굽기다. 신약에서는 히브리서에 가장 많이 기록하였고 그 다음은 요한계시록이다. 그래서 히브리서를 신약의 레위기라 부른다. 그런데 히브리서에서는 보혈을 언약의 피Blood of testament라 하였고 요한계시록에서는 어린양의 피Blood of the lamb라 하였다.

다시 말해 히브리서는 언약, 즉 그리스도의 피를 죄 씻음과 구원의 약속에 초점을 맞춰 보혈을 강조하였고, 요한계시록은 예수의 피를 제물에 초점을 맞쳐 강조하였다고 볼 수 있다. 놀라운 사실은 예수님의 12제자와 바울을 포함해서 13사람 중에 보혈의 진리를 잘 알고 있는 사람은 바울과 요한 그리고 베드로 세 사람밖에 없다는 사실이다.

"예수께서 대답하여 가라사대 나의 하는 것을 네가 지금은 알지 못하나 이후에는 알리라"(요13:7)고 하셨던 예수님 말씀대로 베드로도 그 당시에는 보혈을 몰랐다.

"베드로가 가로되 내 발을 절대로 씻기지 못하시리이다"(요13:8)고 한 베드로의 고백이 그가 보혈을 몰랐다는 확실한 증거이기도 하다.

구약에도 아무도 보혈을 알지 못하였으나 주님이 모세와 아론에게 가르쳐 주셔서 알게 된 것이다(출12:1~14참조).

그러나 주님의 은혜로 우리는 보혈을 알게 되었고, 이 책을 통해서 더 잘 알게 되었으니 모두가 주님의 한량없는 은혜일 뿐이다.

히브리서의 언약의 내용

언약의 내용에 관해서는 히브리서 7~9장에 중점적으로 기록되어 있으나, 특히 히브리서 9장이 '보혈장'이라고 할 수 있다. "이와 같이 예수는 더 좋은 언약의 보증이 되셨느니라"(히7:22)라는 말씀에서 알 수 있듯이, 구약에서는 짐승의 피로써 일시적인 피, 상징적인 피지만, 신약에서는 약속하신대로 예수님의 피를 주시겠다는 말씀인 동시에 보혈이 언약의 보증, 다시 말해 증거라는 것이다.

히브리서 8:6-7 "그러나 이제 그가 더 아름다운 직분을 얻으셨으니 이는 더 좋은 약속으로 세우신 더 좋은 언약의 중보시라 저 첫 언약이 무흠하였더라면 둘째 것을 요구할 일이 없었으려니와".

이 말씀은 짐승의 피와 예수님의 피의 차이점을 말씀하는데, 새 언약의 성취와 필요성에 대한 언급이다. 즉 예수님의 피가 더 좋은 언약이라는 것이다. 짐승의 피를 드리는 것은 번거롭고 불완전하며 돈이 들어가야 하고 반드시 제사장을 통해서만 드려야 되고 반복적으로 드려져야 하지만, 예수님의 피는 내가 제사장이 되어 믿음으로 언제든지 사용할 수 있는 것이다. 이것이 새 언약의 필요성이다. 무엇보다도 짐승의 피는 한시적이요 예수 피에 대한 임시적이요 그림자인 것이다.

히브리서 8:9 "또 주께서 가라사대 내가 저희 열조들의 손을 잡고 애굽 땅에서 인도하여 내던 날에 저희와 세운 언약과 같지 아니 하도다 저희는 내 언약 안에 머물러 있지 아니하므로 내가 저희를 돌아보지 아니하였노라". 이 말씀의 의미는 광야에서 하나님께서 이스라엘 백성을 버리신 것은 그들이 보혈언약을 지키지 않았기 때문이라는 뜻이다. 바꾸어 말씀드리면 보혈언약을 지켜 보혈을 드리면 주님이 지켜주신다는 뜻이다. 여기서 우리가 기억해야 할 것은 항상 보혈언약을 지키며 살아갈 때에 하나님께서 우리를 보호하시고 축복하심을 잘 알 수 있다.

히브리서 8:13 "새 언약이라 말씀하셨으매 첫 것은 낡아지게 하신 것이니 낡아지고 쇠하는 것은 없어져가는 것이니라". 이 말씀은 지금은 새 언약을 지켜야지 옛 언약을 지키면 안 된다는 것을 의미한다. 지금은 예수님의 보혈을 드려야지 구약의 짐승 피는 안 된다는 것이다.

히브리서 9:7 "오직 둘째 장막은 대제사장이 홀로 일 년 일차씩 들어가되 피 없이는 아니하나니 이 피는 자기와 백성의 허물을 위하여 드리는 것이라".

둘째 장막이란 지성소를 의미하는데 지성소는 대제사장이 일 년에 한 번씩 반드시 피를 가지고 들어가야 한다. 하나님이 정하신 짐승 외에 다른 짐승의 피를 가지고 들어가거나 피를 가지고 들어가지 아니하면 죽어서 나오게 되어 있다. 그 짐승은 흠이 없는 가축 중에 1년 된 수놈으로서 양이나 소, 또는 염소 중에서 골라야 했다. 피를 가지고 들어가는 이유는 첫째, 피가 있어야만 하나님을 만날 수 있고 둘째, 피로만 백성의 죄를 사할 수 있으며 셋째, 자신의 죄와 허물을 씻기 위함이었다.

이와 같이 오늘날도 보혈의 예배를 드려야 하나님을 만날 수 있고, 또한 우리의 죄를 씻을 수 있는 것이다.

히브리서 9:7 "오직 둘째 장막은 대제사장이 홀로 일 년에 일차씩 들어가되 피 없이는 아니하나니 이 피는 자기와 백성의 허물을 위하여 드리는 것이라"라는 말을 보면 잘 알 수 있다.

히브리서 9:22 "율법을 좇아 거의 모든 물건이 피로써 정결케 되나니 피 흘림이 없은즉 사함이 없느니라"고 말씀하셨다. 여기서 기억해야 할 것은 피를 통해 죄 사함이 이루어지는 것이 구약의 언약의 내용인 것이요, 피 흘림, 다시 말해 피를 통하지 않고는 우리 죄를 사할 수 없음을 기억하여야 할 것이다. 신약도 같은 것이다. 다만 예수님의 피로 바뀐 것임을 알아야 한다.

레위기 17:11에는 "육체의 생명은 피에 있음이라"고 하셨다.

히브리서 9:12에는 "염소와 송아지의 피로 아니 하고 오직 자기 피로 영원한 속죄를 이루사 단번에 성소에 들어가셨느니라"라고 하셨다. 이 말씀은 짐승의 피도 결국은 예수님의 피를 상징하는 구약의 보혈임을 의미한다. 그러나 지금은 오직 예수님의 보혈로만이 우리 죄를 씻고 천국에 들어갈 수 있다는 말씀이요, 또한 예수님의 피로 오늘도 씻어 영원한 속죄를 이루어 우리를 그 피로 구속하여 천국에 들어가게 하신다는 것이다.

히브리서 9:13에는 "염소와 황소의 피와 및 암송아지의 재로 부정한 자에게 뿌려 그 육체를 정결케 하여 거룩케 하거든"이라고 기록되어 있다. 짐승의 피도 뿌리면 부정한 자가 정결케 된다는 의미로 구약에서는 임시로 예수님의 피 대신 짐승의 피를 보혈로 사용하였다는 말이다.

히브리서 9:14 "하물며 영원하신 성령으로 말미암아 흠 없는 자기를 하나님께 드린 그리스도의 피가 어찌 너희 양심으로 죽은 행실에서 깨끗하게 하고 살아계신 하나님을 섬기게 못 하겠느뇨".

이 말씀은 예수님의 피는 우리를 모든 죄에서 깨끗하게 하신다는 말씀이다. 성령의 피라는 말씀은 다른 말로 하나님의 피를 뜻하는 것이다. 그리스도의 피는 흠이 없는 속죄의 피이므로 양심으로 죽은 행실도 깨끗하게 하는 것이다. 즉 보혈은 죽은 양심도 깨끗하게 하는 구속의 능력이 있다. 예수님의 보혈은 속죄뿐 아니라 하나님을 섬기는 일에도 반드시 필요하다는 것을 알아야 할 것이다.

히브리서 9:15 "그는 새 언약의 중보니 이는 첫 언약 때에 범한 죄를 속하려고 죽으사 부르심을 입은 자로 하여금 영원한 기업의 약속을 얻게 하려 하심이니라".

결국 보혈은 우리의 구원의 보증이 되시며 요한계시록 3:5의 말씀대로 우리를 영원한 천국으로 인도하신다는 것이다.

히브리서 9:19~21 "모세가 율법대로 모든 계명을 온 백성에게 말한 후에 송아지와 염소의 피와 및 물과 붉은 양털과 우슬초를 취하여 그 책과 온 백성에게 뿌려 이르되 이는 하나님이 너희에게 명하신 언약의 피라 하시고 또한 이와 같이 피로써 장막과 섬기는 일에 쓰는 모든 그릇에 뿌렸느니라".

두루마리(성경)와 온 백성에게도 뿌렸다는 말씀이다. 온 백성에게 뿌리고 이는 하나님께서 우리에게 명하신 언약의 피라고 하셨다. 놀라운 사실은 사람에게뿐만 아니라 성경에도 또한 모든 사물에도 피를 뿌렸다는 것이다. 그 이유는 보혈 속에는 하나님의 생명이 들어있어 보혈이 들어가면 생명이 살아서 약동하기 때문인 것이다.

히브리서 9:28 "이와 같이 그리스도도 많은 사람의 죄를 담당하시려고 단번에 드리신바 되셨고 구원에 이르게 하기 위하여 죄와 상관없이 자기를 바라는 자들에게 두 번째 나타나시리라".

예수님의 피 흘리심은 우리의 죄를 담당하심이요 우리를 구원하시기 위함이요 두 번째 언약을 이루기 위함인 것이다.

히브리서 10:19 "그러므로 형제들아 우리가 예수의 피를 힘입어 성소에 들어갈 담력을 얻었나니".

이 말씀은 성소에는 아무나 들어갈 수 없는데 구약에는 대제사장이 그것도 일 년에 일차씩만 들어갈 수가 있었는데 새 언약의 피인 예수님의 보혈로 누구나 들어갈 수 있게 된 것이다.

히브리서 10:9 "그 첫 것을 폐하심은 둘째 것을 세우려 하심이니라". 이 말씀은 옛 언약을 폐하시려고 주님이 오셔서 피 흘리심으로 요한복음 19:30의 새 언약을 세우셨다는 뜻이다.

히브리서 12:24 "새 언약의 중보이신 예수와 및 아벨의 피보다 더 낫게 말하는 뿌린 피니라". 예수님의 피는 말씀하시는 살아있는 피인 것이다. 그러므로 보혈의 말씀은 전하기만 하면 살아서 역사하는 것임을 알아야 한다. 그 이유가 무엇인

가. 보혈은 생명이요 구원을 위한 하나님과 나와의 언약이기 때문이다.

히브리서 13:20 "양의 큰 목자이신 우리 주 예수를 영원한 언약의 피로 죽은 자 가운데서 이끌어 내신 평강의 하나님이".

예수님의 언약의 피만이 우리를 지옥의 형벌과 죽음에서 영원히 이끌어 낼 수 있는데 이것이 보혈의 언약임을 본문은 말씀하고 있다.

3장

옛 언약의 보혈
Old testament's Jesus blood

창세기로 본 가인과 아벨의 보혈
Holy Blood from Genesis:Cain & Abel

^{창세기 4:1~15} 가인과 아벨은 형제이며 최초의 사람 아담과 하와의 아들이다. 아벨은 성령과 보혈로 제사를 드림으로 하나님께 복을 받았고 가인은 자기 생각대로 피 없는 제사를 드려서 저주를 받은 사람이다. 우리는 두 사람의 제사를 통하여 주님이 기뻐하시는 열납 받는 예배가 무엇인지를 생각해 보자.

^{창세기 4:2} 가인은 농사짓는 자였고 아벨은 양치는 자였다고 성경은 말하고 있다. 창세기 4:1~15은 인간 최초로 가인과 아벨의 제사 장면과 그들이 받은 복과 저주 장면을 보여주고 있다. 창세기 3:21에 아담과 하와를 위하여 가죽옷을 지어 입히셨다고 기록하고 있다. 이는 인류 최초로 죄를 지어 행위 언약을 어긴 아담(인간)을 위하여 제2의 아담이신 예수님이 구속 언약을 보여주는 언약의 사건이다. 죄를 지은 인간을 대신하여 짐승이 피를 흘려 그 피로 살리고 짐승이 대신 죽은 것이다. 이것은 장차 우리 죄를 위해 죽으시고 생명의 피를 주시고 우리를 살리시고 의의 옷을 입혀주실 예수 그리스도를 상징한다. 세상 죄를 지고 가는 어린양을 보라(요1:29)고 하심에서 확실히 알 수 있다.

가인의 제사

^{창세기 4:3} 가인은 자기 소산으로 제사를 드렸고 아벨은 기름과 양으로 제사를 드렸다고 하였다. ^{창세기 4:5} 그러나 아벨과 그 제물은 열납하였으나 가인과 그 제물은 열납하시지 않으셨다고 하였다. 우리가 기억해야 할 것은 정성의 문제가 아니라 가인과 그 제물에 문제가 있음을 알아야 한다. 4절 아벨은 양의 첫 새끼

와 기름으로 드렸다고 하였다. 기름은 성령으로, 양은 보혈을 상징하니 성령과 보혈로 드렸으므로 그 제사가 열납된 것이다. _{창세기 3:21} 하나님과 인간과의 언약이기 때문이다.

짐승의 피만이 인간의 죄를 구속하고 또한 받으시는 제사가 오늘날의 예배인 것을 알아야 한다. 그러나 가인은 자기 생각대로 제사를 드린 것이다. 그 정성과 행위가 아닌 제물에 문제가 있는 것이다. 오늘도 이와 같다. 우리는 보혈의 예배를 드려야 하는 것이다.

아벨의 제사

아벨과 그의 제물은 하나님께서 열납하셨으나 그 결과로 핍박을 받아 순교하였다. 바울은 데살로니가 교회를 생각할 때마다 항상 감사하고 기도한다고 하였다(살전1:2~3).

그 이유가 믿음의 역사와 사랑의 수고와 소망의 인내가 있기 때문이라고 말한 후에 데살로니가후서 1:4에는 너희들을 택하심을 안다고 하였다. 또 이어 5절에는 복음이 너희에게 능력과 성령의 확신으로 된 것이라고 하였고 6절, 많은 환난 가운데서 성령의 기쁨으로 된 것이라 하였다.

이 말씀을 쉽게 설명하자면 바울이 항상 감사하고 그들을 위하여 기도한 이유가 큰 환난 가운데서 복음을 기쁨으로 받았기 때문이라고 하였다. 성경에는 보혈을 큰 환난이라 하였으니(계7:14) 그들은 보혈의 복음을 기쁨으로 받았다는 말씀인 것이다.

우리가 하나님의 나라에 들어가려면 많은 환난을 겪어야 하리라(행14:22) 하였다. 또 의를 위하여 핍박을 받는 자는 복이 있나니 천국이 저희 것(마5:10)이라고도 하였다.

말씀을 순종해야 복을 받는다(신28:2). 그러나 말씀을 순종하는 것은 우리에게는 큰 환난인 것이다. 아벨은 이와 같이 보혈과 성령의 제사를 하나님께 드림으로 하나밖에 없는 형의 핍박과 환난으로 순교자가 되었으나 천국의 복을 받게 되었다.

그러니 우리가 꼭 기억해야 할 사실은 아벨과 그 제물은 하나님이 열납하셨고(창4:4) 가인과 그 제물은 열납하지 아니하셨다(창4:5)는 것이다. 보혈의 예배를 드리면 나와 제물 모두를 받아주신다는 것이다. 반대로 가인처럼 보혈을 드리지 않으면 예배도 나 자신도 받아주시지 않는다는 엄청난 진리를 우리는 알아야 한다.

아벨은 살아 있다

그는 죽었으나 셋이 그를 대신하여 다시 태어나게 되었으며(창4:25) 그는 죽임을 당했으나(창4:9), 네 아우 핏 소리가 땅에서부터 호소한다(창4:10)고 하므로 그의 영은 지금도 살아 역사하고 있으며 아벨은 믿음으로 그는 선진의 반열에 서서 천국에서 살아 역사하고 있으며(히11:4) 신앙으로 영원히 살아 있다. 하나님의 말씀은 살았고 운동력이 있어(히4:12) 그의 말과 신앙은 영원히 살아 우리 속에 역사할 것이다. 아벨의 피보다 더 나은 것을 말하는 뿌린 피니라(히12:24)고 성경은 말하므로 아벨의 피도 살아있고 특히 예수님 피는 살아 있다는 것이다.

가인을 버리심

놀라운 것은 그 당시는 하나님과 인간이 직접 대화하던 시기였다는 것을 본문에서 잘 알 수 있다. 그는 주님께 직접 물어 보았으면 주님이 가르쳐 주었을 것이다. 그러나 그는 묻지 않았고 아우인 아벨에게 물어도 역시 대답해 주었을 것인데 묻지 않았다. 묻지 않은 것이 아니라 주께서 그 영을 닫아 묻지 못하게 하신 것이다. 주님께서 바로의 마음을 강퍅하게 한 것처럼(출10:20 참조), 광야에 있던 이스라엘 백성의 마음을 버려두신 것처럼(행7:42) 주님은 보혈이 없는 보혈의 예배를 드리지 않는 자의 마음을 강퍅하게 하시고 그의 길을 외면하시는 것을 잊어서는 안 될 것이다.

피의 제사를 드리지 않은 가인이 받은 저주

분노가 일어났다. 게다가 하나님께 화를 내었다(창4:6). 그 분노가 결국은 아우를 쳐 죽이게 했다. 분노는 자신에게 내어야 하는데 하나님께 분노를 낸 것이다. 분노는 사탄의 것임을 우리는 알아야 한다. 가인은 살인죄를 짓게 되었다. 그것도 하나밖에 없는 동생을 죽인 존속 살인이요 인간 최초의 살인자가 된 것이다. 만일 가인이 보혈의 제사를 드렸다면 그 영을 하나님이 지켜주었을 것이다.

그는 하나님을 속이는 죄를 지었다. 창세기 4:9에 네 아우가 어디에 있느냐 물을 때 가인은 내가 알지 못한다고 하며 내가 아우를 지키는 자냐고 항의를 하였다. 하나님은 모든 것을 아신다는 것을 그도 잘 알았을 것인데도 그는 주님을 속이는 자가 되었다.

땅에서 저주 받는 자 되었다

주님은 가인에게 "네 아우의 피를 받은 네가 땅에서 저주를 받으리라" 하셨고 "밭을 갈아도 땅이 다시는 효력을 내지 아니할 것이며 땅에서 유리하는 자가 되리라"고 하셨다. 보혈이 없는 자는 영육에서 모두 저주를 받는다.

영적 저주를 받는다

어느 목사님이 입신하여 필자를 보았다는 말을 듣고 감격한 일이 있다. 필자의 몸 전체에 복 복福자가 써져 있는 것을 보았다는 말을 들었다. 보혈이 복이라는 것이다. 그런데 가인은 보혈이 없어 저주를 받은 것이다. 내 벌이 너무 중하여 견딜 수가 없다고 하였고 주께서 지면에서 나를 쫓아내시온즉 내가 하나님의 낯을 뵈옵지 못하리라(창4:14) 하였다. 영적 최고의 저주는 지옥의 형벌인데 하나님을 뵈옵지 못하면 어떻게 될 것인가. 그것이 곧 지옥에 간다는 말이다. 보혈이 없는 자의 필연적인 결과임을 우리는 알아야 할 것이다. 가인 같이 하지 말자 그는 악한 자에게 속하여 아우를 죽였으니 이는 자기 행위는 악하고 아우 행위는 의로움이라 하였다(요일3:12). 이 말씀은 동생 아벨을 죽인 이유를 설명하고 있는데 아우는 의롭고 자신은 악하다고 하였다.

창세기 4장을 자세히 연구하여 보아도 아벨이 행한 일은 보혈과 성령의 제사를 드린 것밖에는 아무것도 찾을 수가 없다. 그렇다면 이는 무슨 말인가. 보혈이 있는 아벨은 의롭고 보혈이 없는 자신은 악하다고 그가 스스로 고백하고 있다.

가인은 왜 이런 최후를 맞게 되었는가? 가인은 악한 자에 속하여(요일3:12)라는 말을 볼 때 사탄이 그렇게 한 것이라는 것을 알 수 있다.

반면 아벨은 하나님께 속하였다. 필자는 이런 생각을 해 보았다. 육신적으로 볼 때 가인은 하나님의 첫 손자이다.

필자의 큰 아들이 결혼하여 첫 아들을 낳았으니 나에게는 손자이다. 이름은 심서준이다. 얼마나 귀여운지 너무너무 귀엽고 보고 싶고 사랑스럽다. 그런데 그토록 귀한 친손자인(육신으로 보면) 가인도 하나님은 피가 없음으로 버린 것이다. 이것이 보혈의 언약임을 기억해야 할 것이다.

의인과 보혈 The righteous and holy blood

창세기 6:9에 노아는 의인이요 당대에 완전한 자라고 하였다. 그러나 성경은 의인은 없나니 곧 한 사람도 없다고 하였다. 시편 14:3에도 선을 행하는 자 없으니 하나도 없다 하였다. 그럼 이 두 말씀이 모순된다. 그 답은 창세기 6:8에 있다. 노아는 하나님께 은혜를 입었다고 말씀하고 있다. 그렇다면 노아는 은혜 받은 의인이었다는 것이다. 지구상에 주님의 눈으로 보면 도덕적으로나 윤리적으로 의인은 없다. 그러나 보혈의 피로 죄를 씻는 순간 우리는 그 피에 의해서 죄인에서 의인으로 신분이 격상되는 것이다.

^{창세기 18:23} 의인을 악인과 함께 멸하려 하시나이까 하였다. 이는 아브라함이 조카 롯을 의인이라 한 것이다.

^{베드로후서 2:7} 무법한 자들의 음란한 행실로 말미암아 고통당하는 의로운 롯을 건지셨으니 베드로 사도는 롯을 의인이라고 하였다. 이는 의인의 기준이 보혈임을 알 수 있다. 롯은 자기 딸을 통해 자식을 낳은 패역한 자인 것이다. 그럼에도

그를 의인이라고 한 것이 아닌가.

아브라함의 기도 내용을 보면 의인이 열 사람만 있어도 주님은 소돔과 고모라를 멸하지 않겠다고 약속한 것을 볼 수 있다. 다시 말해 소돔과 고모라가 멸망당한 것은 의인이 10명이 없어서이며 그곳에 있는 롯과 그 두 딸은 은혜 받은 의인이기 때문에 주님이 구원하여 주신 것이다.

주님의 눈은 의인에게 있음을 알 수 있다. 여호와의 눈은 의인을 향하시고 그의 귀는 부르짖음에 기울이신다고 하였다(시34:15). 주님의 눈은 의인을 향하신다. 그러나 성경은 의인은 없나니 한 사람도 없다고 하였고(롬3:10), 깨닫는 자도 없고 찾는 자도 없다고 하였으며(롬3:11), 육체로는 의롭다함을 받은 자 없다고 하였다(롬3:20).

예수피로 씻은 은혜 받은 의인만이 있다

시편5:12 여호와는 의인에게 복을 주신다고 하였다.

마태복음 13:49 천사들이 와서 의인 중에 악인을 골라내어 풀무 불에 던져 넣으리니 거기서 울며 이를 갊이 있으리라 하였다.

이 모든 말씀을 종합해 보면 세상에서 윤리적, 도덕적으로 죄를 짓지 않는 의인은 없다. 그러니 결국 죄를 회개하여 예수 피로 씻는 의인만 있다는 것이다. 그는 곧 예수님 보혈로 죄를 씻는 자 은혜 받은 의인이라고 부른다(창6:8). 아벨을 의인 아벨이라 함으로 보혈로 죄를 씻는 자로 의인이라 함을 또한 알 수 있다(마23:35). 하늘에 있는 성도를 의인이라 하였다(눅15:7).

바울은 구원에 대하여 너희가 죄에서 해방되고 종이 되어 거룩에 이르는 열매를 맺고 마지막 영생을 얻게 한다고 하였다(롬6:22). 우리 모두는 죄인이다.

그러나 보혈의 피로 우리를 죄에서 해방시켜 거룩한 의인이 되게 하여 열매를 얻게 하신 후 영생을 얻게 하신다는 것이다. 너무 감사한 것은 우리의 먹보다 더 검고 피보다 더 진한 죄를 십자가의 보혈로 양털보다 더 희게, 눈보다 희게 씻어 의인의 칭호를 얻게 한 후 천국으로 인도하시는 것이다. 이것이 성경의 진리요 보혈의 비밀인 것이다(사1:18). 찬송가 261장 1절에 보면 '이 세상의 모든 죄를 맑히시는 주의 보혈 성자 예수 그 귀한 피 찬송하고 찬송하세 주님 곁을 멀리 떠나 길을 잃고 헤맬 때 나의 뒤를 따라오사 친히 구원 하셨도다' 라고 노래하고 있다. 주의 흘리신 보혈로 희게 씻어 주소서라는 간구는 주의 피가 우리를 죄에서 의인으로 만드는 능력이 있음을 말하고 있는 것이다.

노아 방주와 보혈

노아는 의인이요 당대에 완전한 자라고 하였다(창6:9). 그러나 그는 은혜를 입었더라고 하시므로 노아는 은혜 입은 의인임을 알 수 있다(창6:8).

노아 방주가 주는 교훈

노아의 방주는 예수님의 몸이요 또한 교회를 상징한다. 그 구조를 보면 그렇게 넓고 큰 방주에 문이 하나뿐인데 위에 있어서 그것을 창문으로도 함께 썼음을 알 수 있다(창6:16).

이 뜻은 구원은 예수님밖에 없다는 것을 보여준다(요14:6, 행16:31, 행4:12참조).

종교는 많고 믿는 자는 많으나 구원의 종교는 기독교밖에 없으며 예수님만 이 유일하신 구원의 길이며 동시에 성도는 위엣 것만 찾아야 한다는 뜻이다(골 3:1). 성도는 위만, 예수님만 바라보아야 한다. 만약 방주에 문이 여러 개였다면 편리했을 것이다. 어쩌면 척추짐승만 5만 종이었다는데 수백 개의 문이 필요 한 것이었을 수도 있다. 그러나 문은 하나밖에 없었다. 방주는 3층으로 길이 138m, 너비 23m, 높이 14m였다(창6:15~16참조). 무게는 약 2천 톤. 거기에 문 은 단 하나.

방주는 순종의 모형

창세기 6:13~16에 보면 단 한 번도 노아는 방주를 지어 본 경험이 없었다는 걸 알 수 있다. 그런데도 원망도 불평도 한 일이 없고 하나님이 시키시는 방법 대로, 명하신 대로 다 준행하였다고 하였다(창7:5). 학자들에 의하면 방주를 짓 는 데 경비가 약350억 원 가량 된다고 한다. 그런데도 경비 걱정도 하나님께 구하지도 않고 원망도 불평도 없었다. 성경에서는 노아가 하나님이 명하신 것을 다 준행하였다고만 거듭 말하고 있다(창6:22). 그 이유는 간단하다. 너를 위하여 방주를 지으라고 하였기 때문이다(창6:14).

여기서 명심할 것이 있다. 우리가 보혈을 알기도 얻기도 힘들고, 보혈의 신 앙인이 되기는 더욱 어렵다. 보혈은 환난이라는 신앙을 통과하여야 얻을 수 있 기 때문이다. 그러나 아무리 어려워도 나를 위하여 받아야 하기 때문에 순종해 야 할 것이다.

이것을 노아를 통해서 배워야 할 것이다. 성경은 노아가 믿음으로 방주를 지 었다고 하였다(히11:7). 구원은 전문 신학자 목사가 되어야 얻는 것이 아니다.

보혈의 믿음을 순종하는 자가 받는 것이다.

방주 안에는 보혈의 피가 흐르고 있다

창세기 6:17 방주 밖에는 모든 생물과 동물이 다 죽었다. 홍수가 져서 지상이 전부 물바다가 되었으면 물이 깨끗해질 것이 아닌가. 그리고 땅 위야 어떻든 물이 깨끗하고 먹을 양식이 더 많아질 것이다. 그렇다면 각종 물고기들과 악어 물개, 수달, 물곰 같은 물 밖에서도 잘 사는 종류의 것들은 더 잘 살 수 있지 않을까. 그런데 성경에는 다 죽었다고 하였다. 생명의 기운이 있는 모든 육체는 천하에 멸절하리니 땅에 있는 것들이 다 죽으리라고 말씀하고 있다(창6:17).

이는 예수 외에는 구원이 없고 예수 안에만 구원이 있음을 보여 주는 것이다. 그 이유가 무엇인가. 예수 안에만 참 생명이 있기 때문이다. 그렇다면 예수 안에는 어떻게 거하는가. 바로 보혈이 있어야 예수 안에 거한다고 하였다(요6:55). 놀라운 것은 방주 안팎에 역청을 칠하라고 하였는데 여기서 역청은 물이 방주 안에 스며들지 못하게 막는 방수제이다(창6:14). 물이 들어오면 가라앉게 되어 그 속에 있는 것은 모두 죽게 된다. 마찬가지로 우리 속에 사탄이 들어오면 우리 영혼이 죽게 된다. 그러면 역청으로 안과 밖을 칠해야 한다. 그런데 이광복 목사가 쓴 『십자가 보혈의 12가지 의미』란 책에서 역청 Tar이 피라는 말과 어근이 같다는 글을 읽고 깜짝 놀랐다.

그렇다. 방주에 물이 들어올 수 없게 한 것은 안팎으로 칠한 역청인 것처럼 우리에게 보혈이 있어야 세상을 이기고 구원을 받는다는 것이다. 그 방주를 둘러싸고 있는 것이 영적으로 보혈인 것이다. 사도행전 20:28에는 피로 사신 교회를 보살피게 하였다고 하였다. 교회는 피가 있어야 한다는 뜻이다. 또한 요한계시록 5:9에는 사람을 피로 사서 하나님께 드리라고 하였다. 그리스도의 피가 있어야 구원을 받을 수 있음을 잘 말씀하고 있다. 방주 속에서 생명을 유지하는 방법은 주님의 방법대로 방주를 지었기 때문이요, 또 하나는 방수제로 방주를 안팎으로 칠하였기 때문이다.

방주는 예수 그리스도의 몸이요 교회이다. 이 방주 속에만 참된 안식과 평안이 있었다. 방주 밖에는 아우성과 통곡과 죽음이 있었다. 그러나 방주 안에는 놀랍게도 살육 짐승과 초식 동물이 함께 있었으나 모두가 다 안식을 누렸다. 그 속에는 평강만이 있었다. 이 말씀은 예수 안에서만 참된 안식과 평안을 누릴 수 있다는 것이다. 방주 안에 있던 사람은 노아의 8식구만 있었다. 구원의 문이 좁음을 의미한다.

마지막 심판 때도 이와 같다. 보혈의 피가 있는 자만 구원을 받을 것이고 보혈이 없는 자는 통곡하고 죽어갈 것임을 보여 주고 있음을 잊어서는 안 될 것이다. 방주 속에 들어가는 것이 구원의 길이요, 방주 속에만 들어가야 하니 방주는 진리요, 방주 안에만 생명이 있으니 방주는 생명인 것이다. 그리고 방주는 예수님을 상징하니 방주는 길이요 진리요 생명인 것이다(요14:6).

노아와 보혈세례

^{창세기 8:20~23} 40일 밤낮으로 내린 홍수의 물이 마르는 시간이 1년이 걸렸다. 노아는 1년 만에 방주에서 나왔다. 노아의 홍수가 있게 된 것은 인간이 지은 죄 때문이다. 하나님의 아들들이 사람의 딸들의 아름다움을 보고 혼인하게 되었는데(창6:2), 사람의 죄악이 세상에 가득함과 그 마음의 생각이 항상 악함을 보시고(창6:5) 하나님은 사람 지었음을 한탄하시고 마음에 근심하였다고 하셨다

(창6:6). 그리하여 노아의 홍수로 이 세상을 물로 심판하신 것이다. 다시 말해 범죄한 인류 때문에 하나님이 지구를 물로 세례를 베푸신 것이다.

그러면 방주에서 나온 후에 노아가 한 일을 살펴보자.

먼저 보혈의 세례를 베풀었다

노아는 제단을 쌓고 모든 정결한 짐승과 모든 정결한 새 중에서 제물을 취하여 번제로 드렸다고 말씀하고 있다. 이 말씀은 범죄로 인하여 인류를 물로 심판하여 인류가 모두가 죽었는데 보혈의 세례로 생명을 살린다는 것이다.

번제란 영어로는 burnt offering이라 쓰고, 히브리어로는 A-rahdlsep라고 한다. 그 뜻은 올라간다는 뜻이다. 이 말씀은 보혈이 올라가고 보혈의 예배를 주님이 받으신다는 것이다. 어떤 신학자는 말하기를 하나님이 드시는 음식은 보혈이라고 하였다. 하나님은 보혈만 받으신다(히9:7참조).

레위기 1:1~2에 보면 제사장은 그 피를 번제 주위 사면에 뿌리고 18절, 단 주위에도 뿌린다. 그 이유는 "내가 이 피로 너희에게 주어 단에 뿌려 너희의 생명을 위하여 속죄하게 하였으니 생명은 그 피에 있으므로 이 피가 죄를 속하느니라"(레17:11)고 한 것 같이 생명이 피에 있어 피를 뿌리는 것이다. 이 피는 곧 그리스도의 보혈을 상징한다. 그 당시에 유대인 인구 300만~400만 명 정도인데 유월절에 잡은 양만도 43만 마리가 된다고 한다. 왜 그럴까. 짐승도 생명이 있지 않은가. 죽이지 않고는 안 될까? 그러나 그 피로 씻어야 죄를 씻고 구원받는 것이 하나님과 인간과의 언약이기 때문이다.

노아의 제사를 기쁘게 받으셨다

창세기 8:21에 그 향기를 받으시고 하였다. 솔로몬이 일천 번제를 드렸을 때도 기뻐하시며 그에게 무엇을 줄꼬(왕상3:5)라고 하시고 전무후무한 축복을 주셨던 것처럼 노아의 제사를 기쁘게 받으셨다. 아벨의 피 제사를 믿음의 제사라 하셨고(히11:4) 믿음이 없이는 기쁘시게 못한다고 하였으니(히 11:6) 피의 제사가 곧 믿음의 제사요, 주님을 기쁘시게 하는 제사 예배임을 우리는 알아야 할 것이다.

보혈을 받으시고 복을 주셨다

하나님은 홍수 사건 이후에 "내가 다시는 땅을 저주하지 아니하리니 모든 생물을 멸하지 아니하리라"(창8:21)고 약속하셨다. 그 증표로 무지개로 약속하셨고 지금까지 물로 심판하지 아니하셨고 영원토록 물로는 사람을 심판하지 아니하실 것이다. 그리고 노아와 그 아들들에게 복을 주시며(창9:1) 아담에게 주셨던 복을 빌어주셨다(창1:27~28).

이와 같이 보혈의 제사를 기뻐하시고 복을 주심을 알 수 있다. 또한 주님은 보혈이 있는 자를 축복하시고 저주하시지 아니하심을 알 수가 있다. 신명기 28:1에 "삼가 내 말을 듣고 순종하는 자가 복을 받는다"고 하셨는데 우리는 들어야 하고 믿어야 하고 순종하여야 복을 받는다. 신약에서도 예수님께서 이것을 알고 행하면 복을 받으리라고(요13:17) 하시며 보혈을 알고 행해야 복을 받는다는 것을 강조하고 있다.

유월절과 보혈 Passover and Holy Blood

유월절은 이스라엘의 3대 절기 중 하나이다(신16:1~7).

유월절은 히브리어 페사흐 Pesach, 즉 넘어간다는 뜻이다. 애굽에 있는 모든 백성들은 죽음을 보았으나 양의 피가 있는 가정은 죽음을 보지 않고 넘어갔다는 의미에서 유래했다. 유월절은 7주일간 계속되며 희생제물을 드리고 누룩 없는 떡을 먹는다.

유월절은 네 가지 은총이 있다.

첫째, 내가 너를 빼낸다.

둘째, 내가 너를 건졌다.

셋째, 내가 너를 구속하였다.

넷째, 내가 너를 내 백성 삼았다.

예수님의 피로 우리를 죄에서 구원하여 우리를 친백성으로 삼으신다는 뜻이 유월절이라는 단어 속에 숨겨져 있다. 성경은 예수, 나, 구원이라는 세 가지를 말씀하고 있다. 그 뜻은 예수님께서 나를 구원하기 위하여 십자가에서 죽으시고 그 피로 우리를 죄에서 구속하시고 구원하였다는 뜻이다. 이스라엘 후손들이 애굽에서 430년간 사는 동안 요셉 시대는 대체로 평탄했으나 요셉을 알지 못한 왕들의 통치로 그들은 핍박을 받게 되었다. 이스라엘 백성은 주님의 택한 백성이라 주님의 은혜로 복을 받아 애굽의 정치, 경제, 문화, 사회 등 각 분야에 영향력을 행사하자 애굽 사람들이 위기의식을 느끼고 핍박하게 된 것이다. 그것이 환난의 시작이었다. 그들은 고된 노동과 심한 핍박(출2:23), 심지어 산파를 보내어 아들을 낳으면 죽이라고 명령하여 사내아이의 출생을 막는 환난도 겪었다(출1:13~17). 그 때 그 백성들이 부르짖게 되었고(출2:23) 그 결과 응답을 받아 준비하고 훈련시킨 모세를 구원자로 보낸 것이었다. 그러나 성경은 "고난은 내게 복이라 이를 통해 주의 율례를 배운다"(시119:71)고 말하고 있다. 그렇다면 복이 무엇일까? 그것은 보혈이다. 보혈을 주시기 위해서 환난을 주신 것이라 할 수 있다.

"환난 날에 나를 부르라 내가 너를 영화롭게 하리니"(시50:15)라고 하였다. 그들이 평탄할 때는 하나님을 잊어버렸으나 환난이 찾아오니 영이 회복됨을 알 수 있다. 그들의 환난이 기도가 되었고 그 결과 유월절이 오게 된 것이다.

백성을 구출하는 방법

하나님이 모세와 아론을 불러 보혈의 비밀을 알려 주었다. 어린양의 흠 없고 일 년 된 수컷으로 양이나 염소 중에서 제물을 취하라고 하였다(출12:5). 이 제물은 앞으로 우리 죄를 위하여 어린양이 되신 예수님을 상징한다. 예수님은 어리시고 죄가 없으시고 남자이시기 때문이다. 그래서 세례 요한은 예수님을 세상 죄를 지고 가는 어린양이라 하였다(요1:29). 바울은 그리스도의 사랑이 우리를 강권하시는도다 생각건대 한 사람이 모든 사람을 대신하여 죽었은즉 모든 사람이 죽은 것이라 하였다(고후5:14).

양과 염소피를 문설주에 바르라

마지막 장자의 재앙을 앞두고 모세는 백성들에게 어린양의 피를 집 좌우 문설주와 인방에 바르라고 하였다(출12:7). 왜 발라야 하느냐. 그 피가 곧 생명이기 때문이다. 피가 있는 가정에는 내가 넘어간다는 언약을 하셨기 때문인 것이다. 그날 밤에 모든 가정에 처음 난 사람과 짐승에게는 죽음이 있었으나 피가 있는 가정만은 죽음을 보지 않았다(출12:12). 그래서 보혈이 기적인 것이다. 오늘도 우리 속에 보혈이 있으면 주님이 우리를 보호해 주시는 것이다. 그 이유는 보혈이 생명이기 때문이다.

이 유월절은 말세에 되어질 사건의 예표이다. 당시 애굽은 왕으로부터 온 백성에게 이르기까지 애굽인들의 모든 가정에 통곡과 죽음이 있었으나 이스라엘 가정에는 찬송과 기쁨이 있었다. 예수님의 재림 때에도 이와 같을 것이다. 피가 있는 가정은 기쁨과 평강이 있고 찬송이 있지만 보혈의 피가 없는 가정에는 통곡과 죽음만이 있을 뿐이다(요6:53~57).

보혈 전파와 생명

요한복음 6장은 보혈장이다. 거기에 생명, 구원, 영생이란 말이 19번이나 계속하여 나오고 있다. 이는 보혈이 생명임을 보여주는 증거이다.

앞서의 출애굽과 장자의 재앙을 통해 기억해야 할 것들이 있다.

(1) 모세와 아론만이 보혈을 알았다.

(2) 모세는 보혈의 복음을 전했고 아론은 전하지 않았다.

(3) 모세가 만일 보혈을 전하지 않았다면 어떻게 되었을까. 애굽 사람들처럼 이스라엘도 통곡과 죽음이 있었을 것이다. 보혈이 생명이니까.

(4) 만일 애굽 사람에게도 보혈을 전했다면 어떻게 되었을까. 순종했다면 그들도 구원을 얻었을 것이다.

(5) 그러나 하나님은 보혈을 이스라엘 백성에게만 전하라고 하셨다는 것이다.

(6) 보혈의 복음을 듣고 믿고 순종해야 구원을 받는 것을 알아야 한다. 청함 받은 자는 많되 택함 받은 자는 적다고 하였다(마22:14). 이 말씀은 보혈을 아는 것도 중요하지만 내 것으로 만들어야 한다는 것을 말해주고 있다.

유월절과 보혈의 기적

하나님께서는 준비된 모세를 통하여 선민 이스라엘을 보내라고 하시고 모세를 신처럼 사용하셨다. 그러나 하나님이 강퍅하게 하신 바로의 저항으로 9가지 재앙이 닥칠 때까지 애굽에 묶여 있다가 마지막 피의 재앙을 통해서 광야로 나아가게 된다. 애굽에게는 피가 재앙이었지만 이스라엘 선민에게는 피가 오히려 은혜가 되어 보혈이 된 것이다. 여기서 우리가 기억해야 할 것은 어떤 재앙도 우리를 죄와 사탄의 권세에서 건질 수 없으나 보혈만은 우리를 죄악과 사탄에게서 건져 구원을 받게 함을 알 수 있다.

주님은 보혈만 보신다

세례는 물세례, 불세례, 보혈세례가 있는데 우리는 이 세 가지 세례를 다 받아야 한다. 성령과 보혈의 능력으로 그들은 구원을 받아 애굽에서 해방되어 광야로 인도함을 받게 되었다.

몇 가지 사건을 통해 먼저 보혈을 보시는 주님을 살펴보고자 한다.

출애굽기 12:13에는 "내가 피를 볼 때"란 말이 있다. 우리 자신을 보시지 않으시고 주님은 보혈의 피만 보신다는 말이다. 주님께서는 여리고성을 치실 때에도 두 정탐꾼을 숨겨준 기생 라합과 약속하였다. 붉은 줄을 창문에 걸어 놓으면 살려주시겠다는 약속이었다(수2:18). 이는 예수님의 보혈을 상징하는데 놀라운 사실은 아벨과 함께(히11:4) 이방 여인이요 기생인 라합도 모든 자가 죽었으나 보혈의 피가 그를 살려주었고(히11:31) 히브리서 11장에 믿음의 선진들의 한 사람으로 이름을 올리는 영광을 얻었다.

오직 둘째 장막은 대제사장이 홀로 일 년에 일차씩 들어가되 피 없이는 아니한다고 하였다(히9:7). 대제사장은 일 년에 일차씩 7월10일, 지성소에 들어간다. 그런데 꼭 피를 가지고 들어간 이유는 하나님을 만나기 위함이요 또한 피는 제사장의 허물과 백성의 죄를 속하기 위하여 필요한 것이었다.

그런데 이 거룩한 보혈을 우리는 날마다 아무 대가도 없이 받고 있다. 그리고 하나님께 드릴 수도 있어서 지성소 언약궤에 날마다 들어가는 영광을 얻게 되었다.

보혈의 기적이다 The Miracle of Holy Blood

출애굽기 12:13 장자의 재앙, 즉 피의 재앙이 있을 때 어린양의 피가 이스라엘 백성들에게 표적이 될 것이라고 했다. 표적이란 말은 곧 기적이miracle 일어날 것이란 말과 같은 뜻이다. 그 날에 유대인도 애굽인과 같이 죽어야 마땅하지만 주님의 은혜로 보혈의 능력을 힘입어 살아나게 된 것이다. 이는 보혈에는 보호의 능력이 있음을 보여준다. 우리는 모든 일에 예수 피를 뿌리고 덮으면 주님이 보호해 주신다. 보호의 능력을 가장 잘 볼 수 있는 것이 애굽에서 나와서 광야에 갈 때부터 기적이 일어났다. 낮에는 구름기둥으로 밤에는 불기둥으로 인도해 주신 것이다.

팔레스타인 지역은 밤에는 춥고 낮에는 덥다. 그래서 주님은 그들에게 더운 낮에는 그늘을 만들어 주시고 밤에는 따뜻하게 하여 주신 것이다. 또 놀랍게도 그들은 40년 동안 농사도 짓지 않았으나 메추라기와 만나로 풍성하게 먹여주시고 반석에서 물이 나오게 하셔서 목마르지 않게 하셨다. 이는 당신의 백성에게 육신의 복과 영적인 말씀과 성령으로 먹여주는 것을 의미한다. 또한 홍해 바다 앞에서는 기적으로 바다를 갈라 길을 내시고 그 백성들을 인도하심으로 보혈이 있는 백성에게 베푸시는 기적을 우리에게 보여주셨다(출14:29).

금은보화를 주셨다

출애굽하면서 이스라엘 백성들은 금은보화를 갖고 나온 것이다(시105: 33~37). 그것은 사람이 한 일이 아니다. 주님께서 하신 것이다. 보혈이 있으면 이렇듯 육적인 복도 주심을 볼 수 있다.

맥스웰 화이트Maxwell White 목사는 그의 저서에서 월급 봉투에 예수 피를 뿌렸더니 월급이 올라갔다고 하였다.

히브리서 9:18~21에 보면 모세는 보혈의 피를 두루마리와 백성에게와 장막과 모든 그릇에도 뿌리며 하나님이 너희에게 명하신 언약의 피라고 하였다. 보혈은 생명이므로 어느 곳에 뿌리든지 생명이 일어나게 된다. 또한 비틀거리는 자가 하나도 없다(시105:37)고 한 것 같이 보혈은 우리의 병도 치료하고 건강도 주는 것을 볼 수 있다. 구체적으로는 더러운 귀신을 쫓아내며 모든 병과 약한 것을 고치는 권능을 주었다고 하였다(마10:1). 보혈은 약한 자를 강한 자로 만드는 능력이 있다. 어떤 사모님은 보혈로 3년 동안 매일 세수했는데 건강하고 젊어졌다고 하였다.

한번은 함께 사역한 목사님과 함께 기도하던 중에 "예수의 이름으로, 보혈의 능력으로 명하노니 보혈의 천사가 내려 올지어다! 젊음의 천사가 내려올지어다! 심상태 목사의 세포가 살아날지어다!"라고 명령하였더니 같이 사역하던 목사님이 하는 말이 "목사님이 명령하실 때 보혈의 천사가 보혈을 가지고 들어가고 젊음의 천사가 들어가서 목사님 세포를 살리고 있어요." 하는 것이 아닌가. 이와 같이 보혈은 우리에게 영적으로 육적으로 기적을 가져 오는 것을 알 수 있다.

제사장의 직무 Duties of Priest

　제사장, 특히 대제사장은 백성들의 죄를 보혈로 씻는 역할을 하는 사람이다. 제사장은 하나님과 사람 간의 중보적 역할을 하는 사람으로 히브리어로 코헨 kohen이라고 한다. 그래서 예수님은 우리 죄를 구속하신 대제사장이라 부르신다.

　제사장은 아론 지파에 속한 사람만 될 수 있었으며 육체적으로 흠이 없어야 했다. 큰 제사를 대체로 구분하면 번제, 소제, 화목제, 속죄제, 속건제로 나눌 수 있다. 모든 제사는 짐승의 피가 드려졌으나, 소제는 곡식 가루를 드리는 피 없는 제사이다. 그러나 실제로는 피로 반죽하여 구워 드림으로써 소제도 역시 피 있는 제사라 할 수 있다.

　제사를 드릴 때는 대제사장만이 지성소에 들어갈 수 있었다(히9:7). 지성소에 들어가는 이유는 하나님을 만나는 것이 첫 번째 이유요, 두 번째는 자신의 죄와 허물과 백성들의 죄를 사하기 위해서이다. 그런데 제사장은 피를 가지고 가지 않거나 다른 피를 가지고 가면 죽어서 나오는 경우가 있었는데, 드려지는 제물로는 소나 양이나 염소, 비둘기 중이며 소나 양이나 염소는 일 년 된 수놈이어야 하고 반드시 흠이 없어야 한다. 이는 예수님을 상징하는 것이다. 그러므로 다른 피를 가지고 들어가거나 피를 가지고 가지 않으면 죽어서 나오게된다. 오늘도 마찬가지다. 주님을 만나고 죄를 씻기 위해서는 반드시 보혈을가져야 한다.

무엇보다도 우리는 하나님을 만나야 한다. 우리가 사도를 귀하게 보는 것 중하나는 사도는 주님을 만난 사람들이기 때문이다. 이와 같이 우리도 예수님의피를 사용하여 주님을 영적으로 만나야 한다. "주께서 가라사대 내가 저희 열조들의 손을 잡고 애굽 땅에서 인도하여 내던 날에 저희와 세운 언약과 같지아니 하도다 저희는 내 언약 안에 머물러 있지 아니하므로 내가 저희를 돌아보지 아니하였노라"(히8:9). 이와 같이 주님은 피 없는 백성은 버리시는 것이다.

또한 대제사장이 지성소에 피를 가지고 들어간 것처럼 우리도 예수님의 피를 강단에서 보혈의 말씀을 선포하고 보혈 기도, 보혈 찬송을 전하고 불러야하고 또한 들어야 한다. 그 이유는 보혈이 생명이기 때문이다.

또한 "오직 둘째 장막은 대제사장이 홀로 일 년에 일차씩 들어가되 피 없이는 아니하나니 이 피는 자기와 백성의 허물을 위하여 드리는 것이라"(히9:7)라고 한 말씀에서 알 수 있듯이, 보혈은 우리를 모든 죄로부터 해방되게 한다. 우리 몸의 9조7천 개 세포와 1,600km의 혈관 속에 숨어 있는 죄와 악한 영들을보혈로 씻고 쫓아내야 할 것이다. 우리의 모든 죄와 생각의 죄, 상상했던 죄라할지라도 현재와 과거, 미래의 죄도 씻어야 할 것이다.

그런데 안타까운 것은 오늘날 강단에서 보혈의 설교와 보혈의 기도를 들어

볼 수 없다는 사실이다. 가끔씩 하는 설교는 보혈로 죄 사함 받은 것을 감사한다는 비성경적이요, 비신앙적인 설교에 그치고 있음을 우리는 통탄하여야 할 것이다.

이 책이 작게나마 한국 교회와 세계 교회 강단에서 보혈의 설교가 흘러넘치는 일에 쓰였으면 하는 바람을 가져본다. 그래서 보혈은 진행형이요 또한 반복적으로 증거되어야 한다.

출애굽기 30:10에는 "아론이 일 년에 한번씩 이 향단 뿔을 위하여 속죄하되 속죄제의 피로 일 년 일차씩 대대로 속죄할지니라 이 단은 여호와께 지극히 거룩하니라"라고 하였고, 레위기 1:5에는 "그는 여호와 앞에서 그 수송아지를 잡을 것이요 아론의 자손 제사장들은 그 피를 가져다가 회막문 앞 단 사면에 뿌릴 것이며"라고 하였다. 여기서 제사장의 사명을 볼 수 있다. 우리가 기억할 것은 피를 뿌려 백성의 죄를 사하는 역할을 했던 대제사장들도 예수님 당시에 다수가 지옥에 갔는데, 오늘의 대제사장인 목사님들은 보혈에 대하여 사용은 커녕 알지도 못하는 분들이 많으니 이 죄를 어찌할꼬!

그때에 대제사장들은 백성들의 죄는 사하면서도 교만하여 자신들의 죄는 사하지 못했으니 예수님 당시의 대제사장들은 거의 다 예수님의 원수들이었다. 예수님은 장로들과 대제사장들과 서기관들에게 많은 고난을 받고 죽임을 당하셨다(마16:21)고 말씀하셨다. 그런데 감사할 것은 필자도 과거에는 대제사장과 같은 사람이었는데 주님의 은혜로 보혈을 알게 되었다는 사실이다. 더 놀라운 것은 예수님의 피는 우리 모두가 대제사장이 되어서 언제든지 드릴 수 있다는 것이다. "오직 너희는 택하신 족속이요 왕 같은 제사장들이요 거룩한 나라요 그의 소유된 백성이다"(벧전2:9). 그러므로 우리는 겸손하고 감사하여

이 시대의 대제사장으로서 보혈을 잘 사용하여 영육으로 복을 받는 자들이 다 되자!

언약궤의 비밀 Secret of The Ark

언약궤 Ark of the covenant는 증거의 궤(출25:21~22), 또는 여호와의 궤라고 불린다. 언약궤 안에는 두 돌판 십계명과 만나의 항아리와 아론의 싹 난 지팡이가 들어 있다(히9:4, 신10:1참조). 언약궤는 지성소에 있었는데 이곳에서 하나님과의 만남을 의미하며 하나님께서는 당신의 뜻을 계시하셨다.

회막문은 지성소를 의미하며 회막문에는 휘장이 쳐져 있었다. 이곳은 하나님의 영광을 상징하는 불기둥이 성막 안을 비추었다. "오직 둘째 장막은 대제사장이 홀로 일 년에 일차씩 들어가되 피 없이는 아니하나니 이 피는 자기와 백성의 허물을 위하여 드리는 것이라"(히9:7)고 기록되어 있다.

이처럼 지성소는 대제사장만이 출입하도록 되어 있었다. 그것도 일 년에 한 번씩 양력 7월 10일에 들어가도록 되어 있었다. 일반인들은 들어갈 수 없는 성역이므로 들어가면 죽어서 나오게 된다. 대제사장도 방울 달린 옷을 입고 들어갔다. 방울 소리를 내면 살아있는 것이고, 소리가 나지 않으면 죽은 것이었다.

그런데 성경에서는 십자가에서 예수님이 죽으시자 이 성전의 휘장이 둘로 찢어졌다고 말씀하고 있다(마27:51참조). 성전인 성소와 지성소를 구분하는 휘장이 찢어진 것이다. "그 길은 우리를 위하여 휘장 가운데로 열어 놓으신 새롭고 산 길이요 휘장은 곧 저의 육체니라"(히10:20). 이 말씀은 십자가에 못 박히신 주님의 몸이 휘장이라는 뜻이다.

이 휘장이 찢어진 것은 주님의 크신 은혜이다. 지성소에 대제사장이 일 년에 한 번씩만 피를 가지고 들어가면 하나님을 만날 수 있었는데, 이제는 우리 모두가 대제사장이 되어 믿음으로 예수님의 보혈만 가지고 가면 언약궤가 있는 지성소에서 하나님은 우리를 만나 주시고 언제든지 우리의 죄를 사하여 주시는 것이다. 우리 모두가 대제사장이 되게 하신 것이요, 일 년에 한 번이 아니라 날마다 어느 때든지 하루에 수십 번이라도 만나 주시는 것이다. 예수님께서 십자가에서 피를 다 쏟으신 후 "다 이루었다!"(요19:30) 말씀하신 후에 일어난 주님의 은혜인 것이다.

대제사장을 통해 소나 양이나 염소 같은 짐승을 잡아 그 피를 드려 하나님을 잠시 만날 수 있었는데 이제는 언제든지 하나님을 만날 수 있게 된 것이다. 언약궤는 하나님 자신이다. 그런데 꼭 기억해야 할 것은 반드시 믿음으로 보혈을 가지고 가야 한다는 것이다. 주님이 흘리신 보혈은 돈을 주고 사서 드린 구약의 짐승의 피가 아닌 예수님의 믿음의 보혈로 언약궤의 비밀을 깨닫고 날마다 지성소에 들어가서 지금도 살아 역사하시는 주님을 만나는 우리가 되길 소원한다.

솔로몬의 일천 번제

열왕기상 3:1~15 솔로몬 Solomon은 밧세바가 낳은 다윗의 열한 번째 아들이다. 그 이름의 뜻은 '평화'이다. 또 다른 이름은 여디디야로써 '하나님이 사랑을 받는 자'란 뜻이다. 그는 왕이 될 수 없는 서열이었으나 하나님의 은혜로 이스라엘의 세 번째 왕위에 올랐다. 솔로몬은 성전을 건축하여 하나님께 영광을 돌렸고 '지혜로운 왕'이라는 이름을 얻었고, 전무후무한 복을 받은 왕이다(대하 8:12~13).

그는 첩의 소생이요, 우리야를 죽이고 빼앗은 밧세바의 소생임에도 불구하고 이스라엘의 왕이 된 것은 다윗이 하나님의 사랑을 받은 이유도 있지만 무엇보다도 하나님의 크신 은혜였다. "너희가 그 은혜를 인하여 믿음으로 말미암아 구원을 얻었나니 이것이 너희에게서 난 것이 아니요 하나님의 선물이라"(엡2:8).

그는 그의 아버지 다윗의 유훈인 경륜이 있는 나이 많은 신하를 등용하라는 말에 불순종하여 젊은 신하들의 말을 듣고 정치에 실패하고 말았고, 평화정책이란 명분으로 대국의 왕들의 딸들을 아내로 삼아 정치하면서 잠시 동안은 평안하였으나, 그녀들이 자기 나라에서 가지고 들어온 우상의 신당으로 말미암아 이스라엘 전 지역에 우상의 신당을 짓게 되었고 솔로몬 자신도 친히 분향하여 하나님의 경고를 세 번이나 받았음에도 불구하고 하나님께서는 그를 징계하지 아니하셨다. 그 이유는 성전을 지은 것과 그의 아비 다윗 때문이기도 하지만, 그의 최고의 업적인 일천 번제를 하나님께 드렸기 때문이다.

특히 열왕기상 3:1~2를 보면 바로의 딸과 혼인관계를 맺은 후 그가 들여 온 신당에서 백성들이 제사를 드리는 어처구니없는 일이 일어난다. "솔로몬이 여호와를 사랑하고 그 부친 다윗의 법도를 행하되 오히려 산당에서 제사하며 분향하더라"(왕상3:3)는 말씀에서도 알 수 있듯이, 솔로몬 그도 하나님을 사랑하면서도 산당에서 제사하는 죄를 범하고 만다.

노아시대에 하나님께서 물로 세상을 심판한 것은 창세기 6:6에서 볼 수 있듯이, 하나님께서 땅 위에 사람 지으셨음을 한탄하시고 근심하셨다고 하였다. 그 이유는 하나님의 아들들이 사람의 딸들을 취하여 그들의 아내를 삼은 것이 원인이라고 말씀하셨다(창6:4). 그러나 솔로몬은 천 명의 여자와 관계를 맺은 큰 죄를 지은 사람이었다.

그는 우상숭배자요 간음죄를 반복적으로 지었음에도 불구하고 하나님이 그를 사랑하시고 축복하신 이유가 무엇일까?

솔로몬의 일천 번제 때문이다

열왕기상 3:4에 솔로몬이 기브온에서 일천 번제를 드렸다고 하였다. "기브온에서 밤에 여호와께서 솔로몬의 꿈에 나타나시니라 하나님이 이르시되 내가 네게 무었을 줄꼬 너는 구하라"(왕상3:5)하셨다. "내가 네게 무엇을 줄꼬". 이 말씀은 솔로몬에게 원하는 대로 구하라는 일명 백지 수표를 제시한 것이다. 역대 왕들이 한 번도 한 적이 없고, 심지어 솔로몬의 아비 다윗조차도 하지 못했던 보혈을 하나님께 드린 것이다.

솔로몬이 드린 번제의 제물이 수송아지 천 마리요, 숫양이 천 마리, 어린양이 천 마리(대상29:21)라고 기록되었다. 도합 3,000마리를 드렸다고 하였다.

열왕기상 3:6-9 "솔로몬이 가로되 주의 종 내 아비 다윗의 성실과 공의와 정직한 마음으로 주와 함께 주의 앞에서 행하므로 주께서 저에게 큰 은혜를 베푸셨고 오늘날과 같이 그의 자리에 앉을 아들을 그에게 주셨나이다 나의 하나님 여호와여 주께서 종으로 종의 아비 다윗을 대신하여 왕이 되게 하셨사오나 종은 작은 아이라 출입할 줄을 알지 못하고 주의 택하신 백성 가운데 있나이다 누가 주의 이 많은 백성을 재판할 수 있사오리이까 지혜로운 마음을 종에게 주사 주의 백성을 재판하여 선악을 분별하게 하옵소서".

10절 말씀에는 "이것을 구하매 그 말씀이 주의 마음에 맞은지라"고 기록되었다. 이 말씀의 의미는 솔로몬이 하나님께 보혈을 상징하는 번제를 드렸기 때문에 하나님께서 지혜를 알게 하셨고 하나님이 기뻐하시는 마음을 아는 지혜를 구하게 된 것이다.

일천 번제를 드린 결과

일천 번제를 드린 솔로몬에게 하나님이 응답하셨다.

열왕기상 3:11~13 "이에 하나님이 저에게 이르시되 네가 이것을 구하도다 자기를 위하여 수도 구하지 아니하며 부도 구하지 아니하며 자기의 원수의 생명 멸하기도 구하지 아니하고 오직 송사를 듣고 분별하는 지혜를 구하였은즉 내가 네 말대로 하여 네게 지혜롭고 총명한 마음을 주노니 너의 전에도 너와 같은 자가 없었거니와 너의 후에도 너와 같은 자가 일어남이 없으리라 내가 또 너의 구하지 아니한 부와 영광도 네게 주노니 네 평생에 열왕 중에 너와 같은 자가 없을 것이라".

이 세상에서 가장 귀한 것이 지혜이다. "너희 중에 누구든지 지혜가 부족하거든 모든 사람에게 후히 주시고 꾸짖지 아니하시는 하나님께 구하라 그리하면 주시리라"(약1:5)고 말씀하셨다.

잠언 2:20 "지혜가 너로 선한 자의 길로 행하게 하며 또 의인의 길을 지키게 하리니".

잠언 3:14~15 "지혜를 얻는 것이 은을 얻는 것보다 낫고 그 이익이 정금보다 나음이니라 지혜는 진주보다 귀하니 너의 사모하는 모든 것으로 이에 비교할 수 없도다".

잠언3:18 "지혜는 그 얻은 자에게 생명나무라 지혜를 가진 자는 복되도다".

성경에서의 지혜는 곧 말씀이고 예수님을 가리킨다. 지혜가 가장 귀한 것이다. 그러나 지혜는 보혈을 드릴 때 주시는 주님의 선물인 것이다. 그 귀한 지혜로 솔로몬은 보혈의 신앙을 깨닫게 되었고 부귀영화와 더불어 전무후무한 복을 받았으며 아담 이후로부터 주님의 재림 시까지 솔로몬보다 더 큰 복을 받은 자도 없고 받을 자가 없으니 그 모든 복은 솔로몬의 지혜 즉, 보혈의 신앙 때문임을 반드시 기억하자!

> **“**너희가 알거니와
> 너희 조상의 유전한 망령된 행실에서 구속된 것은
> 은이나 금 같이 없어질 것으로 한 것이 아니요
> 오직 흠 없고 점 없는 어린양 같은
> 그리스도의 보배로운 피로 한 것이니라 **”**
>
> 베드로전서 1:18~19

보혈과 신앙
Jesus blood & Faith

보혈은 누가 가질 수 있는가

요한계시록 3:5 "이기는 자는 이와 같이 흰 옷을 입을 것이라"고 주님이 말씀하셨다. 바울은 그의 마지막 저서 디모데후서 4장 6~7에서 "선한 싸움을 다 싸우고 달려갈 길을 다 마치고 믿음을 지켰다"라고 하였다. 이후로는 의의 면류관이 준비되었다고 하였다. 이 말씀은 이기는 자에게 주신다는 말씀이다. 바울은 "이기기를 다투는 자마다 모든 일에 절제하나니 저희는 썩을 면류관을 얻고자 하되 우리는 썩지 아니할 것을 얻고자 하노라"(고전9:25) 하였고, 또 고린도전서 9:24 "운동장에서 달음질하는 자들이 다 달아날지라도 오직 상을 얻는 자는 하나인 줄을 너희가 알지 못하느냐 너희도 얻도록 이와 같이 달음질하라"고 하였다. 또 예수님은 마태복음 24:13을 통해 "끝까지 견디는 자가 구원을 얻으리라"고 말씀하셨고, 요한계시록에 나오는 소아시아의 일곱 교회에도 주님은 '이기는 자가 얻는다' 고 하셨다.

보혈은 왜 환난에서 나오는 것인가

여러 번 말씀드린 것처럼, 주님은 보혈을 말씀하시면서 큰 환난에서 나오는 것(계7:14)이라고 하셨다. 보혈은 생명이요 살아계신 주 예수님이시요 하나님의 사랑 자체이시다. 그런 보혈을 통해 구원의 역사가 일어나기 때문에 사탄은 보혈을 가장 싫어한다. 그러므로 사탄의 핍박 때문에 환난을 받게 되는 것이다. 필자도 보혈전도자 10년 동안 큰 환난 속에서 너무나 힘든 날을 많이 보냈다. 또한 현재『보혈은 기적이다 Ⅱ』를 쓰면서도 사탄의 공격을 계속해서 받고 있다. 하루에 몇 시간씩 기도를 해도 이기기가 힘들 정도이다.

(1) 보혈은 예수님이 십자가에서 생명을 잃으시면서 흘리신 것이기 때문이다. 그러므로 보혈은 주님의 생명이다. 우리는 흔히 고통이나 환난을 십자가로 표현한다. 예수님이 얼마나 고통스러우셨으면 "엘리 엘리 라마 사박다니"라고 하셨을까. 이를 번역하면 "나의 하나님, 나의 하나님, 어찌하여 나를 버리셨나이까"라는 뜻이다. 주님이 하나님께 버림 받으시면서 흘리신 것이 보혈이기 때문이다.

(2) 보혈은 보배이기 때문이다. "너희가 알거니와 너희 조상의 유전한 망령된 행실에서 구속된 것은 은이나 금 같이 없어질 것으로 한 것이 아니요 오직 흠 없고 점 없는 어린양 같은 그리스도의 보배로운 피로 한 것이니라"(벧전 1:18~19). 보화는 숨어있으므로 많은 사람이 알지 못한다. 예수님께서는 마태복음 13:44에서 '밭에 감춰진 보화'라고 말씀하셨고, 베드로후서 1:1에는 믿음을 보배로, 베드로후서 1:4에서는 약속을 보배로, 베드로전서 1:4에서 산 돌이신 예수님을 보배로, 베드로전서 1:19에서는 보혈을 각각 보배라고 말씀하고 있다. 즉 이 말씀은 해석하면 예수님의 보배로운 믿음으로 구원을 약속 받았다는 뜻이다.

얼마 전에 TV에서 아프리카 지역의 금광을 소개하는 프로그램을 보았다. 그들의 말에 의하면 금을 캐다가 많은 사람들이 죽었다고 한다. 그 말은 금은 쉽게 얻을 수가 없다는 뜻이다. 그래도 그만둘 수가 없는 것은 금광에서 일할 때 임금을 많이 주기 때문이라고 하였다. 그때 생각했다. '보혈이 금과 같은 보배이기 때문에 큰 환난이라고 주님이 말씀하셨구나.'

필자는 주님께 영육의 건강을 위해서도 날마다 기도한다. 그 이유는 주님의 십자가 보혈을 세계인에게 전하기 위해서는 건강이 반드시 필요하기 때문이다. 요즘은 주님의 은혜로 한의사요 목사님인 분을 통해서 치료받게 하셨다. 치료 방법으로는 죽은 피를 뽑고 봉침을 맞는 것이다. 그런데 너무 심하게 아파서 그 고통을 견디기가 매우 힘이 들었다.

그런데 고통을 통해서 2가지 놀라운 사실을 알았다. 하나는 육적인 건강을 얻는 것도 피구나. 죽은 피는 뽑아내고 봉침을 통해 피를 건강하게 하는 것이 육적인 건강을 얻는 것임을 알았고 또 하나는 육의 건강을 얻는 길도 환난을 겪어야 치료된다는 귀중한 진리를 치료를 받으면서 주님이 깨닫게 하셨다.

(3) 생명을 얻는 것이기 때문이다. 가장 귀한 것이 생명이다.

요한복음 5:39 "너희가 성경에서 영생을 얻는 줄 생각하고 성경을 상고하거니와 이 성경이 곧 내게 대하여 증거하는 것이로다".

요한복음 20:31 "오직 이것을 기록함은 너희로 예수께서 하나님의 아들 그리스도이심을 믿게 하려 함이요 또한 너희로 믿고 그 이름을 힘입어 생명을 얻게 하려 함이니라"고 하셨다.

마태복음 7:13 "좁은 문으로 들어가라 멸망으로 인도하는 문은 크고 그 길이 넓어 그리로 들어가는 자가 많고"라고 하셨다. 구원을 얻는 길이 좁고 험하여 구원을 얻는 자가 적다는 것이다.

찬송가 338장 3절에는 '천국에 가는 길 험하여도 생명 길 되나니 은혜로다' 라고 말하고 있다. 보혈은 예수님 편에서는 '주신' 생명이고 우리 편에서는 '받는' 생명이다. 예수님에게서는 '버리는' 생명이고, 우리에게는 '취하는' 생명인 것이다. 그러므로 십자가의 보혈은 생명이기에 또한 환난인 것이다. 그러므로 생명이기에 선택이 아니라 반드시 받아야 할 필수임을 알아야 할 것이다.

보혈의 신앙은 얻기가 어렵다

필자는 몇 년 전에 몇 달 동안 『보혈은 기적이다』 책을 쓴다고 운동을 게을리 하였더니 몸이 5kg이나 불었다. 시간은 없고 빨리 살을 뺄 수 있는 길을 생각하다 우리 아파트 계단을 오르기로 결정했다. 20층을 하루에 약 6번 정도 올라 다녔으니 하루에 120층을 탄 것이다. 죽을힘을 다해 무려 3개월 운동한 후에 비로소 4kg을 뺄 수 있었다. 너무 힘들여서 운동했기에 뛸 듯이 기뻤다. 그런데 이게 웬일인가. 그 후 몇 주간 사이에 지인 자녀 결혼 세 번, 처조카 아들 돌잔치, 처남 생일 등 뷔페식당에 5~6회 과식한 결과 3주간 만에 다시 5kg 불어난 것이다. 3개월을 죽을힘을 다해 뺀 살이 너무 쉽게 3주간 만에 오히려 1kg 더 불어난 것이다. 너무 억울했지만 값진 교훈을 얻었다. 살을 빼는 것은 환난이지만 다시 찌는 것은 너무 쉽다는 진리를 얻은 것이다.

이와 같이 보혈의 진리를 알고 내 것을 만들기는 너무 어렵다. 사탄이 총동원하여 우리 것을 빼앗으려고 하기 때문이다. 그러나 보혈을 내 것으로 만들기는 너무 힘들다는 것이다.

필자가 10년 동안 많은 경험과 임상실험에서 얻은 결론이다. 주님은 보혈을 환난이라고 하셨음에도 알 수 있으며 보혈은 숨은 진리요 보배이기 때문이다. 육적인 것을 얻기도 이렇게 힘이 드는데 필자는 지금도 책을 쓴다고 약 3개월을 운동을 하지 못하였는데 또 4kg 불었다. 요즘은 하루에 3시간씩 걷기 운동을 하는데 너무 힘들다. 그러나 값진 것을 깨달았다. 보혈은 이보다 더 힘들다는 것을, 육적인 생명을 얻는 길도 환난인데 보혈은 영원한 생명인데 결코 쉽게 오지 않음을 명심해야 할 것이다.

복음과 보혈

복음 Gospel이란 말은 헬라어로 Euangelion유앙겔리온, 뜻을 풀이하면 '하나님께서 인간에게 구원을 주시기 위해 예수 그리스도를 통해 알려주신 기쁜 소식'이란 뜻이다. 로마서 1:17 "복음에는 하나님의 의가 나타나서 믿음으로 믿음에 이르게 하나니 기록된바 오직 의인은 믿음으로 말미암아 살리라 함과 같으니라". 이 말씀은 누구든지 회개하고 예수 그리스도를 믿으면 구원을 주신다는 뜻이다.

복음이란 말을 한 마디로 말하면 예수 그리스도이시다. 이것을 협의적으로 보면 예수님의 십자가와 부활이다. 그러나 십자가는 보혈이라는 뜻이니 십자가 보혈과 부활이라고 할 수 있다. 고린도전서 15:1~4에서 그 뜻을 잘 말씀하고 있다. 내가 전한 복음을 헛되이 믿지 않으면 이로 말미암아 구원을 얻는다고 하였다. 복음의 결과는 믿어 구원을 얻는 것이다. 바울은 이를 성경대로 그리스도께서 우리 죄를 위하여 죽으시고 장사지낸바 되었다가 성경대로 살아나신 것(고전15:3~4)이라고 하였다.

또 네가 만일 입으로 예수를 주로 시인하며 또 하나님께서 그 죽은 자들 가운데서 살리신 것을 네 마음에 믿으면 구원을 받는다(롬10:9~10)고 말하고 있다. 복음은 듣고 믿으면 구원을 얻는다고 하였다. 그런데 그 복음은 십자가 죽으심과 부활이라고 하였다. 십자가는 로마의 사형도구, 즉 형틀의 종류 중 하나이다. 죄 없으신 예수님 한 분 외에는 모두 죄인들이 십자가에서 죽었다. 그러므로 십자가는 죄인들의 상징인 것이다. 그러므로 예수님을 가리키는 십자가를 의미할 때는 십자가 보혈이라고 해야 한다. 그럼 왜 보혈이라고 하지 않았는가. 성경은 계시의 글이요 보혈은 진리요 숨겨져 있고 또한 보배이기 때문이다. 바울은 우리를 고린도전서 4:1에서 사람들이 마땅히 우리를 그리스도의 일꾼이요, 하나님의 비밀을 간직한 자라고 하였다. 보라 너희에게 이 비밀을 말한다(고전 15:51)고 하였다. 복음의 비밀을 담대히 알리소서 기도하라(엡 6:19) 하였다. 복음은 거의 대부분의 말씀에서 보혈을 말하고 있으며 또한 비밀로 쓰여진 것임을 알아야 할 것이다. 성경은 비밀이란 말이 신약에만 37번이나 쓰였는데 그중에도 숨긴다는 말로 쓰인 것을 합하면 더욱 많아진다.

귀한 것을 사람들이 숨겨놓듯이 보혈은 보혈이란 말보다 다른 말로 많이 쓰여져 있음을 알아야 한다. 그러므로 로마서 10:9~10 말씀도 보혈을 믿고 그 보혈로 씻어 부활을 믿는 믿음으로 구원을 받는다는 뜻이다. 로마서 10:17에서는 믿음은 들음에서 나고 들음은 그리스도의 말씀이라고 하였다. 물론 복음을 좀 더 구체적으로 말하면 6가지이다 성탄, 십자가 보혈, 부활, 승천, 성령 강림, 재림이지만 넓은 뜻으로는 성경 전체와 설교와 강의와 또한 은사와, 신앙 간증도 복음이라고 할 수 있다. 그러나 그런 것들은 그 자체가 구원이 될 수 없고 일반 복음이요 은사의 복음인 것이다. 아울러 설교와 성경 강해 등은 그들의 내용에 따라 복음이 될 수도 있지만 복음이 아닌 연설이 될 수도 있음을 알아야 한다.

3단계 구원

구원은 대체로 3단계로 요약할 수 있다.

(1) 중생 rebirth**(거듭남) 약속의 구원.** ^{요한복음 3:3} 사람이 거듭나지 아니하면 하나님의 나라를 볼 수 없으니라 성령님의 단독 사역이다(딛 3:5참조).

(2) 성화 Holiness**(성결)의 구원**. 거룩하게 되는 것. 그리스도를 닮아가는 삶. 신인협력이다. ^{고린도전서 9:27} 내가 몸을 쳐서 복종하게 함을 내가 복음을 전파한 후에 자신이 도리어 버림을 당할까 두려워 함이로다 하였다. 점진적이요 계속적이다.

(3) 영화glory**의 구원**. 이것을 완전 구원이라고 한다. ^{로마서 8:18} 생각하건데 현재 고난은 장차 나타날 영광과는 족히 비교할 수 없다고 하였다.

영화의 구원이 이루어져야 비로소 완전 구원을 받은 것이다.

^{마태복음 11:12} 주님은 천국은 침노하는 자가 얻는다고 하였다. ^{마태복음 24:13} 끝까지 견디는 자가 구원을 얻으리라고 하였다. 이는 완전 구원이요 영원 구원을 말한다. 이는 천국에서 영생복락을 누림을 말하고 있다. 약속의 구원은 얻었으나 죄에서 예수 피로 씻어 주님을 닮아가는 삶을 살아야 할 것이다. ^{요한복음 13:8} 내가 너의 발을 씻기지 않으면 너와 나는 상관이 없다고 하셨다. 여기서 발은 행위 죄를 가리키며 물은 예수님의 보혈을 말씀하고 있다.

예수님의 보혈복음과 구원의 완성

예수님이 우리의 구원을 위하여 하신 사역이 대체로 6가지이다.

(1)주님의 성탄 - ^{마태복음 1:21} 자기 백성을 저희 죄에 구원하러 오셨다.

^{요한복음 13:1~3} 피 흘리려 오셨다고 하셨다.

(2)십자가 - 보혈 ^{요한복음 19:30} 다 이루었다 하시므로 보혈이 성경의 핵심이요 중심임을 말씀하고 있다. ^{마태복음 20:28} 인자가 온 것은 섬김을 받으려 함이 아니요 자기 목숨을 많은 사람의 대속물로 주려함이라고 하셨다.

^{마태복음 27:51} 이에 성소 휘장이 위로부터 아래까지 찢어져 둘이 되므로 옛 언약을

파기하시고 피를 통해 새 언약을 이루시려 오셨다.

(3)부활– 십자가에 죽으시며 사명을 감당하셨기에 하나님이 살리신 것이요, 그의 피를 씻을 자의 영광을 의미한다(고전15:13~14 참조). 예수님의 부활은 그를 믿는 자의 부활의 첫 열매인 것이다(고전15:20 참조).

(4)승천 – 주님이 보혈의 사역을 다 마치시고 ^{요한복음 14:1~3} 승천하셔서 천국을 준비하러 가신다고 하셨다.

(5)성령 강림 – 보혈 언약을 성취하시며 우리에게 보혈을 주시고 새 언약시대를 여시고 보혈을 증거하시기 위해 성령님과 임무 교대하신 것이다(요일 5:6~8 참조). 또한 보혈을 증거하기 위해 성령이 오신 것이다(벧전1:2, 눅 24:46~49).

(6)재림 – 지금은 재림만 남았다. 주님의 재림은 지금 진행형이다. 성경에는 재림에 대하여 350여 회나 말씀하였고 ^{요한계시록 22:20} 진실로 속히 오리라고 하셨다. 그러나 주님이 재림하시지 못한 이유가 무엇일까. 택한 백성에게 보혈의 피를 뿌려 구원하셔야 하는데, 피 뿌리는 자가 적어 당신의 택한 백성의 생명의 피를 뿌려 구원하시기를 기다리고 계신다. 다시 말해 재림은 피 뿌림 열매를 거두러 오시는 것이다.

이렇듯 잠시 살펴본 바에 의하면 6가지가 복음이다. 그런데 6가지 복음 모두가 보혈의 주사역이며 보혈과 다 관계가 있음을 알아야 하고 믿어야 하고 보혈을 전하여야 할 것이다. 성탄과, 십자가 보혈, 부활, 승천, 성령 강림 이렇게 5가지는 33년 만에 이루어졌으며 심지어. 십자가 피 흘림에서 성령 강림까지는 53일 안에 4가지가 이루어졌는데도 재림이 아직도 안 이루어지는 것은 우리의 책임이다. 베드로전서 1:2에는 피 뿌림을 얻기 위해 선택된 우리라고 하였으며 우리의 보혈전파의 사명을 말하였으며 마태복음 24:13에는 천국복음이 이 모든 민족에게 증언되기 위하여 온 세상에 전파되리니 그제야 끝이 오리라고 하였다. 천국 복음이란 십자가 복음, 즉 보혈신앙 전파를 말한다. 주님은 택한 백성들에게 피 뿌림의 복음이 증거 되시기를 기다리시고 그 후에 재림이 이루어질 것이다.

보혈의 성경 속의 위치

마르틴 루터 Martin Luther 는 성경을 짜면 피 두 줌이 나온다고 하였다. 구약은 짐승의 피, 신약은 예수의 피, 그러므로 성경은 피의 글이라고 하였다.

요한일서 5:6은 "이는 물과 피로 임하신 자니. 예수 그리스도라 물로만 아니라 물과 피로 임하였고 증언하는 이는 성령이시니 성령은 진리니라"고 말씀하고 있다. 이 말씀은 예수 그리스도는 물과 피로 임하셨다고 하였고 7~8절 "증언하는 이가 셋이니 성령과 물과 피라 또한 이 셋은 합하여 하나이니"라고 하였다.

그럼 우리가 알아야 할 것 중 물은 무엇인가 → 물은 액체이므로 ^{요한복음13:1~17} 보혈을 상징한다. ^{에베소서5:26} "이는 물로 씻어 말씀으로 깨끗하게 하사 거룩하게 하시고"라고 했으므로 물을 보혈로 보았다.

크로스비 F. J. Crosby 여사는 찬송가 288장 1절은 '예수로 나의 구주삼고 성령과 피로써 거듭나니' 함으로 물을 보혈로 보았다. 요한복음 3:5에는 물과 성령으로 거듭났다고 하였으므로 물을 말씀으로 보았다.

물은 또한 생수(요7:38~39)로 상징했으니 물은 성령이다. 피는 보혈을 상징하는 것은 설명할 필요가 없다. 그러니 보혈의 성경적 위치는 성령과 물과 피,

이렇게 셋으로 보면 33%이지만 물을 말씀으로 본다면 말씀은 바로 보혈 아닌가. 또한 보혈은 누가 기록하고 증거하는가? 바로 성령님이시다. 피는 누구의 피냐, 예수님의 피요, 성령이 말씀을 기록하였고 증언하니 모든 성경은 곧 한마디로 피라고 할 수 있다.

그래서 ^{요한일서 5:8} 성령과 물과 피 이 셋은 합하여 하나니라고 하였다. 그러니 성경 속에 보혈의 위치는 거의 100% 보아도 틀린 것은 아니며 아무리 강조해도 부족하다고 할 수 있다.

필자는 30여 년 동안 성경을 읽었으나 이 본문을 정확히 알지 못하였다. 이처럼 보혈은 숨겨져 있는 비밀이요 진리인 것이다. 육적인 지식의 눈으로는 볼 수가 없는 것이다. 다시 말씀드리면 성경은 보혈을 기록한 책이요 말씀이다.

요한계시록 19:13에 "그가 피 뿌린 옷을 입었는데 그 이름은 하나님 말씀이라 칭하더라"고 하였는데 이 말씀 또한 예수님을 주인공으로 기록한 성경에서 보혈의 위치와 중요성을 잘 말씀하고 있음을 알 수 있다. 성경도 보혈 교회에도 보혈 천국에도 보혈을 가져가야 된다는 것을 잘 말씀하고 있다.

회개와 천국복음

예수님의 길잡이 세례 요한이 먼저 와서 외친 첫 번째 메시지가 무엇일까?

세례요한은 세상 죄를 지고 가는 하나님의 어린 양을 보라(요1:29)함으로 우리를 구원하기 위해 보혈을 흘려 우리를 죄에서 구원하려 오신 예수라고 하였다. 또 자기는 물로 세례를 베푸나 예수님은 물과 성령으로 세례를 베푸신다

(요1:33) 함으로 성령을 부어 주시러 오신 예수를 말씀하고 있다. 다시 말해 예수님은 보혈과 성령을 주시려고 오셨다는 말이다. 이 말씀은 성경의 핵심이요 진리이다.

그의 첫 번째 메시지는 마태복음 3:1에 있는 "회개하라 천국이 가까웠느니라"였다. 주님이 오신 목적은 천국을 주러 오셨다는 것이다. 그러므로 회개해야 한다는 것이다. 회개해야 천국이 온다는 것이다.

그래서 마태복음 3:8에는 회개의 합당한 열매를 맺으라고 하였고, 마태복음 3:12에는 "손에 키를 들고 타작마당을 정하게 하사 알곡은 모아 곳간에 들이고 쭉정이는 꺼지지 않는 불에 던지리라 하였다. 예수님도 세례 요한과 같은 말씀을 하셨다.

마태복음 4:17에 보면 예수께서 전파하여 가로되 회개하라 천국이 가까이 왔느니라고 하시는 대목이 나온다. 다시 말해 주님은 천국을 우리에게 주시러 오셨는데, 회개할 때 보혈의 피로써 우리 죄를 씻어준다는 것이다. 마태복음 4:23 천국 복음을 전파하시며 백성 중에 모든 병과 약한 것을 고치시니라 하였다.

주님이 하신 사역은 세 가지이다. 귀신을 쫓아내시고, 병을 고치셨고, 복음을 전파하셨고, 또한 전도하셨다. 그런데 병을 고친 일이 60%이고 전도하신 일이 20%이시고 복음을 전하신 일이 20%였다. 그러나 복음을 전파하시기 위해 병을 고치고 귀신을 쫓아내신 것이다. 물론 이 세 가지는 구분할 수 없는 복음 전파요, 곧 하나인 것이다.

천국 복음이 무엇일까

복음에는 두 가지 복음이 있다. 일반 복음과 천국 복음이다. 천국 복음은 십자가 보혈과 부활을 믿는 것이다(고전15:1~4, 롬10:9~10 참조).

믿음으로 구원을 얻는 복음을 말한다. 일반 복음은 복된 소식인 구원 얻는 것과 천국 말고도 66권 주님의 말씀 모두가 다 복음이다.

복음이란 복된 소식, Good News 라는 말이다

겸손, 감사, 봉사, 충성, 순종 등 모두는 일반 복음이라고 할 수 있다. 일반 복음은 구원 얻는 자의 삶을 말하지 그 자체가 구원을 얻는 것은 아니다.

마태복음 9:35 "회당에 다니시며 천국 복음을 전파하시며 모든 병과 약한 것을 고치시니".

마태복음 24:14 "천국 복음이 모든 민족에게 증언되기 위하여 온 세상에 전파되리니 그제야 끝이 오리니".

여기서 천국 복음은 십자가 보혈을 의미한다. 우리는 죄인이다. 그러므로 보혈로 죄를 씻어 의인이 되어야 천국에 갈 수 있다. 내가 보혈을 구하여 씻든지, 구하지 않아도 주님이 직접 씻어 주시든지 보혈을 지나야 천국에 갈 수 있다. 그러므로 보혈은 진리요 성경 속의 보배요 구원을 위한 하나님과 나와의 언약이다.

보혈은 성경 속에 숨어있는 비밀이다

예레미야 33:3에는 "내게 부르짖으라 네게 응답하겠고 크고 비밀한 것을 네게 보이리라"고 하였다. 비밀 secret이란 공개 되지 않고 숨겨진 것을 말하는데 계시하지 않으면 알 수 없는 것을 말한다(엡3:3~6 참조). 바울은 우리를 그리스도의 일꾼이요 비밀을 맡은 자로 여길지어다 라고 하였다(고전4:1). 그리고 천국은 밭에 감춰진 보화(마13:44)라고 비유함으로 보혈을 비밀이라 말하였다.

천국의 비밀을 아는 것이 너희에게는 허락되었으나(마13:11), 보라 내가 너희에게 비밀을 말하노라 부활이 또한 비밀(고전15:51)임을 말하였다.

^{에베소서 1:9} 그 뜻의 비밀을 알리신 것이요 하였고 ^{에베소서 3:9} 영원 전부터 감추인 것이라 하였다. ^{에베소서 6:19} 입을 열어 복음의 비밀을 담대히 알리게 해 달라고 기도하라고 하셨다.

^{디모데전서 3:9} 집사의 자격에도 믿음의 비밀을 가진 자라 했으며, ^{요한계시록 10:7} 비밀이 이루어지리라 하였다. ^{사무엘상 18:22} 다윗에게 비밀을 말하여 이르기를 왕의 사위가 될 것이라고 말하였다. ^{아모스 3:7} 주 여호와께서 자기의 비밀을 그 종 선지자들에게 보이지 않고는 행하신 일이 없느니라고 하셨다. ^{골로새서 2:2} 하나님의 비밀인 그리스도를 깨닫게 하신다고 하였다.

이렇듯 성경에는 비밀이란 말이 많이 있다. 그중에도 복음의 비밀이라는 말이 거의 대부분이다. 그럼 복음의 핵심이 예수님 보혈이니 그 뜻을 풀이하면 천국으로 인도하는 보혈은 계시해야 알 수 있는 성경 속에 숨겨놓은 비밀이라는 것임을 알 수 있다. 그러므로 많은 사람들이 알지 못하는 것이다.

히브리서의 아벨의 신앙

히브리서 11장을 '믿음장'이라고 부른다. 16명의 구약의 선진들의 순종을 히브리서 기자는 믿음이라고 하였다. 우리는 믿음으로 구원을 받는다. 그러므로 히브리서 11장 연구는 대단히 중요한 의미를 갖는다고 볼 수 있다. 놀라운 사실은 아벨의 행적은 창세기 4장에서밖에 볼 수 없고 그의 신앙은 양 첫 새끼와 기름으로 제사를 드린 것(창4:5)이 전부이며 그 후에 형 가인에게 죽임을 당하였다. 그것이 그의 행적의 전부인데도 히브리서 기자는 그를 선진들의 반열에 올려놓았고 그를 믿음의 사람이라고 하였으니 보혈의 위치가 얼마나 귀한 것인가를 잘 알 수 있다. 히브리서 11장은 다윗과 사무엘 같은 선진들도 그 이름만 기록하였는데 16명의 선진들 중에 제일 처음으로 그의 이름이 기록되는 (히11:4) 영광을 얻게 된 것은 보혈의 가치가 얼마나 귀한 것임을 보여주는가를 다시 한 번 알 수 있는 것이다.

아벨은 가인보다 더 나은 제사 드렸다

예배는 둘로 나누자면 가인의 예배와 아벨의 예배다. 우리는 과연 어떤 예배를 드리고 있는가? 가인의 예배는 피 없는 예배요, 아벨의 예배는 피로 드린 예배이다. 구약에 피로 제사를 드렸다면 오늘도 마찬가지이다. 제사의 보혈이 예배의 보혈로, 짐승 피에서 예수 피로 바뀐 것뿐이다.

주님은 영이시니 예배하는 자가 신령과 진리로 예배하라고 하였다(요4:23). 신령과 진리로 예배하는 자를 주님이 찾고 계신다고 하셨다. 영은 성령을 가리키고 진리는 보혈의 피를 가르치니 다시 말해 성령과 보혈의 예배자를 찾고 계신다는 것이다. 더 나은 제사라는 말을 했으나 실제로는 가인의 제사는 구원을 받지 못했고 하나님이 받지도 않으시는 제사요, 아벨의 제사는 천국에 들어가는 제사요, 주님이 복 주시는 제사이니 하늘과 땅 차이만큼 큰 것이다.

믿음의 제사

우리는 누구든지 예외 없이 믿음으로 구원을 받는다(행16:31, 요3:16 참조).

그런데 놀라운 것은 본문 ^{히브리서 11:4} 가인의 피 없는 제사를 믿음이 없는 제사이고 아벨의 피 제사를 믿음의 제사라 하였다. ^{히브리서 11:6} 믿음이 없이는 하나님을 기쁘시게 못한다고 하셨다. ^{누가복음 18:8} 예수님은 인자가 올 때에 믿음을 보겠느냐 하셨고 ^{누가복음 17:5} 사도들이 우리에게 믿음을 더하소서 할 때 주님은 ^{누가복음 17:6} 너희에게 겨자씨 한 알만한 믿음이 있다면 뽕나무 뿌리가 뽑혀 바다에 던져 심기우라 하였을 것이요. 그것이 너희에게 순종하였으리라고 하심으로 그들은 눈에 잘 보이지 않는 겨자씨 같은 작은 믿음도 사도들에게는 없다고 하셨다. 그들이 믿음이 없는 것과 마음이 완악한 것을 꾸짖으시니 하셨다(막16:14). 이 말씀들은 사도들과 초대교회 성도들도 믿음이 없다고 하셨는데 그런데 놀라운 것은 보혈의 제사를 드린 아벨을 믿음이라고 하였으니 보혈 자체가 믿음임을 알 수 있으며 이것이 성경 속에 놀라운 숨은 비밀인 것이다.

보혈은 의로운 자라는 증거

본래 인류는 모두가 죄인이다. 성경에 의인은 없나니 곧 하나도 없다고 하였고(롬3:10), 율법의 행위로는 의롭다 하심을 얻을 육체가 없나니 율법으로는 죄를 깨달음이라고 하였다(롬3:20).

바울은 스스로 죄인 중의 괴수라고 하였다(딤전1:15). 그런데 놀라운 것은 보혈은 우리를 죄인에서 의인으로 만든다는 것이다. 찬송가 259장 1절에 '예수 십자가에 흘린 피로써 그대는 씻기어 있는가 더러운 죄 희게 하는 능력을 그대는 참의지 하는가 예수의 보혈로 그대는 씻기어 있는가 마음속에 여러 가지 죄악이 깨끗이 씻기어 있는가' 라고 하지 않았는가. 예수의 피만이 우리를 죄악에서 의인으로 신분을 상승시킨다.

찬송가 259장 후렴에도 '주의 은혜로 대속하여서 피와 같이 붉은 죄 눈 같이 희겠네' 라고 하였다. 찬송가 542장 후렴에는 '예수 예수 믿는 것은 받은 증거 많도다' 하였고. ^{히브리서 11:4} 아벨을 의로운 자라는 증거를 얻었다고 하였는데 그 증거가 바로 보혈이며 보혈이 있는 자를 주님이 의롭다고 하신다는 것이다.

^{요한일서 3:12} 가인은 아벨을 죽인 이유를 설명하면서 자기 행위는 악하고 아우의 행위는 의로움이라하였다.

예물에 대하여 증언하심

본문은 4절 그 예물을 증언하신다고 하였다. 그 예물이 무엇인가? 그것이 보혈이다. 아벨이 드린 보혈의 제사를 주님은 예물이라고 하였다. 그러므로 우리는 날마다 보혈을 드려야 한다. 복음성가 <빚진 자>란 찬양의 가사 중에 이런 가사가 있다. '십자가 보혈 증거하라고 주님이 살리셨네'.

주님이 우리를 죄악과 죽음에서 건지신 것은 십자가 복음을 증거하라는 주님의 뜻이 있음을 알아야 할 것이다.

혹시 독자들 중에 중병에 걸려 고생하신 분이 있다면 십자가 보혈의 복음을 전해볼 것을 권한다. 그러면 주님이 여러분을 반드시 치유하여 주실 것이다. 왜냐하면 우리를 지금도 살아있게 하신 것은 보혈을 증거하게 하시기 위해 우리 생명을 주님이 연장하여 주신 것이기 때문이다. 베드로전서 1:2에 보혈의 피를 뿌리기 위해 우리를 선택했다고 하였다.

보혈신앙 선교가 참 복음의 길이요, 우리가 전해야 할 복음인 것이다.

지금부터 2년 전쯤 일인 것 같다 『은총의 붉은 낙엽』 시집을 출판해야 하는데 출판비가 없었다. 그래서 주님께 기도했다. 그런데 필자의 보혈부흥회에 참석하여 은혜 받은 장로님에게서 전화가 왔다. 보혈강의를 한 번 더 듣고 싶어서 우리 교회에 오시겠다는 것이다. 며칠 후 국경일 날에 장로님의 가족이 함께 오셔서 필자의 교회에서 종일 강의를 들으셨다.

강의를 마치자 장로님이 은혜 받았다고 사례비를 100만 원 주시고 이 보혈의 은혜를 혼자만 받을 수 없다고 하시며 『보혈은 기적이다』 책을 사서 노회 목사님께 주신다고 300권을 사서 가셨다. 그 장로님이 주신 돈으로 시집 출판비를 내게 되었다. 물론 사례를 주신 것도, 책을 300권이나 사신 것도 감사하지만 보혈의 은혜를 깨달아 보혈복음을 전해야 한다는 그분의 말씀에 더 큰 감동을 받은 것이다. 그날의 감격을 지금도 잊을 수 없고 날마다 그분을 위해서 기도드린다.

우리는 주님께 예물을 드려야 한다. 그 예물이 보혈이다. 그러나 내가 보혈을 잘 전할 수 없다면 책을 선물하여 책을 통해서도 보혈이 전해질 수도 있을 것이다.

그는 죽었으나 살아있다

우리가 아는 것은 분명히 아벨은 그 때 형 가인의 손에 죽었다. 그런데 히브리서 기자는 본문에서 그는 죽었으나 믿음으로써 지금도 말하고 있다고 하였다. 보혈의 피는 죽지 않는다. 그 이유는 보혈은 생명이기 때문이다. 네 아우의 핏 소리가 호소한다고 하였다(창4:10).

몇 년 전의 일이다. 신학교에서 보혈론 강의를 하는데 한 학생이 손을 들고 질문을 하였다.

"교수님 어떻게 하면 우리도 교수님처럼 강의를 잘할 수 있습니까?"

그때 필자는 서슴없이 말했다.

"여러분들도 저처럼 보혈만 가득차면 됩니다. 보혈은 말하는 영이니 보혈이 보혈을 증거할 것 입니다."라고 본문을 인용하여 말하였다.

조슈아 Joshua 목사는 신유의 종이다. 그는 에이즈 환자도 주님의 능력으로 고쳤다. 그래서 사람들이 그에게 질문하기를 어찌하여 에이즈도 낫느냐고 했다. 조슈아 목사는 여러분들도 보혈만 가득차면 보혈이 어떤 병이든지 치료할 것이라고 하였다는 말을 들었다.

그렇다. 보혈은 말한다. 새 언약의 중보이신 예수와 및 아벨의 피보다 더 나은 것을 말하는 뿌린 피라고 하였다(히12:24).

이신칭의 以信稱儀와 보혈

로마서 1:17 "복음에는 하나님의 의가 나타나서 믿음으로 믿음에 이르게 하나니 기록된 바 오직 의인은 믿음으로 말미암아 살리라"고 하셨다. 이 말씀은 이신칭의以信稱儀, 즉 믿음으로 의롭다 함을 얻는다는 말이다. 마르틴 루터 Martin Luther는 천주교 사제였으나 이 구절에 감동을 받아 이신칭의 은혜를 깨닫고 생명을 걸고 종교개혁을 한 것이다. 우리는 로마서 3장을 '칭의장'이라 부른다. 그래서 로마서 3장은 인간은 죄인임을 논하고(롬3:10~20 참조) 오직 믿음으로 구원을 받는다고 결론을 내리고 있다. 곧 예수를 믿음으로 말미암아 모든 믿는 자에게 미치는 의는 차별이 없다고 하였다(롬3:22). 본문을 자세히 읽고 연구해 보면 그 속에 진리의 보혈이 숨어 있음을 알 수 있다. 모든 사람이 죄를 범하였으니 하나님의 영광에 이르지 못했다고(롬3:23) 하였는데 이것이 무슨 말이냐면 죄를 짓는 자는 영광, 생명의 부활에 이르지 못한다는 말이다(요 5:29). 다른 말로 천국에 들어갈 수 없다는 뜻이다. 로마서 8:18에는 현재의 고난은 장차 나타날 영광과는 족히 비교할 수 없다고 하였는데 이 말에서 영광은 천국을 말씀하고 있다.

그리스도 안에 속량으로 말미암아 은혜로 값없이 의롭다 하심을 얻었다고 하였다(롬3:24). 여기 그리스도 안에 있다는 것에 대해 예수님은 자기 피를 마시는 자가 그 안에 거한다고 하셨다(요6:55). 속량이란 예수 피로 씻는 자가 죄의 용서함을 받는다는 말이다. 예수의 피가 우리를 모든 죄에서 깨끗하게 하실 것이라고 했지 않는가(요일1:7).

찬송가 252장 1절 '나의 죄를 씻기는 예수의 피밖에 없네' 라고 하였다.

로마서 3:25은 이렇게 말하고 있다.

"이 예수를 하나님이 그의 피로써 믿음으로 말미암는 화목제물로 세우셨으니 이는 하나님께서 길이 참으시는 중에 전에 지은 죄를 간과하심으로 자기의 의로우심을 나타내려 하심"이라고 하였다.

26절에는 자기도 의롭고 예수 믿는 자를 의롭다 하려 하심이라고 했으니 다시 말씀드리면 예수님 그 피를 믿고 씻을 때 비로소 우리가 의롭게 된다는 것이다. 그럼 왜 그 말이 없느냐. 성경은 계시요 보혈은 진리요 비밀이요 숨어 있는 보화이기 때문이다.

주님이 계시해 주어야 알 수 있도록 진리의 복음은 숨겨 놓은 것이다. 다시 말씀드리면 로마서 3장에서 '믿음으로'라는 말의 뜻은 보혈의 피를 믿고 그 피로 씻어 의롭게 된다는 뜻이다. 다른 장에서 이미 언급한 것처럼 바울은 복음을 믿어야 구원을 얻는다고 하였는데 그 복음을 천국복음, 즉 십자가 피 흘리심과 부활인 것이다(롬10:9~10).

보혈의 신앙인이 되는 길

보혈은 주님의 사랑이요, 성령님이 강권적으로 역사하지만 반대로 모든 것을 아는 사탄이 역시 강하게 역사하는 것임을 알아야 한다. 그러므로 기도로 준비하지 않고 이 책을 읽으면 오히려 오해하여 은혜를 받을 수 없게 된다.

보혈의 비밀은 진리이기에 내 가슴 깊은 곳에 들어오지 않을 수 있다. 그러므로 필자는 본서를 쉽고 성경적으로 쓰려고 노력하고 있는 것이다.

예수님은 보혈의 질문에 보혈은 큰 환난이라 하였고, 밭에 감추인 보화이기에 모든 것을 팔아서 보화를 샀다(마13:44)고 하였다. 그러므로 보혈은 큰 환난과 고난을 통하여 우리에게 들어오는 것이고 또한 우리의 모든 것을 다 팔아야 내 것이 될 수 있다는 사실을 알아야 한다.

보혈의 종류는 5단계이다

(1) 지식의 보혈 : 이는 보혈을 알아야 한다는 것이다. 알지 못하는데 보혈이

내 것이 될 수는 없다. 보혈 서적을 읽고 특히 <보혈세미나>에 참석하여 배워야하고 보혈의 찬송을 많이 생각하며 불러야 한다.

(2) 믿음의 보혈 : 모든 것은 믿어져야 하는 것이다. 믿지 않고서는 아무것도 얻을 수 없다. 믿기 위해서는 보혈의 설교나 강해를 듣고 보혈 서적도 많이 읽어 나에게 보혈이 믿어지게 하기 위하여 노력해야 하는 것이다. 믿음은 들음에서 난다고 하였다(롬10:17). 우리 눈에 보이지 않지만 긍정적인 믿음이 있어야 자라게 된다.

(3) 기도의 보혈 : 기도하여 보혈을 나의 보혈로 만들어야 한다. 은혜 받고 지식적으로 알고 믿어진 것을 나의 것으로 만들기 위해 밤낮으로 보혈의 기도를 하여야 한다. 주님께서는 구하고 찾고 두드리는 자에게 주신다고 하였고(마 7:7~9) 기도는 응답을 주시는 하나님과 나와의 언약이요 약속인 것이다.

영국의 영화감독 J. A. 링크라는 사람은 항상 출근할 때 엘리베이터를 타지 않고 계단으로 걸어 다녔다. 그 이유는 한 계단 한 계단을 타면서 기도하려고 내려 올 때도 계단으로 내려오며 기도하였는데 그래서 그 계단을 기도의 계단이라 하였다고 하였다. 그는 영국에서 최고의 영화감독이 된 것이 계단기도 때문이라고 하였다.

(4) 능력의 보혈 : 3단계까지는 인간이 하지만 능력의 보혈인 4단계는 3단계를 거쳐 온 자에게 주님이 능력을 주시는 것이다. 일명 응답의 보혈인 것이다. 보혈의 전도자로 능력 받기 위해 10년 동안 하루에 많게는 5~6시간씩, 적게는 2~3시간 이상 기도하였고 철야, 산기도, 금식기도 등으로 열심히 준비한 결과 능력의 보혈을 얻게 되었다.

(5) 쓰임의 보혈 : 주님은 준비된 자를 쓰신다. 준비되지 않는 자를 쓰시는 적

이 없다. 주님은 이 땅에 오셔서 30년 준비하시고 3년 동안 사역하셨다. 모세는 40년 동안 준비시키셨고 40년 쓰임 받았다. 필자도 보혈을 주님께로 받은지 10년 15개 신학교와 10여 개국 해외 보혈선교와 많은 교회와 기도원 등에서 <보혈세미나>와 부흥회로 섬겨오며 우리나라에 5권 밖에 없는 보혈 서적 중 2권을 쓰는 사람으로 주님이 세워 주셨다.

『보혈은 기적이다 II』.

본서가 출간되면 더욱 많은 곳에서 필자는 쓰임 받게 될 것이라 믿는다. 이제 필자는 능력의 보혈, 쓰임의 보혈자로 주께서 쓰임 받고 있음을 감사드리며 보혈의 전도자, 능력자, 학자로 주님께 영광 돌리게 될 것을 믿어 의심하지 않는다. 동시에 이 책을 읽는 독자들에게도 같은 역사가 일어날 것을 믿어 의심치 않는다.

보혈은 가장 귀한 선물

보혈은 하나님께서 우리에게 주시는 가장 귀한 선물이다.

로마서 5:8에 "우리가 아직 죄인 되었을 때 그리스도께서 우리를 위하여 죽으심으로 하나님께서 우리에 대한 자기의 사랑을 확증하였느니라"고 하셨고 로마서 5:9에는 "이제 우리가 그의 피로 말미암아 의롭다 하심을 받았느니라"고 하셨다. 이 말씀은 한마디로 하나님이 우리에게 주시는 가장 귀한 선물이 보혈이라는 뜻이다. 그 이유는 보혈은 우리를 죄인에게서 의롭게 하는 것이기 때문이다. 무엇보다도 보혈은 주님이 죽으신 후 주신 당신의 생명이며 또한 값

없이 주시는 영적인 가장 귀한 선물이다.

육적인 선물보다는 영적인 선물이 더욱 귀하다는 것은 두말할 필요가 없는 것이다.

로마서 8:32에 "아들을 우리에게 아낌없이 주신 분이 아들과 함께 모든 것을 주시지 않겠느냐"고 하셨다. 이 말씀은 이 세상에 가장 귀한 것이 당신의 생명인데 보혈을 위하여 생명도 주셨는데 다른 말로 보혈도 주셨는데 우리 위해 무엇을 못 주겠냐는 말씀이다.

요한계시록 19:13에는 그가 피 뿌림의 옷을 입었는데 그것이 하나님의 말씀이라고 하셨다. 이 말씀은 보혈이 성경의 핵심이며 진리의 말씀이라는 것이다.

우리는 더러운 나의 옷 아담의 옷을 벗어 던져 버리고 보혈의 옷 예수님의 옷으로 갈아입어야 하겠다(롬13:14참조).

보혈의 적용

요한복음 6:54에 "내 살을 먹고 내 피를 마시는 자는 영생을 얻었고"라고 하셨다. 그러므로 이 말씀은 영생을 얻기 위해 주님의 보혈을 믿고 그 피로 씻음 받으라는 말씀이시다.

구약에서 성부 하나님은 우리에게 보혈을 약속하셨고 신약에서 성자 예수님은 우리에게 보혈의 피를 주셨고 오늘 성령 하나님은 우리에게 보혈을 적용해 주신다.

컴퓨터에 저장되어 있는 글을 스크랩이나 복사를 해가도 원본이 남아있는 것처럼 보혈은 아무리 마시고 뿌려도 그대로 남는다. 바닷물을 아무리 퍼 날라도 줄지 않음과 같다. 『십자가』라는 책의 저자 김응국 목사는 그의 저서에서

"보혈을 가지고 가야 구원을 받을 수 있다"고 하였고 또한 "보혈은 아무리 씻고 뿌려도 강물처럼 줄어들지 않고 우리 곁에 강같이 흐르고 있다"고 하였다. 앤드류 머레이 Andrew Murray는 "우리가 보혈을 가져가야 천국이 열린다"고 하였다

출애굽기 12:7 피를 집 좌우 문설주에 바르라고 하였다. 누가복음 22:20 이 잔은 내 피로 세운 새 언약이니 곧 너희를 위하여 붓는 것이라고 하셨다. 여기서 붓는다는 말은 충만히 강같이 흐르고 있음으로 보혈을 받으라는 뜻이다. 그러나 우리가 명심할 것은 구약에 있는 짐승 피는 우리 눈에 보이지만, 오늘의 보혈은 우리 눈에 보이지 않는다는 것이다. 다만 믿음으로 보아야 하고 바르고 뿌리고 마시고 잠겨야 한다.

왜 보혈이 필요한가

물론 이미 말씀드린 거듭된 표현이지만 보혈은 생명이기 때문이다. 보혈이 있는 곳에 그리스도의 생명이 있다는 뜻이다.

레위기 17:11 육체의 생명은 피에 있다고 하였다.

요한복음 6:53~57 보혈이 곧 생명이요 구원이요 영생이라고 하셨다.

또한 보혈은 죄 사함이기 때문이다.

마태복음 26:27~28 "너희가 다 이것을 마시라 이것은 죄 사함을 얻게 하려고 많은 사람을 위하여 흘리는바 나의 피 곧 언약의 피니라"고 하셨다.

요한일서 1:7 "그 아들의 예수의 피가 우리를 모든 죄에서 깨끗하게 하실 것이요"

라고 하셨다.

동시에 보혈은 죄 사함과 구원을 위한 언약이다.

_{히브리서 9:22} "피 흘림이 없이는 사함이 없느니라"고 하셨다.

_{히브리서 9:20} "이는 너희에게 명하신 언약의 피"라고 하셨다.

보혈의 성경적 명칭

(1) 보배로운 피 The Precious blood

베드로전서 1:19 보혈을 보배로운 피라고 하심으로 보혈이라고 부른다.

_{베드로전서 1:18~19} "우리를 구속한 것은 은이나 금같이 없어질 것으로 한 것이 아니요 흠 없고 점 없는 그리스도의 보배로운 피로 한 것"이라고 하였다. 보배 중의 보배가 보혈임을 우리는 알아야 할 것이다. 우리의 죄를 속량하는 것은 세상 어떤 보화도 할 수 없는데 보혈로만 할 수 있으니 보배로운 피라고 부른다. 보배는 다른 말로 보화, 보석, 패물이라고 부른다. 보혈은 육적인 어떤 것과도 비교할 수 없는 보배 중의 보배이다.

(2) 어린양의 피 The blood of the lamb(계7:14, 12:13, 요1:29 등)

히브리서는 그리스도의 피를 언약의 피라고 하였으나 요한 사도는 요한복음과 요한계시록에서 보혈을 어린양의 피라고 하였다. 어린양이라 하심은 일찍 죽음을 당하신 그리스도를 상징하고 또한 우리의 속죄 제물이 되신 그리스도를 말씀하고 있는 동시에 당신의 영원한 사랑을 가르쳐 주시고 있다. 그가 우리를 사랑하시어 우리 죄를 위하여 어린 속죄 제물이 되신 것이다.

(3) 언약의 피 The blood of the covenant(히9:1, 8:22, 9:20, 눅22:20, 마26:28 등)

위에서 말씀드린 것처럼 요한은 제물에, 히브리서는 우리 구원의 약속인 언약에 초점을 맞추어서 말한 것이라고 볼 수 있다.

^{히브리서 13:20} 영원한 피라고 하시면서 주님의 보혈은 우리를 위한 당신의 영원한 약속이며 찬송가 493장 후렴 '예수 예수 믿는 것은 받은 증거 많도다' 한 것처럼 보혈은 구원의 증거요, 또한 구원의 보증이 되신 것이라는 것을 나타낸다. 반대로 보혈이 없는 자는 구원을 받지 못한다는 것이 언약의 피라는 말씀 속에 포함되어 있다.

(4)그리스도의 피 The blood of Christ(히9:14)

그리스도란 말은 기름부음이란 뜻이다. 구약에는 임직식을 할 때 세 가지 직분에 기름을 부었다. 왕과 선지자와 제사장이 그들이다. 기름부음이란 뜻은 성령을 부었다는 뜻이다. 예수님을 우리는 예수 그리스도라고 부른다. 예수님은 말씀으로 우리에게 오신 로고스요 하나님의 말씀을 가르치고 알게 하시고 예언을 성취하신 대선지자시요, 또한 우리를 다스리시고 섭리하시고 통치하시는 대왕이시며 우리 죄를 친히 담당하시고 대신 죽으시고 우리에게 보혈을 주신 대제사장이 되신다. 그래서 예수님을 그리스도라고 부른다. 무엇보다 구약의 선지자가 예언하였던 그 피를 흘리러 오셔서 흘려주셨으니 그 피를 그리스도의 피라고 부른다.

(5)십자가의 피 The blood of the cross(골1:20)

바울은 하나님과 우리 사이에 십자가의 피로 평화를 이루었다고 하였다. 우리는 성경의 기록과 상관없이 십자가의 피라고 부른다. 찬송가 254장 후렴에도 보혈을 '십자가의 피'라고 하였다. 그 이유는 주님은 우리를 위하여 십자가에서 형벌을 받으시고 십자가에서 보배 피를 흘려주셨기 때문이다.

우리는 항상 십자가의 보혈이라고 하여야 한다. 성경은 보혈을 상징할 때도 십자가라고 한다. 그러나 십자가가 아니고 십자가 보혈임을 알아야 한다. 그럼 왜 보혈이라고 하지 않고 십자가라고 할까? 그 이유는 보혈은 숨어있고 또한 비밀이요, 진리요, 보화이기 때문이다.

(6)무죄한 피 The blood of the innocence(마27:4)

이 말은 가룻 유다가 예수님을 팔고 깨달은 후 양심에 가책을 받아 그가 한 말이다. 무죄한 피. 그렇다. 예수님의 피는 무죄한 피이다. 인류 모든 사람은 다 죄인의 피지만 그리스도의 피만이 무죄한 피인 것이다.

예수님만이 당신의 죗값이 아니라 우리의 죄를 위하여 대신 죽으셨기 때문이요, 동시에 하나님의 아들이시므로 죄가 없으시다. 우리 인간은 모두가 아담의 후손이므로 원죄를 타고 났지만 예수님만이 하나님이시요, 성령으로 잉태되어 원죄가 없으시니 무죄한 피요, 우리를 구원하실 생명의 피인 것이다.

_{요한복음 14:6} "내가 곧 길이요 진리요 생명"이라고 하셨다.

그대에게 보혈이 있나요

많은 사람들은 착각을 하고 살아간다. 자기는 성령 충만을 받았다고 하지만 실제로는 성령 충만한 자보다는 그렇지 못한 자가 더 많다. 또한 많은 사람들은 믿음으로 구원을 받으니 모두들 스스로 구원을 받았다고 확신한다.

그러나 성경은 그렇게 말하지 않고 있다. _{누가복음 18:8} "인자가 올 때에 믿음을 보겠느냐"고 하셨다. 그것도 예수님의 설교를 들은 사도들에게도 믿음이 없다는 말씀이시다.

_{마가복음 16:14} 그들이 믿음이 없는 것을 꾸짖으셨다고 하셨다. 우리 자신이 한 번 생각해 보자. 나는 정말로 믿음이 있는가를 말이다.

주님의 승천을 목격한 사람이 약 500여 명이다. 우리는 이들을 500문도라 부른다. 그러나 주님은 그들에게 승천 장면을 직접 보여 주시고 그들에게 예루살렘을 떠나지 말고 아버지의 약속하신 것을 기다리라고 하셨다. 그 약속하신 것은 바로 성령이시다(행1:4~8). 그러나 성령을 받은 자는 불과 120명에 불과하다.

예수님의 설교를 듣고 믿은 사람도 500-380=120명뿐인데, 즉 예수님의 설교를 직접 듣고도 380명은 믿지 않고 의심하였으며 120명만 믿었는데, 어찌 우리가 믿음이 있다고 할 수 있겠는가. 또한 많은 사람들은 보혈을 받았다고 말한다. 이미 보혈로 씻었다고 말하고 있다. 하지만 그것은 착각이다. 성경은 그렇게 말하고 있지 않다. 보혈을 알고 믿고 씻어달라고 예수님의 이름으로 불러야 씻어준다고 말하고 있다.

보혈을 알지 못한 죄

요한복음 19:30 "다 이루었다"는 말씀이 우리에게 보혈로 다 씻었다는 말로 착각하여 보혈에 대하여 가르치지도 구하지도 믿지도 씻지도 않는 죄를 회개해야 할 것이다. 그 말씀은 제사의 보혈이 아닌 예배의 보혈로 바뀌었다는 뜻이며 구약의 짐승 피가 아니고 이제는 예수님의 피로 바뀌었다는 뜻이다. 그러므로 이제는 보혈의 예배를 드리고 예수님의 피로 씻으라는 뜻인 것이다. 그런데 많은 사람들은 이 말을 착각하고 있다. 주님이 다 보혈로 씻어주셨다고, 그래서 더 이상 보혈이 필요 없다고 크게 착각을 하고 있는 것이다.

필자도 보혈을 잘 알지 못했다. 주님이 계시하시기 전에는 보혈의 설교도, 보혈 강의도 한 번도 한 일도, 보혈 설교를 들어본 일도 없고, 다만 성찬식 때 예수 피로 구원을 받았으니 감사합시다 그렇게 알고 가르쳐 왔다. 보혈을 알지도 못하면서 아는 것처럼 그렇게 살아온 것이다. 그러면서도 아무런 양심의 가책을 받지도 않는 채로 말이다.

우리는 알아야 한다. 보혈은 과거 완료형이 아니라 현재진행형이며 반복형이다. 이를 알고 가르쳐야 할 것이다.

오늘도 내일도 주님이 오시는 날까지 보혈은 필요하고 계속해서 불러야 하고 씻어야 한다.

필자는 보혈을 연구하고 가르치는 보혈학자요 전도자이다. 지금은 국내 외 수십 개 신학교, 교회, 기도원 등에서 보혈을 가르치고 있다.

심지어 인도에서 200여 시간을 원고도 없이 보혈을 전하였다. 필자도 깜짝 놀랐다. 그런데 놀라운 것은 필자는 5년 전부터 〈보혈신앙선교회〉http://cafe.daum.net/angtae카페를 만들어서 카페에서 복음을 전하고 많은 신학교와 교회에서 전하였으나 필자의 경험에 의하면 진짜 보혈을 아는 사람은 아직도 아주 극소수에 불과하다.

보혈을 구하고 사모해야 한다

며칠 전에 야구해설가 하일성 씨가 TV에서 강의를 하는데 상당히 큰 감동을 받았다. 자기는 40년간 야구 해설가로서 해설을 했으나 직업의식으로 야구

해설과 강의를 하였고 부담을 갖고 있어서 즐기지를 못했다고 했다. 결국은 그 때문에 너무 힘들었고 자신의 몸이 망가졌으며 그 결과로 세 번이나 대형 수술을 받았다고 하였다. 그러나 지금은 즐기면서 해야 한다는 것을 알고 너무 신나며 재미있게 일하며 강의도 한다고 하였다.

그러면서 즐기면서 하지 못한 지난날을 크게 후회한다고 하였다. 그렇다. 우리는 보혈을 즐기며 기쁘게 사모하고 또 전해야 한다. 보혈은 영적인 보배이기에 쉽게 내게 오지 않는다. 하지만 영적인 보화이므로 기쁘게 사모하며 보혈을 즐겨야 한다. 날마다 보혈을 사모하며 간구하여 부르며 기다려야 한다. 그 이유는 주님은 영적인 보배인 보혈을 우리를 위하여 이미 주셨고 사모하고 부르면 즉시 응답하시기 때문이다.

보혈을 믿어야 한다

보혈을 마시라는 주님의 가르침은 보혈을 믿고 그 피로 우리 죄를 씻으라는 뜻이다. 뿌리라는 뜻, 또한 믿고 보혈을 전하라는 뜻이다. 우리는 모든 일에 믿음이 전제되어야 한다.

보혈을 믿고 구해야 받을 수 있지 믿음이 없이 구하는 것은 헛수고일 뿐이다. 보혈은 우리 육신의 눈에는 보이지 않는다. 영적으로 성경적으로 보고 먼저 믿어야 받을 수 있다. 마가복음 11:24에는 무엇이든지 기도하고 구하는 것은 받은 줄로 믿으라 그리하면 너희에게 그대로 되리라고 하셨다.

보혈을 달라고 기도해야 한다

우리가 기억할 것은 천하의 모든 것은 주님께 있다. 그러나 그 모든 것을 주님은 우리에게 주시기를 기뻐하신다. 그러나 그것을 받는 길은 구하여 기도하는 것이다. ^{마태복음 7:7} "구하라 그리하면 주실 것이요". 주님께서 우리를 향해 주시겠다는 기도의 약속인 것이다. 예수님의 이름으로 하나님께, 예수님께, 성령님께 구하는 기도는 반드시 응답을 주신다고 성경에 약속하셨다. 무엇보다 구할 것은 육보다는 영이요 그 중에도 보혈을 가장 많이 구해야 할 것이다.

보혈을 구하는 것이 주님의 뜻이요 반드시 보혈을 구하는 자에게는 응답해 주신다. 이 시대의 보혈의 전도자로 보혈의 능력자로 주님은 기도하고 구하는 자를 찾으시고 기뻐하실 것이다. 보혈을 구하는 것이 주님을 구하는 것이요, 천국을 구하는 것이요, 모든 것을 구하는 것임을 알아야 할 것이다.

5장

보혈과 성경
Jesus blood & Bible

사데 교회와 보혈

　요한계시록 2~3장에 나오는 소아시아 일곱 교회인 에베소 교회, 서머나 교회, 버가모 교회, 두아디라 교회, 사데 교회, 빌라델비아 교회, 라오디게아 교회는 오늘날 세계 교회를 가리키며 또한 우리 자신을 가리킨다. 그 이유는 우리 자신이 교회이기 때문이다. 일곱 교회에 각각 상이하게 말씀하셨으나, 동의하게 세 가지로 말씀하셨음을 볼 수 있다.

　(1) 교회의 담임목사를 상징하는 '일곱 별'을 붙잡고 계신다고 말씀하셨다.

　주님은 세계 모든 교회를 붙잡고 계신다. 주님의 핏 값으로 산 교회이기 때문이다.

　(2) '이기는 자'란 말을 하셨다.

　보혈은 이기는 자가 얻을 수 있다. 마태복음 11:12에서 세례 요한은 천국은 침노하는 자가 빼앗는다고 하였다. 바울은 디모데후서 4:6~7을 통해 "관제와 같이 벌써 내가 부음이 되고 나의 떠날 기약이 가까웠도다 내가 선한 싸움을 다 싸우고 나의 달려갈 길을 마치고 믿음을 지켰으니"라고 말하고 있다. 다시 말해서 싸우고 달려서 이기고 믿음을 지킬 때에 구원도 상급도 받는다는 말씀이다. 이와 같이 보혈도 승리자에게 주시는 것이다. 우리의 이론에서 자아에서 사탄에서 믿음으로 승리하는 자가 되어야 보혈을 주시는 것이다.

　(3) '성령이 교회들에게 하시는 말씀을 들을지어다'라고 말씀하셨다.

　이 말씀은 세계 교회 주의 사자를 통하여 말씀하심을 의미한다. 구약에서는 선지자, 신약에서는 사도, 오늘날의 은혜 시대는 목사님을 통해 주님은 구원의 복음을 성도에게 전하게 하시고 믿게 하시어 '구원을 얻게 하신다.' 그러나 주의 종을 통해서 말씀하시나 이 모든 말씀은 성령님이 하신다는 것이다. 우리는 이 모든 말씀이 성령님이 나에게 하신 말씀으로 받아야 하고, 일곱 교회를 통해 세계 교회의 모습과 성도들 자신의 모습 또한 알고 보아야 한다.

세상에 교회(성도)는 세 종류가 있다.

(1) 책망만 받은 두 교회 → 사데교회, 라오디게아 교회

(2) 칭찬만 받은 두 교회 → 빌라델비아 교회, 서머나 교회

(3) 칭찬도 책망도 함께 받은 네 교회 → 에베소 교회, 버가모 교회, 두아디리아 교회 등이 있다.

우리 교회와, 나는 과연 이 중에 어디에 속하였는가 생각해보라!

사데 교회의 형편

"내가 네 행위를 아노니 네가 살았다 하는 이름은 가졌으나 죽은 자로다"(계 3:1). 이 말씀은 교회의 단면을 보여주는 말씀이다. 주님은 모든 것을 다 아시고 계신다. 우리 각자가 영적으로 살았는지 죽었는지를 말이다. 하나님은 영적인 기준으로 보신다. "살리는 것은 영이니 육은 무익하니라"(요6:63)는 말씀대로 육신이 죽는 게 중요한 것이 아니라 영이 죽는 것이 중요하고 심각한 일이라는 것이다.

우리가 여기서 기억해야 될 것은 오늘 교회가 자신은 살았다고 믿으나 죽은 교회가 더 많다는 사실이다. 다시 말해 사데 교회가 많다는 것이다. 그러나 이미 죽었기 때문에 자신이 죽었는지 살았는지조차도 알지 못하고 있는 것이다. 그러나 더 놀라운 사실은 자신은 살았다고 착각하고 있다는 것이다.

명사가 아닌 동사의 삶을 살아야 한다

"너는 일깨워 그 남은바 죽게 된 것을 굳게 하라 내 하나님 앞에 네 행위의 온전한 것을 찾지 못하였노라"(계3:2)고 말씀하셨다.

가장 중요한 것은 내가 살았는지 죽었는지 아는 것이다. 내가 죽은 것임을 알아야 그래야 살아날 수가 있기 때문이다.

야고보서 2:26에는 "영혼 없는 몸이 죽은 것 같이 행함이 없는 믿음은 죽은 것이니라"고 하셨다. 행함이 중요한 것은 살아있다는 증거이기 때문이다. 여기서 우리가 기억해야 할 것은 명사가 아닌 동사다. 동사로 삶이 중요하다. 회개, 순종, 겸손, 기도, 사랑, 보혈, 봉사 등 명사가 아니라, '순종하다 기도하다 사랑하다 감사하다 회개하다 보혈을 마시다' 등의 동사를 기억해야 한다. 이 동사의 삶을 우리가 살아야 하는 것이다.

"캐나다 빈민가에서 태어나 당대의 큰 거부가 된 깁슨 Gibson에게 기자들이 물었다. 어떻게 그렇게 큰 거부가 되었느냐고 물었더니 3가지를 실천했다고 하였다.

첫째는 절대로 술을 마시지 않을 것.

둘째는 수고하는 것을 싫어하지 않고 부지런히 일할 것.

셋째는 하나님을 열심히 믿고 의심하지 않는 것이라고 하였다.

그때 기자가 묻기를 그거야 누구든지 다 아는 사실이 아닙니까 하였더니 깁슨은 아는 것이 중요한 것이 아니라 실천이 중요하다고 하였단다.

그렇다. 명사가 아닌 동사가 중요한 것이다.

우리의 신앙생활도 이런 동사를 통해 살아 움직여야 하는 것이다. 행함이 없는 믿음은 죽은 믿음이다. 살아있는 물고기는 거센 물결과 폭포를 거슬러 올라

가지만, 죽은 고기는 물결을 따라 흘러내려 갈 뿐이다. 이와 같이 우리 속에 생명수인 보혈이 살아 펄펄 뛰며 움직여야 한다.

회개의 삶을 살아야 한다

요한계시록 3:3에서 주님은 "회개하라 만일 일깨지 아니하면 도적 같이 이르리니"라고 말씀하신다. 영이 살기 위해서는 회개해야 한다. 회개Repentance는 하나님께로부터 떠나 있던 사람이 돌아오는 것을 말한다. 헬라어 메타노에오Metanoeo, 생각을 고친다는 뜻이다.

회개란 '돌아서다' 라는 뜻이다. 회개는 3단계 회개가 있다.

(1) 시인과 고백의 회개 Confession and recognition

(2) 눈물, 성령의 감동의 회개 Tears and touch of holy spirit

(3) 보혈로 죄를 씻음. 생명을 얻는 회개 Redemption by holy blood

진정한 회개는 우리의 방향을 전환하여 죄에서 떠나 하나님 품으로 돌아가는 것을 말한다. 그러나 이 세 가지 중에서 가장 중요한 것은 보혈로 우리 죄를 씻는 것이다. 그러므로 성경에서 말씀하는 회개는 보혈로 죄를 씻는 것을 말한다. 그 이유는 보혈이 없이는 그 어떤 죄도 사함이 없기 때문이다. "그 아들 예수의 피가 우리를 모든 죄에서 깨끗하게 하실 것이요"(요일1:7). "그의 피로 말미암아 구속 곧 죄 사함을 받았으니"(엡1:7).

회개하지 아니하면 도둑같이 임하신다고 하셨다. 이 말씀은 결국은 생명의 부활을 얻지 못할 것이라는 말씀이다.

어느 날 미국의 큰 사업을 하는 청년이 무디 Dwight Lyman Moody를 찾아 왔다. 그리고는 "목사님, 저는 십일조에 대하여 고민이 되어 상담하러 왔습니다.

저는 한 달에 500백 불~1000불 수입이 될 때는 꼬박 꼬박 십일조를 드렸습니다. 그런데 수입이 수백 수만 불로 늘어나자 온전한 십일조를 드리지 못했습니다. 어떻게 하면 좋겠습니까?"

이 말을 들은 무디는 청년의 손을 잡고 기도하기 시작했다.

"하나님 아버지, 이 청년이 수입이 적을 때는 십일조를 꼬박꼬박 잘 드렸습니다. 그런데 수입이 많아지면서 온전한 십일조를 드리지 못했습니다. 주여, 이 청년의 사업이 망하게 하여 주시옵소서. 그리하여 주님께 온전한 십일조를 기쁨으로 드릴 수 있게 하옵소서."라고 기도하였다.

기도를 마치자 이 청년은 눈물을 흘리며 회개하였다. "주님, 용서하십시오. 이 모든 축복이 주님의 은혜인 줄 몰랐습니다. 용서하십시오. 주님, 이제 십일조를 온전히 드리겠습니다." 하였다. 그때 무디가 말하기를 "회개는 말이 아니라 행동으로 삶을 사는 것입니다."라고 하였단다. 회개는 후회하고 용서를 비는 것만이 아니라 회개의 삶을 살아야 하는 것이다.

흰 옷을 입은 것은 무엇을 말씀하는가

주님이 사데 교회를 향해 "살았다는 이름은 가졌으나 죽은 자"라고 하신 말씀의 뜻이 무엇일까? 4절에 그 답을 주고 있다. "그러나 사데에 그 옷을 더럽히지 아니한 자 몇 명이 네게 있어 흰 옷을 입고 나와 함께 다니리니"라고 말씀하셨다. 다시 말해 흰 옷을 입은 자가 살아 있다는 것이다. 주님의 눈은 항상 흰 옷 입은 자만을 향하신다는 것이다. "주의 눈은 의인을 향하시고 그의 귀는 저희 부르짖음에 기울이시는도다"(시34:15).

요한 사도는 셀 수 없는 큰 무리가 흰 옷을 입고 있는 것을 보고(계7:9), 이 흰 옷 입은 자들이 누구냐고 주님께 물었다(계7:13~14). 주님은 그들은 큰 환난에서 나오는 자들인데 어린양의 피에 옷을 씻어 희게 한 자들이라고 대답하셨다. 다시 말하면 예수님의 피에 죄를 씻은 자만이 흰 옷을 입는다는 것이다. 놀라운 일이 아닌가? 보혈에 옷을 뺀 자들을 주님은 살아있다고 말씀하시는 것이다. 무엇보다도 놀라운 것은, 주님은 거의 다 죽었다고 하시고 살아있는 자는 극소수라고 말씀하셨다는 것이다. 주님의 눈은 보혈을 보시는 것이지, 우리의 행위를 보시는 것이 아니다. 그러므로 보혈로 죄를 씻었느냐 안 씻었느냐가 생명과 사망의 기준이 되는 것이다.

성경적으로 이 말씀을 기준으로 삼을 때 한국 교회뿐 아니라 세계 교회가 거의 다 죽었다고 하여도 결코 틀린 말은 아닐 것이다. 아무리 많은 일을 하였고, 중직자요, 예수를 믿은 지 오래 되었어도 보혈이 없으면 죽었다는 말씀이다. 그러나 그동안 아무 일을 한 것이 없고 오늘에야 믿었다 할지라도 보혈이 있으면 살았다는 것이 주님의 말씀이다. 그 이유는 보혈이 생명이요, 또한 언약이기 때문이다. 오늘날 현대 교회에서 과연 몇 명이나 보혈을 바로 알고 죄를 씻고 있는지 생각해 보아야 할 것이다.

보혈이 있는 자가 받는 복 Blessings for the people with Holy Spirit

요한계시록 3:4~5 "사데에 그 옷을 더럽히지 아니한 자 몇 명이 네게 있어 흰 옷을 입고 나와 함께 다니리니 그들은 합당한 자인 연고라 이기는 자는 이와 같이 흰 옷을 입을 것이요 내가 그 이름을 생명책에서 반드시 흐리지 아니하고 그 이름을 내 아버지 앞과 그 천사들 앞에서 시인하리라".

놀라운 사실은 주님은 여기 흰 옷을 입은 자가, 다시 말해 보혈이 있는 자가 네게 있다 하셨다. 그 피가 있는 자를 주님께서 '네게 있는 자'라고 말씀하셨다는 것이다.

4절에 "또한 나와 함께 다닐 것"이라는 말씀은 무슨 뜻일까. 성경에서 에녹은 3백 년간 주님과 동행하였다고 하였다(히11:5 참조). 이 말씀은 보혈이 있는 자를 주님이 기뻐하시고 그와 함께 다니신다는 말씀이다.

4절, '그들이 합당한 자인 연고라' 하셨다 여기 합당하다는 말은 보혈이 있는 자가 주님이 보시기에 온전하다는 뜻이며, 그가 참 신앙인이라는 뜻이다.

5절, 흰 옷 입은 자의 이름은 생명책에서 결코 지우지 아니하신다는 말씀이다. 천국에는 누구든지 행위책과 생명책이 있는데, 생명책에 기록된 자만이 구원을 받는다. "누구든지 생명책에 기록되지 못한 자는 불 못에 던지우리라"(계20:15)고 기록되어 있다. 생명책에 기록된 자만이 천국에 들어간다는 뜻이다. 그 이름을 하나님과 천사들 앞에서 시인하리라(계3:4~5)고 하셨다. 그 이름이란 보혈로 옷을 씻어 '흰 옷 입은 자', 다시 말해서 '보혈이 있는 자'라는 뜻이다.

우리는 죽으면 반드시 하나님과 천사들 앞에서 하나님의 심판을 받게 된다. 이때 보혈의 피가 있는 자만 주님이 변호하여 주심을 기억하여야 할 것이다. 이 말씀을 하신 후 6절에서 "귀 있는 자는 성령이 교회들에게 하시는 말씀을 들을지어다" 하시며 경고하셨다.

나는 흰 옷 입었는가

주님은 라오디게아 교회에 보낸 편지에서 "네가 말하기를 나는 부자다 부요하여 부족한 것이 없다 하나 네 곤고한 것과 가련한 것과 가난한 것과 눈 먼 것과 벌거벗은 것을 알지 못하도다"(계3:17)고 말씀하셨다. 이 말씀은 많은 사람들이 영적인 눈을 감았음으로 자신의 영적 상태를 모른다는 것이다. 무엇보다도 자신이 보혈의 흰 옷을 입지 아니한 것을 알지 못한다는 것이다.

예수님은 베드로에게 "나의 하는 것을 네가 알지 못하나 이 후에는 알리라"(요13:7)고 하셨는데, 그럼 어떻게 해야 하는가?

"내가 너를 권하노니 내게서 불로 연단할 금을 사서 부요하게 하고 흰 옷을 사서 입어 벌거벗은 수치를 보이지 않게 하라"(계3:18)고 하셨다. 주님의 권면은 불로 연단할 금을 사라고 하셨는데, 여기서 연단은 환난이요, 금은 믿음을 가리킨다.

큰 환난은 요한계시록 7:14에 보혈을 얻기가 어려움을 가르치며, 믿음은 베드로후서 1:1에 보혈의 믿음을 상징한다. "흰 옷을 사서 입으라". 이 말씀은 믿음으로 보혈을 알고 보혈로 씻으라는 말씀이다.

피로 사서 입으라

그런데 '사서 입으라'는 말씀은 보혈을 믿음으로 사라는 뜻이다. 하나님이 자기 피로 사신 교회(행20:28)라는 말씀은 교회는 예수의 피가 있어야 한다는 것이다. 예수님이 십자가에서 피 흘리셔서 교회를 세우셨고, 피는 생명이니 피가 있어야 교회이기 때문이다. "각 족속과 방언과 백성과 나라 가운데서 사람들을 피로사서 하나님께 드리시고"(계5:9)라고 하셨는데, 이 말씀은 하나님 나라, 천국에 가려면 반드시 보혈이 있어야 한다는 것이다(계3:5참조).

『십자가』라는 책을 저술하신 김응국 목사는 우리가 천국에 들어가려면 보혈을 가지고 가야 천국이 열린다고 하였고, 또한 보혈은 지금도 우리 앞에 강물처럼 흐르고 있다고 하였다. 그러나 보혈은 우리의 믿음의 눈, 영적인 눈으로만 볼 수 있는 것이다.

찬송가에 '피로 샀다'라는 구절이 여러 번 나오는데 여기서 세 장만 소개하려고 한다.

① 280장 1절 '내 주의 나라와 주 계신 성전과 피 흘려 사신 교회를 늘 사랑합니다'

② 313장 2절 '내 임금 예수 내 주여 내 허물은 덮으시고 주 십자가에 흘리신 그 피를 믿는 마음 보사 내 중한 죄를 사하여 참 평안한 맘 주소서', 4절 '내 임금 예수 내 주여 이 마음과 이 천한 몸 그 보배 피로 값 주고 주 친히 사신 것이노니 나 이제 사나 죽으나 주 뜻만 따라 살리라'

③ 395장 4절 '거룩하신 구주여 피로 날 사셨으니 어찌 감사하온지 말로 할 수 없도다. 주의 귀한 형상을 나도 입게 하시고 하늘나라 가서도 사랑하게 하소서'

얼마나 우리에게 감동을 주는 찬양들인가!

보혈과 찬송

예배순서는 말씀과 기도, 찬송과 헌금이요, 은혜 받는 방편은 말씀과 찬송과 기도이다. 찬송은 곡조 있는 기도라고 우리는 흔히 말한다. 찬송 Praise이란 히브리어로 'Yadah 야다'인데, 손을 내민다는 뜻으로 넓은 의미로는 하나님께 영광과 감사를 드린다는 뜻이다. 감사와 영광은 하나님께 마땅히 드려야 하는 것이요(시148:1~10), "호흡이 있는 자마다 여호와를 찬양할지어다"(시150:6)라고 하였다. 구원받은 성도의 신앙의 표현이다.

이사야 43:21 "이 백성을 나를 위하여 지었나니 나의 찬송을 부르게 함이니라".

에베소서 1:6~7 "이는 그의 사랑하시는 자 안에서 우리에게 거저 주시는 바 그의 은혜의 영광을 찬미하게 하려는 것이라 우리가 그리스도 안에서 그의 은혜의 풍성함을 따라 그의 피로 말미암아 구속 곧 죄 사함을 받았으니".

에베소서 1:14 "이는 우리의 기업에 보증이 되사 그 얻으신 것을 구속하시고 그의 영광을 찬미하게 하려 하심이라".

히브리서 13:15 "우리가 예수로 말미암아 항상 찬미의 제사를 하나님께 드리자 이는 그 이름을 증거하는 입술의 열매니라"고 하였다.

우리는 찬송 중에서도 보혈의 찬송을 많이 불러야 한다. 우리나라는 복 받은 민족이다. 특히 한국 교회는 찬송가 640여 곡 중에서 보혈을 찬양하는 곡이 80여 곡이 있다. 간접적으로 보혈을 찬양하는 곡은 약 300여 곡이나 된다. 우리는 보혈 찬송을 많이 불러야 하고, 그 뜻을 깊이 묵상하며 불러야 한다. 그렇게 부르면 보혈이 우리 안에서 살아 움직이게 되는 것이다. 필자가 생각할 때 보혈 찬송을 많이 불러야 하고 그 가사를 생각하고 음미하여 반복적으로 부르면 보혈을 알아가고 보혈신앙을 얻는 데 가장 빠른 방법이다.

보혈을 담고 있는 찬송가 중 몇 곡을 소개하자면 다음과 같다.

찬송가 254장 5절 '그 피가 맘속에 큰 증거 됩니다 내 기도 들으사 다 허락하소서 내가 주께로 지금 가오니 십자가의 보혈로 날 씻어 주소서'. 이 가사의 의미는 내가 보혈로 구원받았으니 지금도 보혈로 내 죄를 씻어달라는 간구이다.

찬송가 257장 4절 '거룩한 천국에 올라 간 후에도 넘치는 은혜의 찬송을 기쁘게 부름은 어린 양 예수의 그 피로 구속함 얻었네'. 보혈이 얼마나 귀하면 천국에 들어가서도 보혈로 구원받은 것을 감사한다고 하였겠는가!

찬송가 258장 5절 '이후에 천국 올라가 더 좋은 노래로 날 구속하신 은혜를 늘 찬송하겠네'.

믿음, 소망, 사랑 이 세 가지는 항상 있을 것인데, 그 중에 제일은 사랑이다. 찬송과 기도와 말씀은 항상 있을 것인데 그 중에 제일은 찬송이다. 기도와 말씀은 땅에서만 필요하지만, 찬송은 천국에서도 영원히 필요하기 때문이다.

기도와 말씀은 우리가 주님께로 받는 것이라면 찬송과 헌금은 구원받고 은혜 받은 성도가 하나님의 은혜를 찬양하여 드리는 것이요 아울러 감사와 사랑의 고백이라 할 수 있다. 그러므로 찬양이 더 중요하다 하겠다.

그러나 한 가지 기억해야 할 것은 보혈의 찬송을 불러야 한다는 것이다. 그 이유는 보혈 찬송은 주님의 기뻐 받으시는 찬송이요, 우리가 보혈로 구원을 받았기 때문이요, 보혈은 또한 주님 자신이요, 능력 받는 길이기 때문이다.

요한계시록의 보혈

요한계시록 Revolution은 성경에 단 한권인 묵시록이다. 성경은 주님의 초림 사역을 중심으로 쓰인 복음서로 시작하여 예수님 재림과 종말을 주제로 한 계시록으로 마감하고 있다.

요한계시록은 신구약을 통하여 흐르는 많은 계시들뿐 아니라 아직도 성취

되어야 할 많은 계시에 대한 결론을 제공해준다. 계시란 말은 '숨은 것을 벗기다, 뚜껑을 열다' 라는 뜻이며 그 종류로는 일반 계시(자연계시)와 특별 계시(구원계시)가 있다. 성경은 특별 계시라고 부른다.

앞에서도 말씀드린 것처럼 신약성경에서 보혈을 제일 많이 기록한 책이 히브리서이고 그 다음이 요한계시록이다. 요한계시록은 보혈의 명칭을 어린양의 피라고 말씀하고 히브리서는 언약이라는 말로 표현했다. 계시록의 기록자는 예수님의 사랑받는 제자이며 예수님 이종사촌 동생이기도 한 요한 사도가 밧모섬에서 하늘의 계시로 환상을 본 것을 기록한 책이다. 이 외에도 요한복음과 요한 1, 2, 3서가 있다.

히브리서 기자는 보혈을 언약이라는 말로 구원에 약속에 초점을 맞추어 기록한 반면 요한은 제물인 어린양에 맞추어 예수님의 보혈을 말씀하고 있다.

요한계시록 5:6에는 24장로들 사이에 어린양이 있는데 일찍 죽음을 당한 것 같다고 하였다. 예수님은 우리의 죄를 위하여 33세의 젊은 나이에 속죄 제물이 되셨다.

구약에서 제물을 드릴 때는 대체로 1년 된 어린양이나 송아지, 염소 등을 제물로 삼았으며 흠이 없는 수컷을 사용하였다. 이는 예수 그리스도를 상징하고 있다.

"24장로들이 어린양 앞에 엎드려 거문고 외향이 가득한 금대접을 가졌으니 이 향은 성도들의 기도라"(계5:8). 이 말씀은 우리의 기도를 천사를 파송하여 응답하여 주실 것을 말씀하고 있다.

요한계시록 5:9에 나오는 "일찍 죽임을 당하사 사람들이 피로 사서 하나님께 드리고"라는 구절은 예수님의 피를 믿음으로 죄를 씻어 구원을 받는다는 것이다.

사도행전 20:28에서 바울은 에베소 교회 장로들에게 마지막으로 한 밀레도의 고별 설교에서 "피로 사신 교회를 치게 하셨으니"라고 하였다.

교회는 반드시 예수의 피가 있어야 한다. 다시 말해 성도에게는 예수님의 피가 있어야 한다. 보혈 신학자 앤드류 머레이 Andrew Murray는 요한계시록 5:9를 강해하기를 우리가 천국에 들어가려면 예수 피를 가져가야 천국 문이 열린다고 하였다. 그렇다. 예수 피만이 우리 죄인을 의인되게 하여 천국으로 인도할 수 있다.

찬송가 259장 1절 '예수 십자가에 흘린 피로써 그대는 씻기어 있는가 더러운 죄 희게 하는 능력을 그대는 참의지 하는가 예수의 보혈로 그대는 씻기어 있는가 여러 가지 죄악을 깨끗이 씻기어 있는가' 라며 묻고 있다. 요한계시록 7:9에 보니 "아무도 능히 셀 수 없는 큰 무리가 나와 흰 옷을 입고 손에 종려가지를 들고 보좌 앞과 어린 양 앞에 서서"라고 하였다. 이는 모든 사람이 흰 옷을 입어야만 천국에 갈 수 있음을 보여준다.

또 요한계시록 7:13에는 장로 중 하나가 응답하여 흰 옷을 입은 자들이 누구며 어디서 왔느냐 묻는 장면이 나온다.

그리고 7:14에는 요한 사도가 주님께 묻는 내용이 있다. 여기 흰 옷 입은 자가 누구냐 물으니 주님의 대답이 큰 환난에서 나오는 자들인데 어린 양의 피에 옷을 씻어 희게 한 자라고 하였다.

이 말씀을 묵상해보자. '큰 환난에서 나오는 자' 앞에서도 언급했지만 큰 환난을 통과한 사람만이 보혈의 진리를 알 수 있다는 뜻이요, 또한 보혈의 신앙은 얻기가 어렵다는 뜻이다. 하나님은 모세를 40년 간 환난을 통과하게 한 후 보혈을 가르쳐 주셨다. 신약의 베드로도 알지 못했다.

필자가 한 번은 기도하다가 주님의 음성을 들었다. '사랑하는 종아, 성경이 무엇을 말하는지 아느냐?' 라고 물으셨다. 필자가 말하였다. '주여 무엇을 말합니까?'

한마디로 사도행전 14:22절과 신명기 28:2 절이니라 하신 것이 아닌가. 이 말씀이 무슨 말씀일까 한참을 생각하는데 지혜가 왔다. 14+22+28+2=는 66이니 성경 66권이요 사도행전은 신약이요 신명기는 구약이니 신구약 성경이구나. 그 뜻은 축복과 구원을 말하는데 축복과 구원을 받기 위해서는 큰 환난을 거치며 순종하여야 받는다는 말씀이었던 것이다. 사도행전 14:22에는 우리가 하나님의 나라에 들어가려면 많은 환난을 받아야 할 것이라고 말씀하고 있다. 이 말씀을 생각하는데 깜짝 놀랐다. 요한계시록 7:14에는 큰 환난을 통해서 보혈을 받는다고 하였다. 큰 환난이나 많은 환난은 같은 말이다. 보혈을 받는 것은 환난이지만 보혈을 통해 구원 받는다는 말씀이요 말씀을 순종하여 복을 받는다(신명기 28:2)는 말씀인 줄을 주님이 깨닫게 하셨다.

마태복음 22:12이다. 임금이 잔치 연회장에 예복을 입지 않은 사람을 발견하고 13절, 사환에게 말하여 바깥 어두운 데 내어 던지라 거기서 슬피 울며 이를 갊이 있으리라고 하였다. 여기서 임금은 예수님을, 잔치는 천국을, 예복 입은 자는 보혈의 피에 옷을 씻은 흰 옷 입은 성도를 말하며 예복을 입지 않은 자는 흰 옷을 입지 않는 자를 말하는데 그들은 지옥에 떨어 질 것을 말씀하고 있다.

마태복음 22:14에는 청함을 받은 자는 많되 택함을 입은 자는 적으니라고 하였다. 다시 말해 보혈의 옷을 입은 자는 적고 보혈 옷을 입지 않는 자는 많다는 뜻이다.

찬송가 252장에 '나의 죄를 씻기는 예수 피 밖에 없네' 라고 하였다.

이 찬송가의 가사 내용의 말씀은 예수의 피 외에는 어떤 것으로도 우리 죄를 씻을 수 없다는 말씀이다. 이 말씀은 찬송가의 내용인 동시에 성경의 가르침이다. 우리 죄를 씻는 길은 오직 예수 피, 즉 한 가지 방법밖에는 없다는 사실이다.

요한계시록 12:10에 보면 하늘에서 음성이 들렸다고 하였다. 그 음성은 밤낮 참소하던 사탄이 쫓겨났는데 11절에 어린양의 피와 증거하는 말을 인하여 저를 이기었다고 하였다. 사탄의 권세에 승리하는 길은 예수 피밖에 없다는 말씀이다. 찬송가 268장 후렴에도 '주의 보혈 능력 있도다 주의 피 믿으오 주의 보혈 그 어린양의 매우 귀중한 피로다' 고 하였다.

찬송가 443장 4절은 '예수 보배로운 피 모든 것을 이기니' 라고 노래한다. 이 찬송을 부르며 감격하였다. 예수님의 피는 우리 죄도 씻고 병도 낫게 하고 모든 것에서 승리한다고 노래하고 있다. 요한계시록 14:3에는 속량함을 받은 십사만 사천 인밖에는 능히 이 노래를 배울 자가 없다고 하였다. 십사만 사천 인이 누구냐 보혈의 피에 옷을 빤 자들인 것이다.

보혈은 보배이다

성경은 보혈의 책이다. 다시 말해 보혈에 관한 말씀이란 것이다. 그러나 보혈에 대해 직접 언급한 말은 그리 많지 않다. 그러나 구원, 구속, 죄 사함, 십자가, 회개, 기도, 은혜, 능력 등을 보혈로 보아야 하고 보혈로 보는 지혜가 있기를 원한다.

로마서 8:32은 자기 아들을 아끼지 아니하시고 우리 모든 이에게 주신 이가 아들과 함께 모든 것을 주시지 않겠느냐고 말하고 있다.

이 말씀에는 깊은 뜻이 있다. 아들도 주셨는데 무엇을 못주겠느냐는 뜻이다. 다시 말해 보혈도 주셨는데 무엇을 못 주겠냐는 뜻이다. 주님은 우리 위해 피를 다 쏟아 주시고 죽으셨다. 그래서 아들을 아낌없이 주셨다고 하신 것이다. 보혈도 주셨는데 무엇을 더 못주겠느냐는 뜻은 보혈은 이 세상 모든 것보다 더 귀하다는 뜻이다.

그 이유는 보혈을 주시기 위하여 주님이 죽으셨고 보혈은 또한 주님이 죽으시면서 주신 것이요 보혈은 주님의 참 생명인 것이다. 또한 보혈의 가치는 값으로 측량할 수 없다는 뜻이다. 이 세상 모든 것은 이 세상을 살아갈 때 필요하지만 보혈은 이 세상에서도, 천국에 가는 길에서도 반드시 필요하기 때문이다.

베드로전서 1:18~19에는 우리를 구속한 것은 세상에 은이나 금이 아니라 보배로운 피로 된다고 하므로 보혈을 보배로 말하였다.

보배란 ①숨어있다. ②귀한 것이며 존귀하다. ③값어치가 있다. 비싸다. 보화란 뜻이다. 마태복음 13:44의 말씀처럼 천국은 마치 밭에 감추인 보화와 같다고 하였다.

원어 보배라는 단어는

오차로 O-char : 보물

베체로 Bechar : 금은 광석

마몬드 mar-men : 숨겨진 보석

헬라어 티미오스 timios : 측량할 수 없는 비싼

엔티 무스 Entimou : 높은 지위, 명예의 뜻이다.

왜 보혈이 보배인가

요한복음 6장은 보혈을 생명 구원으로 묘사하고 있다. '진실로 진실로' 라는 말이 네 번, 생명 구원이라는 말이 열아홉 번이나 거듭해서 나온다. 생명보다 더 귀한 것이 무엇이 있겠는가. 이 세상을 다 준다 해도 내 생명 잃는다면 무슨 소용이 있겠는가. 세상과 생명을 바꿀 수 있겠는가.

요한일서 1:7에 "그 아들 예수의 피가 우리를 모든 죄에서 깨끗하게 하실 것이요"라고 하였다. 예수의 피만이 우리를 모든 죄에서 깨끗하게 하기 때문에 예수 피만이 보배이다.

에베소서 1:7에는 "그의 은혜의 풍성을 따라 그의 피로 말미암아 속량 곧 죄 사함을 받았다"고 하였다.

바울은 에베소서 2:11에서 그러므로 생각하라 하였다. 바울은 예수의 피를 알지 못할 때와 예수 피를 내 것으로 받을 때의 모습을 다음과 같이 말하였다.

예수 피를 알지 못할 때 우리 모습

에베소서 2:12

①그리스도 밖에 있었고 → 예수 없는 상태 (요6:55)

②이스라엘 밖에 → 이방인이라는 뜻

③약속에 외인 → 주권은 외래인 구원이 없다는 뜻이다. 새 언약—예수의 피,

옛 언약–짐승의 피이다.

④세상에는 소망이 없고 → 소망이 예수이므로 세상에는 구원이 없다는 뜻이다.

⑤하나님 없던 자이더니 → 가인도 창세기 4:11에서 나를 지면에 쫓아 내시오니 주님을 뵈옵지 못하리니 하였다.

보혈이 없으면 5가지는 한 마디로 구원도 예수도 이 모든 것이 없다는 뜻이다. 바꾸어서 말해서 보혈이 있으면 이 5가지가 다 있게 된다. 부정적 면에서 없던 것이 긍정적으로 있는 것으로 바뀌게 된다.

그러나 에베소서 2:13에 "이제는 전에 멀리 있던 너희가 그리스도 예수 안에서 그리스도의 피로 가까워졌느니라"고 하였다. 12절에 없던 5가지를 13절에서는 이제는 그리스도의 피로 모두 가지게 되었다는 뜻이다. 그리스도 예수의 피가 멀리 있던 우리를 가깝게 하였다. 하나님께로 우리를 가까이 하는 것이 보혈인 것이다.

시편 34:15 여호와의 눈은 의인을 향하시고 그의 귀는 부르짖음에 귀 기울이신다고 하였다. 또 시편 73:28에서는 하나님을 가까이 함이 복이라고 하였다. 그 복을 보혈을 가진 자에게 주신다는 것이다. 할렐루야!

필자는 고향 경북 청송에 2,000평의 땅과 집이 있다. 부모님이 남긴 유산이다. 그러나 그 값은 미미하다. 평당 3만~5만정도이니 주택을 포함하여 1억 원 정도이다. 그것도 5남매 것이니 한 사람당 2000만 원 정도이다. 그러나 그 땅과 집이 만일 서울이나 경기도에 있다면 재벌 수준이다. 경기도는 전국적으로 서울을 제외하고는 땅 값이 가장 비싸다. 그 이유는 간단하다. 서울이 가깝기 때문이다. 반대로 필자의 고향 청송은 서울에서 많이 떨어져 있기 때문에 땅값이 싼 것이다.

　이와 같이 성경 속의 진리요 비밀이요 보배인 보혈만이 이 세상에 어느 것보다 더 귀한 보배요 주님의 축복인 것이다. 그렇다면 보혈을 소유하자. 그러면 하나님과 가까워질 수 있고 그 결과로 주님의 모든 것이 우리의 것이 될 수 있다.

이것을 알고 행하면 복이 있으리라

요한복음 13:1~17

　예수님은 죽으시기 며칠 전 열두 제자를 불러 놓고 천국의 진리와 비밀을 가르쳐 주셨다. 그러나 천국의 말씀은 진리요 비밀이기에 비유로 말씀하셨다. 예수님은 물을 떠서 발을 씻기시고 수건으로 닦아 주셨다. 이것은 우리의 행위 죄를 주님이 씻어 주실 것과 또한 누구든지 보혈로 죄를 씻어야 할 것을 암시한다.

　여기서 발은 우리 행위를 가리키며 대야에 담긴 물은 며칠 후에 흘리실 보혈을 상징한다. 주님은 17절에서 이것을 알고 행하면 복이 있다고 하셨다. 이 말씀은 보혈이 참복임을 말씀하신 것이다. 그러나 보혈이라고 하시지 않는 이유는 보혈은 계시요 비밀이므로 숨어있고 진리요 보화이기 때문에 직접 말씀하지 아니하신다. 주님이 말씀하신 복은 반드시 구원이 포함되며 영적인 것이기에 우리의 생각과 눈에는 복이 아니라고 생각될 수도 있다.

　우리가 기억할 것은 주님이 복이라면 복이요 주님이 복이 아니라고 한다면 그것은 복이라 할 수가 없다는 것이다. 주님은 복을 영적인 면으로 말씀하고 있으며, 그렇다면 복은 구원인데 구원은 보혈을 지나야 얻을 수 있으므로 결국 보혈이 복이라고 하신 것이다.

그래서 주님은 17절에 이것을 알고 행하면 복이 있다고 하셨다.

마태복음 5:1~12까지의 산상수훈에서 말씀하신 팔복을 생각해 보자. 믿음의 눈으로, 또 영적인 눈으로 보지 않으면 복이 아닌 것이다.

많은 사람들은 본문을 주님의 겸손, 봉사, 사랑으로 비유한다. 물론 그 말씀도 일리는 있다. 그러나 본문이 주는 교훈은 보혈을 상징하는 것임을 잊어서는 안 될 것이다.

부산에 사시는 어느 권사님과 대화를 한 적이 있다.

"심 목사님, 이번에 부임하신 우리 교회 담임 목사님은 참 사랑이 많아요." 하시는 것이 아닌가 그래서 필자가 물어보았다. "어떻게 사랑이 많은데요?"

권사님은 목사님을 자랑하기 시작했다. "우리 목사님이 우리 교회 장년 교인 300명을 목사님 혼자 다 발을 씻기고 사모님이 발을 닦아 세족식을 했어요."

그 권사님은 세족식을 사랑으로 본 것이다. 물론 발을 씻기는 것이 안 씻기는 것보다는 사랑일지도 모른다. 그러나 그 권사님이나 목사님도 모두가 주님의 보혈을 제대로 이해하지 못한 상태에서 한 말이라 하지 않을 수 없다.

필자는 생각했다. 발 씻어 준다고 그게 사랑인가. 목욕탕에 가서 2만 원만 주면 온 몸에 때도 다 씻어 주는데, 아니 중국에 가면 오천 원만 줘도 한 시간 동안 온 몸을 다 씻어주고 안마도 다 해주는데.

많은 사람들은 착각을 하고 있다. 세족식의 참다운 의미를 이것이 발 씻음의 의미라면 8절에 "내가 너를 씻기지 않으면 너와 나는 상관이 없다" 하신 말씀은 무엇을 뜻하겠는가.

발 씻음의 참다운 뜻

요한복음 13:1에는 유월절은 모세 시대 애굽에 사는 이스라엘 백성을 보혈로 구출하여 광야로 인도하신 사건을 말씀하고 있다.

"세상을 떠나 아버지께로 가실 때가 이른 줄 아시고". 이 말씀은 예수님은 본래 하나님이시다. 그러나 우리 죄를 구속하시려고 보혈을 흘리시기 위해 이 땅에 내려오신 이후 33년 동안 인간이 되시고 이제 피를 다 쏟아 주시고 다시 원래 자리 하나님의 자리로 승귀하신다는 뜻이다(요19:30).

3절에도 "하나님께로부터 오셨다가 하나님께로 돌아가실 것을 아시고"라고 하시며 그 말씀을 다시 확인하여 주셨다.

1절의 "자기 사람을 사랑하시되 끝까지 사랑하시느니라" 이 말씀은 모든 사람에게 다 피를 주시는 것이 아니라 선택된 자기 사람에게만 피를 주신다는 뜻이요, 이것이 주님의 사랑이라는 뜻이다(마22:14 참조).

요한복음 13:4~5에 발 씻는 사건이 나온다. 주님이 대야에 물을 떠서 제자들의 더러운 발을 씻기시고 수건으로 닦으심으로 구속사역을 직접 보여 주시며 우리에게 교훈하셨다. 이 말씀은 인류의 모든 죄를 예수님의 보혈로 씻어야 함을 가리킨다.

6절에 이제 주님이 시몬 베드로의 발을 씻으려 하니 베드로가 주님께 물었다. 내 발을 씻으시나이까? 베드로의 물음은 예수님의 참 의미 보혈의 진리를 알지 못하여 자기 생각만 하고 말하는 것이다. 오늘날 많은 사람도 자기 생각으로 보혈을 이해하고 생각하고 있다.

필자가 경남 어느 지역에서 <목회자 보혈세미나>를 인도한 일이 있다. 그 때 어느 목사님이 강단에 올라가려는 필자에게 물었다.

목사님 "이미 우리는 예수 피로 씻어 구원 받았는데 무슨 피가 또 필요합니까?"

그런데 2시간 보혈강의가 끝난 후에 그 목사님이 필자에게 또 찾아왔다.

"목사님, 죄송합니다. 조금 전에 한 말 용서해 주십시오. 보혈이 그렇게 귀한 줄 오늘에야 알았습니다."

정말 많은 사람들이 보혈의 참의미에 대해서 잘 알지 못한다는 것을 확인할 수 있었다.

필자가 강원도 철원에서 <보혈 부흥성회>를 인도하는데 목사 안수를 받은 지가 50년이나 되신 목사님이 참석하셨다. 그 목사님은 말씀을 마친 필자에게 말씀하시기를 목사 된 지 50년이 넘어도 처음 들어보는 복음 중의 참 복음을 들었다며 필자에게 고개 숙여 인사하셨던 일이 생각난다.

요한복음 8:32에 주님은 진리를 알지니 진리가 너희를 자유케 하리라고 하셨다. 그들은 요한복음 8:33에서 우리가 남의 종이 된 일이 없거늘 어찌 자유하리라 하느냐고 말하면서 주님이 하시는 말씀의 의미를 알지 못했다. 요한복음 8:46에는 "내가 진리를 말하였는데 어찌하여 나를 믿지 아니하였느냐"고 했고 47절에 "하나님께 속한 자는 하나님의 말씀을 듣나니 너희가 듣지 아니함은 하나님께 속하지 아니하였기" 때문이라고 하셨다.

요한복음 9:39에서 주님은 유대인 지도자를 향해 맹인이라고 하셨다. 그들은 주님께 우리가 맹인이냐 물을 때 요한복음 9:41에서 예수님은 "너희가 맹인이 되었다면 죄가 없거니와 본다고 하니 너희 죄가 그대로 있느니라"고 하셨다. 우리가 알아야 할 것은 보혈을 모른다고 시인하면 간단하지만 다 받았다거나 다 안다고 하니 문제가 큰 것이라 할 수 있다.

베드로의 질문을 들은 주님은 요한복음 13:7에서 지금은 알지 못하나 이후에는 알 것이라고 하셨다. 결국 베드로는 보혈을 모르고 있었다는 말이다. 베드로뿐 아니라 예수님 당시 모든 사람, 심지어 예수님 어머니 마리아도 알지 못하였다. 어느 누구도 십자가 보혈과 주님의 부활을 알지 못하였다. 진리는 비밀이라는 그릇 속에 숨겨져 있는 것이다. 그러므로 겸손하게 솔직히 모른다고 인정하여야 한다. 그러면 베드로처럼 나중에는 알게 될 것이다.

베드로전서 5:5 "그러므로 교만한 자를 대적하시되 겸손한 자에게 은혜를 베푸신다"고 하셨다.

요한복음 6장은 보혈장이다. 주님은 보혈을 말씀하였으나 66절에 보면 그때 제자 중에 많은 사람이 떠나고 다시는 그와 함께 다니지 않게 되었다는 것을 알 수 있다.

왜 주님 곁을 떠났을까. 당연히 그들은 보혈의 진리를 알지 못하였기 때문이다. 보혈이 진리임을 아는 순간 바늘구멍보다 더 들어가기가 어려운 천국 문이 기적적으로 열릴 것이다. 누가복음 18:34에 보면 "제자들이 이것을 하나도 알지 못하였으니 그 말씀이 감추었기 때문"이라고 기록하고 있다.

출애굽 시대에도 하나님께서 모세와 아론에게 보혈의 진리를 말씀해 주셨다(출12:1). 이와 같이 보혈을 아는 사람이 많지 않음을 알아야 한다.

요한복음 13:8 베드로의 대답이 내 발을 절대로 씻기지 못하리이다 하였다. 이 말은 윗 절 7절에 "지금은 알지 못하나" 하셨던 예수님의 예언이 사실임을 보여주는 증거이다.

베드로의 말에 주님은 8절 내가 너를 씻기지 않으면 너와 나는 상관이 없다고 하셨다. "내가 너를 씻기지 않으면" 이 말의 의미는 우리는 모두 다 예수 피로 씻음을 받아야 한다는 것이다. 보혈은 주님이 우리를 직접 씻겨 주신다는 것이다. 만일 보혈로 씻기지 않으면 상관이 없으니 그 결과는 지옥에 가게 되는 것이다(요6:53 참조).

한 번 생각해 보자. 이것이 물로 육적인 발을 씻는 것이라면 발 한 번 안 씻는다고 상관이 없겠는가? 또 베드로가 누구인가? 그 당시 지구상에 가장 믿음이 좋은 주님의 수제자가 아닌가. 베드로도 보혈이 없으면 상관이 없는데 우리는 어떻게 되겠는가 생각해보자. 주님은 지금도 당신의 백성을 주님의 피로 씻어 천국으로 인도하시는 것이다(계5:9참조).

찬송가 254장 4절을 보면 '그 피가 맘속에 큰 증거 됩니다. 내 기도 소리 들으사 다 허락 하소서 내가 주께로 지금 가오니 십자가의 보혈로 날 씻어 주소서' 라고 하였다.

놀라운 사실은 예수님의 피로 씻어달라고 기도하면 주님이 씻어 주신다는 것이다. 반대로 씻지 말라면 안 씻어 주시고 또한 주님과는 상관이 없는 자가 된다는 것이다. 내가 너를 씻기지 않으면 너와 나는 상관이 없다고 주님이 말씀하시자 시몬 베드로가 내 손과 머리도 씻어 달라고(요13:9) 하였다.

로마서 10:17 믿음은 들음에서 나고 들음은 그리스도의 말씀으로 말미암는다고 하였다.

감사할 것은 우리가 알고 보혈을 전하면 저들은 듣게 되고 들으면 그들이 믿게 되고 믿으면 행하게 되므로 복을 받게 되는 것이다.

본문 8절에 베드로의 대답은 육적으로 자기 생각을 말한 것이다. 제자가 선생님의 발을 씻겨 주어야지 선생님이 우리 발을 씻을 수 없다는 것이 그의 생각이었다. 그러나 베드로는 주님의 말씀을 듣자 자기의 생각을 버리고 주님의 말씀에 순종하여 발뿐만 아니라 온몸도 씻어달라고 한 것이다. 모두 씻겨 달라는 베드로 고백처럼 우리도 보혈로 우리 죄를 씻어 달라고 하여야 한다.

예수님의 보혈 주신 이유

물론 보혈은 우리가 죄를 씻어 구원 받게 하는 데 목적이 있다. 그러나 보혈은 예수님이 십자가에서 죽으시며 보혈을 흘려주셔서 원죄로부터 해방시켜 우리를 죄와 저주에서 건져 내신 것이다. 그리고 보혈로 행위 죄(자범죄)를 씻어 구원을 받게 하는 것이 주님의 뜻인 동시에 모든 사람에게도 이 비밀의 보혈의 진리를 전수하라는 뜻이 숨어있다.

"내가 행한 것을 너희가 아느냐"(요13:12)라고 물으셨다.

다시 말해 너희는 보혈의 참된 의미를 아느냐 물으시고 13~14절에 "나를 선생이나 주라하는 말이 옳도다 내가 주와 선생이 되어 너희 발을 씻겼으니 너희도 서로 발을 씻겨 주는 것이 옳으니라"고 하셨다.

우리도 발을 씻겨 주라는 말은 죄를 씻어 주라는 뜻으로 보혈의 피의 진리를 가르쳐 주어 보혈을 뿌리라는 뜻이다.

요한복음 20:19~23은 부활하신 예수님이 제자들을 찾아오셔서 부활 후 첫 번째 하신 말씀이다. 요한복음 20:21에는 "너희에게 평강이 있을지어다"라고 하시고 22절에는 "성령을 받으라"고 하셨다. 이 말씀은 성령을 받아야 복음을 전파하게 될 것을 말씀하시는 동시에 성령의 시대가 도래될 것임을 말씀하신 것이다.

"너희가 뉘 죄든지 사하면 사하여 주실 것이요 그대로 두면 그대로 있으리라"(요20:23)고 하셨다.

필자가 총신대학원 다닐 때 이 구절을 난해 구절이라고 배웠다. 해석할 수 없는 구절이란 뜻이다. 그 이유는 어찌하여 인간이 죄를 사하느냐는 말이다. 그러나 보혈을 알고 나니 쉽게 풀리는 것이다.

요한복음 13:14 "내가 주와 선생이 되어 너희 발을 씻겼으니 너희도 서로 발을 씻겨 주는 것이 옳으니라"고 하셨다. 이 말씀은 주님이 우리에게 보혈로 죄를 씻어 주신 것처럼 우리도 보혈의 진리를 전하여 저들도 보혈로 죄를 씻도록 하여야 한다는 뜻이다.

다시 말해 죄를 씻는 길은 보혈밖에 없다는 말이다. 그러므로 모든 사람에게 보혈의 진리를 가르쳐 그들도 보혈로 죄를 씻어 주라는 뜻이다. 그러기 위해서는 보혈을 알아야 하고 성령과 보혈이 함께하여야 한다는 것이다.

요한복음 13:15에는 내가 행한 것 같이 너희도 행하게 하기 위해서 본을 보여주셨다고 하셨다.

베드로전서 1:2에는 예수 피를 뿌리기 위해 선택된 우리라고 하였다. 우리가 보혈의 복음을 전하기 위하여 우리를 선택하셨고 가르쳐 주셨음을 명심하여야겠다.

본문 17절에 너희가 이것을 알고 행하면 복이 있으리라고 하셨다. 다시 말해 우리가 보혈을 알고 보혈을 믿고 불러 보혈로 죄를 씻으면 우리는 의인이 되고, 또한 천국의 복과 구원을 받는다는 것임을 명심하여야겠다.

주님의 사역과 보혈

마16:21~25

예수님은 가이사랴 빌립보 지방에서 베드로의 신앙고백을 들으신 후 크게 칭찬하셨다. 그 내용은 "주는 그리스도시요 살아계신 하나님의 아들"이라는 고백이었다. 주님은 이 고백이 성령께서 하신 것이라고 하셨고(마16:17), 천국의 열쇠를 베드로에게 주신다고 하셨다(마16:18).

마태복음 16:21~25를 보면 주님이 이 땅에 오신 목적을 말씀하셨다.

21~23절에는 예루살렘에서 대제사장과 서기관들에게 많은 고난을 받고 죽임을 당하시고 살아나실 것을 말씀하셨다. 이 말씀은 주님의 사역 십자가와 부활이다. 이는 곧 천국의 복음인 것이다. 그런데 여기 많은 고난은 십자가의 죽음을 의미하는 것으로 이는 십자가에서 피 흘리실 것을 말씀하신 것이다. 21절의 "이때로부터"란 말이 중요하다. 주님은 십자가 보혈과 부활의 진리를 당신이 승천할 때가 다 되어서야 증거하신 것이다. 왜 그럴까? 이유는 사탄이 방해할 것을 아셨기 때문이다. 그런데 놀라운 것은 사도들이 어느 누구도 이 진리인 십자가 보혈과 부활을 알지 못했다는 것이다.

마태복음 16:22에 베드로가 항변하며 "주여 그리 마옵소서 이 일이 결코 주께 미치지 아니하리다"고 한 것에서 알 수 있다. 쉽게 말해서 베드로는 주께 죽지 마시라고 한 것이다. 물론 베드로는 예수님을 위해서 한 말이다. 하지만 베드로는 진리를 몰랐고 주님이 왜 죽으셔야 하는지 보혈과 언약 구속 사역을 알지 못하였다. 다시 말해 사탄에 매여 말한 것이다.

23절 이 말씀을 들으시고 주님은 즉시로 "사탄아 내 뒤로 물러가라 너는 나를 넘어지게 하는 자로다 너는 하나님의 일들은 생각하지 아니하고 도리어 사람의 일을 생각하는도다"고 하셨다.

주님의 이 말씀은 베드로는 사탄에게 생각이 잡혀 사탄의 생각을 말하고 있다는 것이다. 그러면서 "사탄아 내 뒤로 물러가라" 하셨다(마16:23).

누구든지 인간은 모두 다 사탄에 매여 있고 사탄은 언제든지 육신의 생각을 할 때이든지 죄를 지으면 우리 속에 들어와 역사한다. 주님은 요한복음 8:32에서 진리를 알지니 진리가 너희를 자유케 하리라고 하였다. 이 말씀은 그들은 진리(보혈)를 몰랐고 또한 자신들이 사탄에 매여 자유할 수 없는 처지임을 몰랐다는 것이다. 마가복음 16:15~19에도 믿는 자의 권세에 대하여 말씀하시며 너희가 귀신을 쫓아내고 모든 병을 고치라고 말씀하셨고 마태복음 10:1에도 귀신을 쫓아내고 모든 병과 약한 것을 고치는 권능을 주셨다고 하였다. 그런데 이 사탄은 우리 속에 들어와서 자리 잡고 자기 뜻대로 끌고 가려는 것을 사명으로 삼고 있는 자들이다.

마태복음 16:16에 있는 베드로의 고백은 분명히 성령이 베드로에게 고백하게 하셨다. 그런데 보혈증거 앞에서는 사탄에게 생각을 빼앗겼다. 사탄은 우리의 생각 속에 역사한다.

요한복음 13:2에는 마귀가 벌써 시몬의 아들 가룟 유다의 마음속에 들어가서 예수를 팔려는 생각을 넣었다고 하였다. 호사다마 好事多魔라는 말처럼 좋은 일에는 항상 사탄이 역사하는 것이다.

누가복음 22:31~32 주님은 시몬아 시몬아 사탄이 밀 까부르듯이 너를 청구하였으나 너의 믿음이 떨어지지 않기를 기도하였다고 하셨다. 사탄이 우리 속에 밀 까부르듯이 계속해서 역사하는 것은 우리의 믿음을 빼앗아서 지옥에 끌어가기 위해서임을 알아야 할 것이다.

로마서 8:6 육신의 생각은 사망이요 영의 생각은 생명과 평안이니라.

로마서 8:7 육신의 생각은 하나님과 원수가 되나니 이는 하나님의 법에 굴복하시 아니할 뿐 아니라 할 수도 없다고 하셨다.

우리가 기억할 것은 보혈과 성령은 함께 역사하지만 사탄이 밀 까부르듯이 또한 우는 사자처럼 역사하여 우리의 믿음을 빼앗아 육의 사람으로 만들려는 역사가 계속됨을 잊지 말아야 할 것이요 사탄도 성령처럼 우리의 생각 속에 역사함을 알아야 할 것이다.

너도 이와 같이 하라

누가복음 10:25~37

본문의 내용은 어떤 율법사가 예수님을 시험하여 무엇을 하여야 영생을 얻 겠느냐는 질문에 대한 주님의 대답과 더불어 비유로 말씀하신 내용이다. 주님 은 비유를 다 마치신 후 37절에서 너도 이와 같이 하라 하셨다. 그럼 무엇을 이 와 같이 해야 한다는 것인지.

주님은 영생 문제를 묻는 율법사에게 누가복음 10:27 마음을 다하며 목숨을 다하며 힘을 다하고 뜻을 다하여 주 너의 하나님을 사랑하고 또한 네 이웃을 네 몸과 같이 사랑하라고 하셨다.

물론 율법에 무엇이라 기록되어 있느냐 물으신 후 그의 대답을 들으시고 주 님은 이를 행하라 그리하면 살리라 하셨다. 다시 말해 이웃을 내 몸 같이 사랑 해야 영생을 얻는 길임을 주님은 본문을 통해 말씀하셨다. 그 말씀을 하신 후

이웃을 사랑하는 것이 무엇인지, 즉 다른 말로 영생을 얻는 길이 어떤 길이지를 비유로 가르쳐 주셨다.

신앙을 떠나지 말아야 한다

누가복음 10:30~37의 내용이다. 30절에 어떤 사람이 예루살렘에서 여리고로 내려가다가 강도를 만나 거반 죽게 되었다고 하였다. 예루살렘은 교회, 또한 예수님을 상징한다. 예루살렘은 이스라엘의 수도이다. 그 당시에 성전은 예루살렘에만 있었다. 그러므로 사도행전 1:4에서 예루살렘을 떠나지 말라고 하셨다. 다니엘도 예루살렘을 향하여 문을 열어 놓고 하루에 세 번이나 기도하였던 것이다. 그 이유가 무엇일까 예루살렘은 주님을 가리키며 또한 신앙을 가리키는 것이다. 그런데 여기 강도 만난 사람은 예루살렘에서 여리고로 내려갔다고 하였다. 여리고는 세상을 상징한다. 우리는 여리고에서 예루살렘으로 올라가야 하는데 이 사람은 예루살렘에서 오히려 여리고 내려갔다고 하였다. 곧 이것이 나의 모습 교회의 모습이 아닐까. 생명인 예수와 교회를 떠난 결과 강도를 만난 것이다. 강도는 사탄을 상징한다. 주님 곁을 떠나면 우리에게는 사탄이 찾아오는 것임을 알아야 할 것이다 그런데 강도가 노린 것은 그의 생명과 옷이다. 그 옷을 벗기고 거반 죽게 때렸다는 것이다. 옷은 예수님의 믿음의 옷인 보혈의 옷이다. 로마서 13:14에는 "주 예수 그리스도로 옷 입고"하였다. 그런데 사탄은 우리의 생명을 노리고 죽이려고 하지만 죽이지는 못했다. 그 이유는 생명의 주인은 주님이기 때문이다.

요한일서 3:8 "죄를 짓는 자는 마귀에게 속하나니 마귀는 처음부터 범죄함이라 아들이 나타남은 마귀의 일을 멸하려 함이라" 하였다.

마가복음 9:22 "예수님이 아이 아비에게 물으니 귀신이 그를 죽이려고 불과 물에 자주 던졌나이다"라고 하였다.

마가복음 9:25 "예수님이 꾸짖으시며 이르시되 말 못하고 벙어리 된 귀신아 그 아이에게 나오고 다시는 들어가지 말라" 하시고 그를 살려주셨다. 마귀는 우리를 죽이려고 하지만 주님은 우리를 살리려고 하신 것을 알 수 있다.

누구를 만나야 하나

누가복음 12:6 "참새 한 마리도 잊어버리는바 되지 아니하는도다"라고 하셨다. 주님은 참새 한 마리도 주님 허락 없이는 죽지 아니한다고 말씀하셨다. 누가복음 10:31에 보면 마침 제사장이 그길로 내려가다가 그를 보고 지나가고 32절, 레위인도 강도 만난 자를 보고 그냥 지나갔다. 이는 율법이 우리를 사탄에 매여 죽어가는 자를 살릴 수 없고, 또한 직분자가 우리를 구원할 수 없음을 보여준다. 그런데 33절, 선한 사마리아인이 왔다. 선한 사마리아인은 예수님을 상징한다.

그는 불쌍히 여기고 가까이 가서 기름과 포도주를 상처에 부어 치료해 주었다. 여기서 불쌍히 여겼다는 것은 사랑하는 마음을 의미하고, 가까이 갔다는 것은 행함이 있었다는 것을 뜻하며 기름과 포도주를 부었다는 것은 성령과 보혈로 치유했다는 것을 뜻한다.

영적인 상처를 입어 사탄에 매여 있는 자에게는 보혈과 성령만이 그에게 줄 수 있는 생명수요 유일한 약이기 때문이다. 강도(사탄)에게 옷을 빼앗기고 죽게 된 지경에 있는 자에게는 육적으로도 피를 주어야 하지만 영적으로도 피, 즉 보혈을 주어야 한다. 피가 생명이기 때문이다.

보혈은 지금도 살아 역사하시는 예수님을 상징하며 또한 예수그리스도 생명을 의미한다.

요한복음 15:1에는 "나는 참 포도나무요 내 아버지는 농부라"고 하였다.

2절, "무릇 내게 붙어 있어 열매를 맺지 아니하는 가지는 아버지께서 제거해 버리시고".

5절, "나를 떠나서는 너희가 아무것도 할 수 없음이라"고 하셨다. 강도 만난 것은 생명이신 예수를, 또한 신앙과 교회를 떠났기 때문에 오는 필연적인 결과이다. 누가복음 10:34에 보면 그는 강도 만난 자를 주막에 데려갔다. 주막은 교회를 상징한다. 35절, 사마리아 사람은 주막 주인에게 데나리온 둘을 주었다고 하였다. 주막 주인은 교역자를 가리키며 데나리온 둘은 신약과 구약 성경을 가리킨다.

성령과 보혈을 우리가 받았다고 하여도 우리는 계속해서 교회에서 보혈의 말씀을 받아 먹어야 하고 또한 성경 말씀을 먹고 교회에서 양육을 받아야 할 것이다. 그리고 그는 비용이 더 들면 돌아올 때에 갚으리라고 하였다. 이 말씀은 주님이 재림하실 때에 우리에게 상급과 구원으로 갚아주신다는 뜻이다. 그런데 놀라운 말씀은 본문 누가복음 10:37이다. "주님은 너도 이와 같이 하라"고 하셨다.

이 말씀은 우리도 보혈과 성령으로 충만하여 선한 사마리아인처럼 보혈과 성령을 나누어 주는 자가 되어야 한다는 주님의 명령이요 우리의 사명임을 명심해야 할 것이다.

보혈의 옷을 입어야

마태복음 22:1~14에는 천국에 대한 예수님의 비유 중에 천국으로 가는 길에 대한 교훈이 기록되어 있다. 마태복음 13:34에 있는 예수님은 비유가 아니면 말씀하지 아니하신다고 하신 말씀을 기억하자.

마태복음 22:1~14에 있는 이 말씀은 이스라엘의 결혼식 피로연에 초대하는 것을 비유로 우리에게 천국에 가는 길에 대해 교훈하고 있다. 본문에는 종들을 보내어 잔치에 초청하였다고 하였다. 그런데 많은 사람들이 오지 않았다고 하였다. 혼인 잔치는 성도들을 교회에 초청하는 것을 보여주고 있다. 많은 사람이 오지 않은 이유는 육적인 일 때문이라고 말하고 있다.

누가복음 17:26 주님은 인자의 때가 노아의 때와 같다고 하였다. 노아 방주의 날까지 사람들은 먹고 마시고 장가들고 시집가더니 홍수 때에 멸망당했다고 하였고, 누가복음 17:28에는 "또 롯의 때와 같으리니 사람들이 먹고 마시고 사고팔고 심고 집을 짓더니 갑자기 하늘에서 유황불이 비 오듯이 하여" 멸망을 받았다고 하였다. 다시 말해 사람들은 육신의 일에 마음과 몸이 빼앗겨 진리를 거스른다는 말이요. 또한 그날을 사람들은 잘 알지 못한 다는 것이다.

마태복음 22:5~8 육의 일에 치우쳐 오지 못함을 가르쳐 주고 있다.

빌립보서 3:18 "내가 여러 번 너희에게 말하였거니와 이제도 눈물을 흘리며 말하노니 많은 사람이 십자가의 원수로 행한다" 하시고 19절, 그들의 마침은 멸망이요 땅의 일만 생각하는 자라고 하였다.

마태복음 22:10에는 종들의 수고로 손님들이 가득하였다고 하였고 11절에 그중에는 예복을 입지 않고 들어온 한 사람을 발견하였다.

유대인들의 결혼식은 피로연에 예복을 입고 들어가게 되어 있다. 이와 같이 천국에 갈 때에는 그리스도의 옷, 즉 흰 옷을 입어야 한다. _{요한계시록 7:9} 천국에는 셀 수 없는 큰 무리가 흰 옷을 입고 있었다고 하였는데 그 흰 옷은 _{요한계시록 7:14} 예수님 피에 옷을 씻은 자, 다시 말해 보혈에 죄를 씻은 자가 입은 의의 옷을 말씀하고 있다.

그런데 이 흰 옷을 입지 않는 자를 향하여 임금(예수님)이 12절, 친구여 어찌 하여 예복을 입지 아니하고 여기 왔느냐 물으셨다. 13절, "임금이 사환에게 말 하여 그 손발을 묶어 바깥 어두운 데에 내어 던지라 거기서 슬피 울며 이를 갈 게 되리라"고 하셨다.

여기서 임금은 예수님을 가리키고 사환은 천사들이요 예복 입지 않은 자는 예수의 피가 없는 자요, 바깥 어두운 데 던지우는 것은 지옥에 집어 던진다는 뜻이요, 이를 간다는 말은 억울하다는 뜻이다. '나도 예수를 믿었는데 어찌하 여 지옥에 가야 합니까?' 라는 뜻을 비유로 말한 것이다. 우리가 기억할 것은 직분도 봉사도 아니라 보혈의 옷을 입어야 한다는 것이다. 천국 잔치에 왔다는 말은 예수 믿는 성도를 가리킨다. 예수님은 피만 보신다. 이것이 구원을 위한 하나님과 성도 사이에 맺은 언약이기 때문인 것이다.

14절에 택함 받은 자는 적고 청함 받은 자는 많다는 말은 교회에 나오는 자 는 많으나 구원을 받는 자는 적다는 말이다.

바울 사도의 3대 신앙

　바울 사도는 히브리서를 그의 서신으로 본다면 신약성경 14권을 기록하였으니 신약의 반을 기록한 것이다. 그의 신앙은 곧 성경 신앙이요 우리가 본받아야 할 신앙인인 것이다.

　바울은 고린도전서 1:17에서 나를 보내심은 세례를 베푸심이 아니요 오직 복음을 전하려 함이라고 하였다. 이는 그리스도의 십자가가 헛되지 않게 하려 함이라고 하였다. 여기서 십자가는 물론, 고난을 상징하기도 하지만 보혈을 상징함을 알아야 한다. 그럼 왜 보혈이라고 하지 않고 십자가라고 하느냐. 보혈은 숨어있는 계시요, 비밀의 진리요, 보화이기 때문이다.

　(1) 바울은 ^{고린도전서 1:23} 우리는 십자가에 못 박힌 그리스도를 전한다고 하였는데 이 말씀은 바울의 고백은 십자가 보혈만 전한다는 뜻이다. **십자가 피를 전해야 죄를 사함 받고 그 결과 죄에서 해방되어 구원을 받기 때문이다.**

　(2) 바울의 지식 → ^{고린도전서 2:2} 내가 너희 중에 그리스도와 십자가에 못 박힌 것 외에는 아무것도 알지 아니하기로 작정하였다고 하였다. 바울은 학자요, 또한 신학자이다. 신약 성경을 반이나 기록한 대학자가 십자가 보혈밖에는 알기를 원치 않는다는 말은 성경에는 십자가가 보혈의 중심이요, 핵심이요, 십자가 피에 대한 성경의 위치를 알려주는 중요한 척도가 된다는 것을 알 수 있다.

　(3) 바울의 자랑 ^{갈라디아서 6:14} 그러나 내게는 우리 주 예수 그리스도 십자가 외에는 결코 자랑할 것이 없다고 하였다. 보혈로 죄인이 의인이 되고 또한 구원을 얻게 되기 때문이다. 그는 자랑할 것이 누구보다 많은 사람이다. 로마의 시민권자요, 학자요, 사도요, 신앙인이요, 능력의 전도자이기 때문이다.

^{사도행전 19:12} 그의 손수건만 만져도 병이 낫고 귀신이 쫓겨났으며 ^{사도행전 20:9~11} 죽은 사람을 살렸으며 ^{사도행전 19:6} 안수하니 성령이 임했던 자가 아닌가. 그런데 그의 자랑은 십자가뿐이라는 말은 물론 십자가 피를 통하여 우리가 구원받았다는 감격을 이야기하는 것이지만, 보혈의 능력과 보혈의 복음의 귀중성을 말하는 것이다. 바울은 처음 사역 때에는 자신을 자랑하였으나 점점 자신은 작아지고 예수를 자랑하다가 나중에는 자신은 없고 오직 예수 그리스도와 십자가 복음만 증거하는 자가 되었다.

주님이 오신 목적

^{마태복음 20:28} 주님이 오신 것은 섬김을 받으려 함이 아니요 도리어 섬기려 하고 자기 목숨을 많은 사람의 대속물로 주려함이라고 하였다. 이 말씀은 주님이 오신 목적을 잘 말씀하고 있다.

주님은 봉사 받으러 온 것이 아니고 봉사자로 오셨다는 것이다. 그것은 십자가에서 피 흘리시어 우리 죄를 구속하시기 위함이란 뜻이다. 다시 말해 보혈을 흘리러 오셨다는 것이다.

^{빌립보서 2:6~8} 그는 하나님의 본체이시나 동등 됨을 취할 것으로 여기지 아니하시고 오히려 자기를 비워 종의 형체를 가지사 사람들과 같이 되셨고 사람의 모양으로 나타나사 자기를 낮추시고 죽기까지 복종하셨으니 곧 십자가에 죽으심이라 하셨다.

이 말씀도 주님의 오신 목적을 잘 말씀하고 있다. 주님은 우리를 위하여 겸

순하셔서 하나님의 자리를 거절하시고 십자가에 죽으시어 우리를 구원하심을 잘 말씀하고 계신다.

예수님의 모친 마리아의 남편 요셉에게는 알 수 없는 일이 일어났다. 자기와 정혼한 약혼자가 동침도 하기 전에 배가 불러온 것이다. 임신한 것이었다.

마태복음 1:19 "그는 의로운 사람이라 그의 죄를 용서하고 가만히 그와 끊으려 할 때에 천사 가브리엘이 요셉에게 현몽하여" 하늘의 비밀과 복음을 가르쳐 주었다. 너의 아내는 성령으로 잉태한 것이라고.

마태복음 1:21 "그의 이름 예수라 하라 그는 자기 백성을 저희 죄에서 구원할 자"라고 하였다. 여기서 예수님의 이름 뜻에서 복음이 숨어있다. 예수님은 구원자란 뜻이다. 그런데 자기 백성을 죄에서 구원한다고 하였으니. 다시 말해 택한 백성을 죄에서 구원한다는 뜻이다.

로마서 6:23에는 죄의 삯은 사망이요 하나님의 은사는 그리스도 안에 있는 영생이라고 하였다. 모든 사람이 다 죄를 짓는다. 그럼 모든 사람에게 사망이 온다는 것이다. 성경은 말한다. 의인이 없나니 곧 한사람도 없다고. 그러나 죄를 없이 하면 영생을 얻게 된다. 그 죄에서 속함을 받는 길은 보혈밖에 없으니 이 말씀은 예수님은 우리를 죄에서 구원하려, 다시 말해 보혈을 흘리시러 오셨다는 말씀인 것이다.

성경은 구원의 책이다(요20:31, 요5:39 참조). 그 구원을 위해서 예수님 오셨고 그 죄를 위하여 은혜의 피를 흘려주시고 요한복음 19:30 피를 다 흘리신 후 다 이루었다 하신 후에 운명하신 것이다.

구약에는 여호수아 이름의 뜻이 구원이란 뜻이다. 모세는 가나안에 들어가지 못하고 여호수아와 새로 태어난 자가 들어갔다. 그것은 율법으로는 천국에 갈 수 없고 예수를 통하여 새로 난 자, 거듭난 자가 들어간다는 뜻이다.

마태복음 1:22 "이 모든 일이 된 것은 주께서 선지자로 하신 말씀을 이루려 하심이라". 이는 구약 예언자들, 특히 이사야의 예언 성취임을 보여주며 창세기 3:21에서 약속하신 옛 언약 파기와 새 언약의 성취로 오신 것이다.

마태복음 1:23 주님의 또 하나의 이름은 임마누엘이니, 이는 하나님이 우리와 함께하신다는 뜻이니 예수님은 우리와 함께하시는 하나님이시다. 그러나 우리 죄를 위하여 피 흘리시러 오시기 위해 잠시 33년 동안만 인간이 되셨고 전에도 지금도 영원히 하나님이시다. 그러므로 그의 이름을 임마누엘이라고 한다. 주님은 우리 죄를 구속하시기 위해서 원죄가 있는 아담의 후손이 아닌 하나님이어야 했고 우리 위해 대신 고난을 받으시고 죗값으로 죽으시기 위해서는 인간이 되셔야 했기에 예수님은 인성과 신성을 모두 가지셨던 것이다.

그분이 요한복음 19:30에 피를 다 흘리신 후 다 이루었다고 하신 말씀은 보혈을 주시러 오신 주님이심을 가장 잘 설명해 주신 것이다.

성경 말씀과 죄 씻음

복음성가 중에 '보혈을 지나' 라는 곡이 있다. 그 가사 중에 이런 말이 있다. '보혈을 지나 아버지 품으로 보혈을 지나 하나님 품으로 존귀한 주 보혈이 내 영을 새롭게 하네…….'

성령의 감동으로 쓰여진 영감 있는 가사라 생각한다. 그렇다. 누구든지 죄를 씻고 천국에 가려면 반드시 보혈을 지나가야만 한다. 예수님 이외에는 어느 누구도 보혈을 통하지 않고는 죄 사함도 없고 천국에 갈 수도 없다. 예수님은 포도주를 주시며 이것을 다 마시라(마26:27)고 하셨다. 이는 우리 모두가 보혈을 마셔야 한다는 것이다. 마시라는 뜻은 보혈을 믿으라는 뜻과 그 피로 죄를 씻으라는 두 가지 뜻이 함께 있다. 이는 많은 사람의 죄를 위하여 흘리는바 나의 피 곧 언약의 피(마26:28)라고 하였다. 즉 죄가 있는 자는 누구든지 보혈을 마셔야 하고 보혈은 하나님과 인간과의 구원의 언약이라고 주님이 말씀하였다.

보혈은 우리에게 두 가지로 부어진다

첫째는 구하여야 온다는 것이다

마태복음 7:7~9 "구하라 그러면 주실 것이요 찾으라 그러면 찾을 것이요 문을 두드리라 그러면 너희에게 열릴 것이니 구하는 이마다 얻을 것이요 찾는 이가 찾을 것이요 두드리는 이에게 열릴 것이니라"고 하셨다.

다시 말해 기도함으로 얻는 것이다. 이것이 가장 확실한 방법이요 성경적이다. 기도는 하나님과 우리와의 약속이다. 예수님의 이름으로 구하면 무엇이든지 받게 되는 것이 성경의 가르침이다. 찬송가 254장 후렴에 '내가 주께로 지금 가오니 십자가의 보혈로 날 씻어 주소서' 라고 하였고 찬송가 261장 후렴에도 '흰 눈보다 더 흰 눈보다 더 주의 흘리신 보혈로 희게 씻어 주옵소서' 라고 하였다. 이 찬송가 가사도 보혈을 구하면 얻게 된다는 진리를 우리에게 제공하여 준다.

보혈을 알지 못해도 주님이 씻어주신다

그런데 또 하나, 보혈을 받는 비결은 우리는 보혈을 알지 못하고 구하지 못해도 주님의 은혜로 주님이 친히 보혈을 부어 주셔서 씻어 주실 것을 성경은 여러 곳에서 우리에게 가르쳐 주고 있다. 필자가 인도 선교여행 중 『보혈은 기적이다』 2권을 쓰기 위해 성경을 읽다가 발견하게 된 것이다. 몇 구절만 예를 들어 보려고 한다.

마가복음 2:1~12, 마태복음 9:1~8, 누가복음 5:17~26

공관복음에 다 말하고 있는데, 누가복음 5장을 보면 주님 계신 곳에 사람들이 많아 들어갈 수 없는데 지붕을 뚫고 중풍병자의 침상을 내리니(19) 예수님이 그 믿음을 보시고 이 사람이 죄 사함 받았느니라(20)고 말씀하셨다. 그의 행동을 믿음이라 하였다. 다시 말해 주님은 주님을 향한 우리의 믿음과 순종을 보시고 보혈로 우리 죄를 씻어 주심을 알 수 있다. 또 사도행전 10:43에 믿는 사람들이 다 그의 이름을 힘입어 죄 사함을 받는다고 하였다. 예수를 믿는 믿음을 주님이 보시고 우리에게 죄 사함의 보혈을 주심을 알 수 있다.

또 이방인에게 생명 얻을 회개(행11:18)를 주셨다고 하였다. 생명 얻을 회개는 보혈로 죄를 씻어 주심을 말한다. 요한복음 6장은 보혈을 생명이라고 하였고 보혈은 우리에게 주시는 회개의 능력이다.

누가복음 7:36에 보면 시몬의 집에서 어떤 여자가 예수님 머리에 향유를 붓고 눈물로 예수님 발을 씻었는데 예수님은 죄가 사하여졌다(47절)고 하셨다. 그러면서 이는 사랑함이 많음이라고 하셨는데 이는 믿음뿐 아니라 사랑이 많은 자에게 주님이 보혈을 부어 주심을 알 수 있다.

고린도전서 6:11에는 주 예수 그리스도의 이름과 우리 하나님의 성령 안에서 죄 씻음과 거룩함과 외롭다하심을 받았느니라고 하셨는데 이는 성령님이 우리에게 보혈로 예수 안에 있는 자를 씻어주심을 말씀하는 것이다.

누가복음 24:47 "또 주 예수 이름으로 죄 사함을 받게 하는 회개가 예루살렘에서 시작하여 모든 족속에게 전파될 것"이라고 하였다. 사도행전 3:19 너희가 회개하여 돌이켜 죄 없이 함을 받으라 하심으로 보혈을 알지 못하여도 진심으로 회개하면 주님은 우리에게 보혈을 부어 죄를 보혈로 씻어 주심을 알 수 있다.

회개는 시인(죄의 인정)과 고백의 회개가 있어야 하는데, 성령님이 회개의 영을 부어주시고 마지막으로 보혈에 의해서만 죄를 씻을 수 있다는 것을 의미한다.

사도행전 5:31 이스라엘에게 회개함과 죄 사함을 주시려고 하는데 회개와 죄 사함은 구분되어 있다. 우리가 죄를 진심으로 회개하면 주님은 보혈로 우리 죄를 사하여 주심을 알 수 있다.

사도행전 2:38 "회개하여 주 예수 그리스도의 이름으로 세례를 받고 죄 사함을 받으라. 그리하면 성령을 선물로 받으리니".

진심으로 성령으로 시인과 고백의 회개를 하면 주님은 보혈로 죄를 씻어 주시고 그 후에 성령을 부어주신다.

마가복음 1:4에는 세례 요한이 광야에서 죄 사함 받게 하는 회개의 세례를 전파하였다고 하였다. 회개와 죄 사함, 이렇게 이중법을 사용했으며 회개의 단계로 그는 단순한 회개와 더 나아가서 보혈의 씻음을 받아야 할 것을 말씀하고 있다.

필자도 그렇게 생각한다. 회개도 생명을 얻는 죄 사함의 회개가 있고 단순한 회개가 있는 것이다. 다시 말해 구원을 얻는 회개와 도덕적인 회개, 후회와 뉘

우침의 회개가 있는 것이다.

놀라운 사실은 회개가 곧 죄 씻음이 아니라는 말이요 진정한 천국에 들어가는 회개는 보혈을 믿고 보혈로 죄를 사하는 것이 다시 말해 보혈을 부르는 것이 회개라는 의미임을 명심하여야겠다(요6:54 참조).

스데반의 설교

스데반Deacon Stephen은 초대교회 일곱 집사 중 한명이며 빌립과 함께 대표적인 인물이며 보혈 설교를 하다가 순교 당한 사람이다.

사도행전 7장은 스데반의 긴 설교이다.

스데반의 설교는 유대인 지도자를 향한 강한 책망의 설교였다. 그는 유대인 지도자들 앞에서 유대인들의 조상들이 광야에서 행한 불신앙과 모세의 말을 순종하지 않은 저들의 멸망을 강도 높게 지적하고 출애굽을 통한 보혈의 진리를 설명하고 있다.

사도행전 7:35 모세를 가시 떨기 가운데 천사의 손으로 관리와 속량자로 보내셨다고 하였다. 사도행전 7:36 광야에서 40년간 기사와 표적을 행하였으며 홍해 바다를 건너게 하시고 광야에서 행한 기적을 말하고 있다. 사도행전 7:39 지도자 모세를 세웠으나 너희 조상들이 모세에게 복종하지 아니하고 도리어 그 마음이 애굽을 향하여 있었다고 말하고 모세가 시내산에 십계명 받으러 간 사이에 40절, 이스라엘 백성들이 아론에게 우리를 인도할 신을 우리를 위하여 만들라 하였고 모세는 어떻게 되었는지 알지 못한다고 하였고, 41절에 그들은 금송아지를 만들어 자기들을 인도한 신이라 하고 그 송아지에게 숭배하는 일이 일어났다. 출애굽 이후 그들을 구름기둥으로 불기둥으로 인도하시고 만나와 메추라기로 먹이시고 반석에서 생수를 먹여 주신 하나님 여호와를 그들은 잊어버리고 우상을 만들고 그 우상을 기뻐하였다고 하였다. 그 우상을 숭배하는 것이 원래 그들의 모습이며 또한 우리의 모습이 아닐까 생각해 본다.

하나님이 그들을 왜 버리셨는가?

그런데 사도행전 7:42에 놀랍게도 주님께서는 그들을 우상숭배의 죄에서 간섭하지 않으시고 버려두셨다고 하셨다. 왜 그랬을까.

히브리서 12:6에 사랑하는 자를 징계하신다고 하셨고 히브리서 12:8에는 징계가 없으면 사생자요 친아들이 아니라고 하였다. 그런데 하나님은 그들을 버리셨다. 그 이유를 사도행전 7:42에서 말하고 있다. "하나님이 외면하사 그들을 그 하늘의 군대 섬기는 일에 버려두셨으니 이는 선지자의 책에 기록된 바 이스라엘의 집이여 너희가 광야에서 사십 년간 희생과 제물을 내게 드린 일이 있었느냐".

이 말씀이 대단히 중요한 말씀이다. 왜 하나님이 그들을 버려두셨는지 그 이유를 설명하시면서 너희들이 광야에서 내게 희생 제물을 드린 일이 있었느냐 하셨다. 이 말씀은 너희들이 내게 보혈의 피를 드린 일이 있었느냐 라는 말인 것이다. 이 말씀은 피가 없는 백성은 버리신다는 뜻이며 바꾸어 말해서 너희가 내게 피를 드렸다면 내가 너희를 지켜 주었을 것이라는 뜻이다. 예수의 피는 곧 우리를 지켜주는 수호천사인 것이다.

히브리서 8:9 그들이 내 언약 안에 머물러 있지 아니하므로 내가 그들을 돌보지 아니 하였노라 고하셨다. 바꾸어서 말하면 그들이 언약(보혈)안에 있으면, 다시 말해 그들에게 보혈이 있다면 내가 너희를 지켜주셨다는 것이다.

그들의 멸망은 보혈이 없었기 때문임을 알아야 할 것이다. 그 이유는 보혈은 언약이기 때문이라는 것이다.

^{사도행전 7:43} 너희가 절하고자 만든 형상이라고 책망하시고 내가 너희를 바벨론 밖에 버리리라고 하셨다. 이 말씀은 보혈이 없는 그들을 지옥(바벨론)에 던지우리라는 뜻이다. 그 말씀대로 그들은 세상을 상징하는 애굽에서 부름 받아 교회를 상징하는 광야에까지는 왔지만 천국을 상징하는 가나안에는 들어가지 못했으니, 그것은 우상숭배의 죄 때문인데, 죄를 용서하지 않는 것은 보혈이 없기 때문이다. 히브리서 8:8에는 이스라엘과 새 언약을 맺었다고 하셨는데 언약은 예수님의 피인 것이다. 주님은 당신의 백성의 죄 사함과 구원의 언약을 보혈로 맺으셨는데, 그들이 피를 드리지 아니함으로 그들은 스스로 언약을 어겼고 주님이 그들을 돌아볼 수 없었다는 말씀이다. 스데반은 그 설교 결과 그들이 마음에 찔려 이를 갈았고(행7:54), 스데반은 오히려 그 설교 때문에 성령이 충만하여 천국에 계신 예수님을 보았고(행7:55~56) 그들은 돌로 스데반을 쳐서 죽였다(행7:57~58). 육적으로는 그들이 승리한 것 같으나 그들은 영적으로 패배자였고 또한 버려진 자가 되었다. 그들이 복음을 겸손하게 순종하였으면 복음이 복이 되어 구원을 받았을 것인데 교만하여 복음을 거부하고 복음 증거자를 죽여서 죄 위에 죄를 더하여 지옥에 들어가게 되었다.

그들은 스스로 찾아온 보혈의 진리의 설교를 감정으로 받아들여 스스로 기회를 놓친 것이다. 이렇게 보혈의 설교는 듣기도 어렵지만 은혜 받아 내 것으로 만들기가 참으로 어려운 것임을 알 수 있다.

누가복음 24장과 보혈복음

필자는 2010년에 42일간 인도 선교에 이어서 2011년 11월 18일부터 63일 동안 인도 첸나이 india chennai 뱅갈로루 bengaluru 지역에서 선교를 하였다. 많은 교회와 신학교 선교사님들, 현지인 목사님께 <보혈세미나>로 보혈신앙을 선교하였다. 그런데 63일 동안 원고도 없이 약 200시간을 보혈의 말씀을 전하였으니 필자도 깜짝 놀랐다.

평생 동안 한 번도 보혈을 전하지 않는 주의 종들이 얼마나 많은가.

그런데 <보혈세미나>를 준비하기 위하여 누가복음 24장을 읽던 중에 깜짝 놀랄 일이 생겼다. 이렇게 귀한 보혈 말씀이 누가복음 24장에 숨어 있다니 너무 감격하여 선교사님들에게 이 말씀을 전했더니. 그들도 모두 많은 은혜를 받았다고 감격해 하였다.

어떤 선교사님은 "신학을 7년 동안 공부했는데 목사님의 <보혈세미나> 2주간에 훨씬 더 귀한 것을 깨닫게 되었다."고 하였다. 누가복음 24장에 숨어있는 보혈을 글로 쓰기가 쉽지 않지만 몇 구절만 쉽게 말씀드리겠다.

누가복음 24:13~49 강해

누가복음 24장은 '부활장'이다. 엠마오로 가는 두 제자와 예수님이 나눈 대화요 열한 명의 제자와 주님이 다시 만나 메시지를 전달하고 당부하신 복음의 내용이 들어있다. 13절에 보면 엠마오로 가는 두 제자가 있었다. 그 제자는 열두 제자에 속하는 사람은 아니고 아마 70인 제자 중에 있는 사람으로 추정해 볼 수 있다. 14절, 그들 대화 내용은 주님께서 십자가에 죽으심과 부활하심에 대한 내용이며, 그들에게 주님이 나타나셔서 동행하셨다. 15절에 예수님이 동행하였으나 그들은 주님임을 알지 못하였다. 이유는 16절에 나오는데, 그들이 눈이 가리워져서 알지 못하였다고 하였다.

요한계시록 2장에 보면 일곱 교회에 주님이 친히 오셔서 촛대 사이로 다니신다고 말씀하고 있다. 그런데 촛대는 교회를 가리키니 교회는 우리 자신을 말씀하고 있다. 그러므로 주님이 우리에게 항상 오신다는 뜻이다. 그런데 우리는 영의 눈이 어두워 보지 못하는 것이다. 엠마오에서 진짜 주님을 만난 제자들처럼 말이다.

창세기 28장에 보면 야곱이 꿈속에서 깨어난 후 "주께서 여기 계시거늘 내가 알지 못하였도다"(창28:16)고 하였다. 이 말씀은 야곱도 역시 주님이 자기 곁에 계셨으나 알지 못했다고 고백한 것이다.

요한계시록 3:20에는 주님께서 바깥에서 문을 두드리고 계신다고 하였다. 이 말씀은 우리 속에 들어오시려고 하신다는 뜻이다. 주님은 항상 우리 곁에 계신다. 알지 못함은 우리 눈이 어두웠기 때문에 보지 못하는 것이다. 요한계시록 2:1에 주님이 촛대사이를 다니신다고 하였고, 촛대는 교회이며 동시에 나를 가리키니 주님은 지금도 내 곁에 계신다.

다시 본문으로 돌아가서 누가복음 24:17에 보면 주님이 그들에게 무슨 이야기를 하고 있느냐고 물으셨다. 그들이 대답했다. 예루살렘에 있으면서 최근에 일어난 일을 모르느냐고, 어떻게 그것을 혼자만 모를 수가 있느냐고 오히려 예수님께 되물었다. 그러나 그들은 슬픈 모습이었다(눅24:17). 우리도 주님이 곁에 계셔도 주님을 보지 못하면 우리 마음이 여전히 슬프다는 것을 알 수 있다.

그러면서 그들은 나사렛 예수란 사람의 일인데 대제사장과 관리들이 사형

판결에 넘겨 십자가에 그를 못 박았다고 하였다(눅24:19~20). 그들은 진리를 알지 못하였다. 대제사장 무리에게 잡혀 십자가에서 죽은 예수님은 알았으나 우리 죄를 대신하여 십자가에서 보혈을 흘리신 예수님, 새 언약 성취를 이루시고 지금도 살아계시고 영원토록 살아 계시는 그리스도인 주님을 그들은 알지 못했다. 그래서 결국 그들 앞에 계신 예수님을 보고도 누군지 알지 못하였다.

3년 반 동안 주님을 만났고 말씀을 들었으나 그들의 영적인 눈이 가리워져 있었으므로 그들은 주님을 알아보지 못한 것이다. 오늘도 많은 주의 종들이 보혈의 진리와 복음의 비밀을 말하면서도 알지도 믿지도 못하는 것을 알아야 할 것이다.

진리란 성령께서 우리에게 계시하여 주어야 알 수 있는 영적인 비밀이다. 우리는 그가 속량자로 바랐노라는 말에서 알 수 있다. 속량자는 우리를 당신의 피로, 즉 보혈을 흘려 씻어줄 예수 그리스도를 말한다. 그들은 입으로는 그렇게 말했으나 마음으로 믿지 못하여서 예루살렘을 떠나 엠마오로 간 것이다. 그러나 이미 주님은 떠난 그들에게 찾아오셔서 진리를 가르쳐 주셨다.

누가복음 24:22~24에 보면 여자들은 예수님의 무덤에서 새벽에 부활하신 예수를 보지 못했으나 천사를 보았다고 하였다.

25절에서 예수님은 선지자가 말한 것을 마음에 더디 믿는 자들이라고 그들을 책망하셨다. 구약에서 선지자들이 이미 예언한 것을 그대로 다 이루시고 십자가에서 죽으시고 부활하셨는데 너희들은 지금도 믿지 않고 무엇을 하느냐는 뜻이다. 더디 믿는다는 말씀은 앞으로 그들이 믿을 것을 전제로 하신 것이다. 또한 주님의 예언인 것이다 우리는 성경의 약속을 의심 없이 믿어야 할 것이다. 성경은 천지는 없어지겠으나 내 말은 일 점 일획도 없어지지 않고 그대로 다 이루리라고 말씀하셨다(마 5:18).

26절을 그리스도께서 고난을 받고 자기 영광에 들어가셔야 할 것이 아니냐고 그들을 책망하셨다. 이 말씀을 주님의 비하와 승귀, 즉 십자가에서 피 흘리시고 죽으심과 부활하시어 승천하는 것이 주님의 사명이요, 주님의 사역이신데 그것이 이미 이루어졌다는 것이다. 27~28절에는 구약의 모세와 모든 선지자들이 한 예언의 말씀을 풀어 설명해 주고 있다.

떡을 먹은 후 기적이 일어났다

십자가 보혈과 부활의 말씀을 듣고 30절에서 보듯 그들은 주님과 함께 음식을 먹으며 주님이 축사하시고 떡을 그들에게 떼어 주었는데 그들의 눈이 밝아졌고 그 결과 그들은 드디어 예수님을 알아보게 되었던 것이다. 그렇다면 이 떡은 과연 무엇일까. 그들은 주님과 함께 있으면서도 알지 못했는데 축사하시고 떡을 받아먹은 후 그들이 영의 눈을 뜨게 된 것이다.

요한복음 6:58에 보면 "이것은 하늘에서 내려온 떡이니 조상들이 먹고도 죽은 그것과 같지 아니하여 이 떡을 먹는 자는 영원히 살리라"고 하셨다. 이 떡은 예수님의 십자가 복음인 것이다. 십자가에서 살 찢고 피 흘리신 보혈의 복음을 말씀하고 계신 것이다. 마태복음 4:4에도 주님은 "사람이 떡으로만 살 것이 아니요 하나님의 입으로부터 나오는 모든 말씀으로 살 것이라"고 하셨다.

주님이 축사하셨다는 말씀은 신약에 열 번 기록 되어있고, 구약에 한 번 나오는데 주님이 축사하실 때는 항상 떡과 관련이 있는 것을 볼 수 있다. 오병이어, 칠병이어 등 떡을 축사하셨고 성만찬에서 또한 축사하셨는데 그때마다 영육에 기적이 일어나게 되었다. 다시 말씀드리면 떡은 보혈의 말씀을 가리킨다.

보혈의 말씀이 우리 속에 들어오는 순간 31절 영적으로 눈이 열리고, 귀가 열리고, 성경이 열리고 깨닫게 된다는 말씀이다. 주님과 함께 다니고 이야기해도 알지 못하던 그들도 예수님이 축사하고 주신 떡을 받고 예수님을 알게 되었다.

잠시 전에 낙심한 분위기였던 제자들의 변화를 볼 수 있다. 32절에 보혈의 말씀을 듣는 중에 그들의 마음이 뜨거워졌다고 하였다.

필자가 강원도 철원 성소기도원에서 두 주간 집회를 하였다. 건물로는 우리나라에서 최고로 큰 기도원이다. 거기서 은혜 받은 분이 필자에게 말했다. 그 기도원에 최고 강사는 요한계시록을 강의하시는 목사님인데 그 분이 오시면 모두가 은혜를 받는데 그래서 모두가 기다린다는 것이다. 마침 필자가 집회를 인도한 다음 주간이 그 목사님 집회였는데 심 목사님 <보혈세미나>에서 은혜 받은 후, 그 목사님 설교를 들으니 말씀이 싱거워 그 전처럼 은혜가 안 되어 못 듣겠더라는 말을 들었다.

필자가 작년에 전북 고창지역에서 부흥집회를 인도하였는데 본 교회 담임 목사님의 말씀이 기억이 난다. 심 목사님 뵈면서 두 가지를 놀랐다고 하였다.

하나는 이렇게 귀한 목사님이 한국에 있다는 것이고, 또 하나는 그렇게 귀하신 목사님이 18년 된 프린스를 타고 다니는 것이 놀랍다고 하신 말씀이 생각이 났다. 보혈은 성경의 핵심이기 때문에 성령이 강하게 역사한다. 그래서 더욱더 은혜가 되는 것이다. 모든 영광을 주님께 돌려드린다. 이 글을 읽는 여러분들의 마음도 이글을 읽는 것만으로도 뜨거워지시고 주님을 보시는 축복이 있기를 진심으로 축원한다.

본문에서 더 놀라운 것은 곧 그들이 예루살렘으로 돌아가기로 마음먹었다는 것이다. 그들은 예수님을 다시 만났다. 13절에서 예루살렘으로부터 엠마오로 가던 그들이 누가 시킨 일도 없는데 33절에서 다시 열한 제자가 있는 예루살렘으로 돌아간 것이다. 예수님이 죽으셨던 예루살렘, 어쩌면 자신도 죽을지 모르는 그 예루살렘에 다시 가게 된 것이다. 17절에서 슬픈 빛을 띠며 앞에 있는 주님을 보지 못했던 그들이 주님을 만난 후 삶이 완전히 달라졌음을 알 수 있다. 우리도 예수를 만나야 한다. 주님은 보혈 옆에 항상 계신다. 잠시 전에 슬픈 빛으로 의심하던 엠마오로 가던 제자들, 그들은 34절에서 예루살렘에 있는 열한 제자들 앞에 가서 주님은 살아나셨다는 것과 떡을 떼며 주님을 만났던 모든 일들을 전했다. 마치 보혈의 못 베데스다에 원망 가득한 눈으로 삶을 비관하다가 주님을 만나 고침 받고 증거하던 38년 된 병자처럼 말이다.

보혈은 생명이다. 보혈이 들어가니 그들의 신앙이 살았고 사도에게 복음을 전한 것이다. 은혜 받고 예루살렘에 왔더니 그들이 잃어버렸던 예수님을 다시 만난 것이다(36절). 우리도 보혈의 신앙, 십자가 신앙을 회복하면 잃었던 건강도 재산도 신앙도 찾게 되고 또한 예수님을 만나게 됨을 가슴 깊이 명심해야 할 것이다.

주님의 부탁

주님은 누가복음 24:44에서 구약 성경은 나에게 대하여 말씀하고 있다고 하였다. 성경의 주인공은 예수님이시요 그분이 나를 구원하러 십자가에서 피 흘려주셨으니 성경은 예수님이 주인공이시요 또한 내가 주인공임을 알아야 한다. 45절, "그들의 마음을 열어 성경을 깨닫게 하시니". 성경은 진리다. 진리는 숨어있다. 주님이 우리에게 계시해 주어야 알 수 있다. 성경을 깨닫게 하여 주지 않으면 우리는 알 수 없다.

필자가 여러 번 말씀드린 것처럼 보혈은 숨어있는 비밀의 보화이다. 우리가 보혈을 알려고 노력하든지 아니면 주님이 가르쳐 주시든지 하지 않으면 알 수 없는 것이 보혈이다. 그렇게 하여 깨닫게 하여 주신 말씀이 무엇인가.

46절에 "또 이르시되 이같이 그리스도가 고난 받으시고 제 삼일에 살아나심"이라고 하셨다.

본문대로 해석하면 고난과 부활이다. 그러나 성경적으로 말씀드리면 십자가 보혈과 부활하심이다. 이것이 성경의 진리이며 복음의 핵심이다. 이것을 통해 구원을 받는다.

누가복음 24:47~48에는 "또 그의 이름으로 죄 사함 받게 하는 회개가 예루살렘에서 시작하여 온 족속에게 전파되어야 하리니 이모든 일에 너희들이 증인"이라고 하셨다. 그냥 회개가 아닌 죄 사함의 회개라 하였다.

죄 사함의 회개는 무엇이냐 보혈을 통하여 죄 씻음 받는 것을 가리킨다. 47절의 회개는 바로 보혈로 죄를 씻는 회개를 말씀하신 것이다. 이는 누구든지 자세히 본문을 읽어보면 알 수 있다. 보혈의 복음이 모든 민족에게 증거 되어야 하는데 그 일에 너희들이 증인이 되라는 것이다. 사도행전과 누가복음은 둘 다 누가가 기록하였다.

사도행전 1:4~8까지의 말씀을 요약하면 예루살렘을 떠나지 말고 아버지의 약속하신 것을 기다리라. 성령이 임하시면 권능을 받고 예루살렘과 온 유다와 사마리아 땅 끝까지 증인되라는 것이다. 사도행전에는 상세하게 기록하지 않았지만 이 두 책의 말씀을 종합하면 보혈의 증인이 되라는 뜻이다. 보혈을 증거하는 증인이 되기 위해서는 반드시 성령의 세례를 받아야 한다는 것이다. 증인이란 헬라어로 말투스라고 하는데 이는 순교자란 뜻이다. 우리가 보혈을 전할 때 순교할 각오로 해야 하는 것이라는 뜻이다.

　필자는 신약성경을 약 1,200독 했다. 그래도 이 말씀을 잘 알지 못하였다. 그런데 인도에서 너무 힘들게 복음을 전하면서 『보혈은 기적이다』 제2권을 준비하기 위해 신약을 20번 째 읽는 중에 본문 누가복음 24장 속에 숨은 보혈을 발견하였고 뛸 듯이 기뻤다. 아마 독자들도 부족한 사람이 쓴 졸서이지만 누가복음 24장의 비밀을 잘 이해한다면 필자와 같은 감격이 여러분에게도 반드시 오리라고 확신한다.

　49절에는 약속하신 성령이 올 때까지 이 성에 머물라고 하셨다. 이 말씀은 사도행전 1:4에 나오는 예루살렘 떠나지 말고 약속의 성령을 기다리는 말과 같은 뜻이다. 왜 성령이 와야 하느냐 보혈의 복음을 전하기 위해서는 성령이 함께하여야 함을 가리키며 성령의 주사역이 곧 보혈을 전하는 것임을 우리는 여기서 알 수 있다. 또한 성령이 함께하시지 않는 보혈 전파는 있을 수도 없고 또한 있어서도 안 된다는 사실을 알아야 한다.

　보혈의 증인이 되기 위해서는 성령과 동사하여 함께 사역하여야 한다. 우리는 사도행전 1:8의 증인이 그냥 복음의 증인으로만 알았으나 누가복음 24장을 연결하여 보니 보혈의 복음을 전하기 위해 성령을 받아야 하고 또한 보혈의 증인이 되어야 함을 알 수 있다. 그런데 복음 전파의 사역은 성령님이 99% 역사하시고 인간이 1% 노력하여 신인 神人 협력으로 이루어가는 것이지만 성령님은 절대 단독으로 역사하지 않으시고 꼭 사람들을 통하여 역사한다는 사실을 알아야 할 것이다.

> **❝** 나는 너희로 회개케 하기 위하여
> 물로 세례를 주거니와 내 뒤에 오시는 이는
> 나보다 능력이 많으시니 나는 그의 신을 들기도 감당치 못하겠노라
> 그는 성령과 불로 너희에게 세례를 주실 것이요 **❞**
>
> 마태복음 3:11

6장

보혈과 능력
Jesus blood & Power

예루살렘을 떠나지 말라

예루살렘은 이스라엘의 수도이다. 육적으로는 이스라엘의 수도이지만 영적으로는 예수님, 교회를 상징하고 비유한다. 그 이유는 그 당시에 성전이 예루살렘에만 있었기 때문이다. 사도행전 1:4에 500여 문도에게 주님은 너희는 예루살렘 떠나지 말고 아버지의 약속하신 것을 기다리라고 하셨다. 이 말씀은 예루살렘을 떠나면 성령을 못 받는다는 뜻이다. 그러므로 성령을 받기 위해서는 먼저 예루살렘을 떠나면 안 된다.

누가복음 2장에 보면 예수님과 그 부모가 유월절을 지키고 돌아오던 길에 예수님을 잃어버린 사건이 나온다. 3일 후에 겨우 예수님을 찾았는데 예루살렘 성전에서 찾게 되었다. 주님의 부모가 주님께 물었다. ^{누가복음 2:48} 아이야 어찌하여 우리에게 이렇게 하였느냐고 물으니 그때 주님이 하신 말씀이 누가복음 2:49이다. 어찌하여 나를 찾으셨나이까. 내가 내 아버지 집에 있어야 할 줄을 알지 못 하였나이까 하셨다.

여기서의 교훈은 우리는 항상 예루살렘에 있어야 예수님을 만난다는 것이다. 요한복음 15:5에는 너희가 내 안에서 거하면 열매를 많이 맺지만 나를 떠나서는 아무것도 할 수 없다고 말씀하셨다.

예수님을 떠난 삶은 고난과 환난, 죽음밖에 없다. 예수님을 떠난 자의 말로는 요한복음 15:6에 나오는 가지처럼 밖에 버려져 말라버리고 사람들이 그것을 모아다가 불에 던져 태워 버린다고 하셨다. 이는 우리 힘으로 되는 것이 없으며 예수님을 떠나면 사람에게도 버림받고 결국은 지옥에 가게 된다는 것이다.

합동찬송가 가사 중에 '물을 떠난 고기는 혹시 산다 하여도 예수 떠난 심령은 사는 법이 없다' 는 가사가 있다. 누가복음 10:30에도 어떤 사람이 예루살렘에서 여리고로 내려가다가 강도를 만났다고 하였다. 즉 신앙, 예수를 떠났더니 사탄을 만나 거의 죽게 되어버린 것이다.

누가복음 15장에는 세 가지 비유가 나오는데 잃은 양 비유, 잃은 드라크마 비유, 또 탕자의 비유가 그것이다.

누가복음 15:11부터는 유명한 탕자의 비유가 있다. 11,12절에 보면 어떤 사람이 두 아들이 있는데 둘째 아들이 예루살렘을 상징하는 아버지의 품을 떠났다가 13절, 얼마 후 허랑방탕하여 전 재산을 날렸다고 하였다. 그러다가 20절, 다시 아버지 품인 영적인 예루살렘에 돌아올 때에 완전히 모든 것이 회복되었음을 알 수 있다.

바울은 디모데전서 1:13에서 "내가 전에는 비방자요 박해자요 폭행자였으나 도리어 긍휼을 입은 것은 내가 믿지 아니할 때에 알지 못하고 행하였음이라"고 하였다. 주님은 사도행전 1:4에서 약속의 성령을 받으라고 말씀하셨다. 성령을 받아야 우리가 주님의 보혈의 전도자, 전파자가 될 수 있다. 필자도 성령 세례 받기 전에는 보혈을 알지 못했다. 아무리 힘들어도 하루 2~3시간씩 기도하며 참고 기다렸더니 성령 세례를 다시 받게 되었고 보혈의 전도자로 쓰임 받게 된 것이다. 성령의 능력이 없이는 보혈의 증거는 불가능하다. 그러므로 그 조건이 예루살렘을 떠나지 말라고 하신 것이다.

말의 능력 Power of Words

필자가 보혈의 전도자가 되었던 것은 물론 주님의 택하심과 주님의 은혜였지만 말의 능력도 큰 역할을 하였다.

『보혈은 기적이다』에서 상세히 말씀드렸기 때문에 간단히 말씀을 드리려고한다. 지금은 미국(뉴욕)에 간호사로 있는 사랑하는 딸 심라야가 부산 백병원에 근무할 때의 일이다. 필자에게 보내온 20여 권의 책 중에 내 가슴을 울리는 책이 세 권 있었다.

그 책들은 『안녕하세요 성령님』, 『어서오세요 성령님』이란 책이었고 또『당신의 말이 기적을 만듭니다』라는 책이었다. 『안녕하세요 성령님』, 『어서오세요 성령님』이란 책을 통해 성령님에 대하여 좀 더 깊고 넓게 알게 되었고, 『당신의 말이 기적을 만듭니다』라는 박필 교수가 쓴 책을 통해서는 말의 능력에 대하여 새롭게 깨닫게 되었다.

기적을 달라는 필자의 한 맺힌 기도 1년 후에 주님이 친히 '보혈은 기적이다' 라고 말씀하신 후 보혈을 알고 연구하고 공부하였고 그 후 약 10년이란 세월이 흐른 오늘에 와서 『보혈은 기적이다』, 『은총의 붉은 낙엽』에 이어 제2권을 쓰게 되는 영광을 얻게 되었다.

말에는 엄청난 능력이 숨어있다. 우리말에도 말은 씨가 된다고 하였다.

故 정주영 현대그룹 회장은 '시련은 있어도 실패는 없다' 는 그의 철학과 말이 우리나라의 1등뿐 아니라 세계적인 대기업으로 현대를 만들어 놓았다.

말에 대한 새로운 깨달음이 있은 후 무엇보다 민수기 14:28에 나오는 "너희 말이 내 귀에 들린 대로 내가 너희에게 행하리니"라는 그 말이 믿어지는데 너무 감격스러웠다. 그렇다. 무슨 말을 하든지 주님은 듣고 계시고 내 말에 주님은 그대로 응답하신다(마7:7~9참조).

시편 116:1~2 "여호와께서 내 간구와 음성을 들으심으로 내가 그를 사랑하는도다 그 귀를 내게 기울이셨으므로 내가 평생에 기도하리로다"라고 하였다.

얼마 전 TV 프로에서 본 것인데 참으로 놀라웠다. 포도주 한 병에는 사랑한다 말을 하고 쓰다듬으며 칭찬하였고 똑같은 포도주 다른 병에는 저주의 말을 하고 미워한다고 하였다. 그렇게 했더니 사랑한다고 말한 포도주는 순하여 먹기 좋았으나 미워한다고 저주한 포도주는 먹지 못할 독주가 된 것을 여러 사람을 통해 실험한 결과를 보여주었다.

그보다 더 오래 전의 일이다. 한 그릇의 밥에는 '사랑한다' 는 글을 써 붙이고 칭찬의 말을 하고 다른 한 그릇 밥에는 저주와 함께 욕을 하였다. 칭찬하고 쓰다듬어 준 밥은 15일까지 상하지 않고 유지되었으나 저주하고 미워한다고 했던 밥은 7일도 못가서 썩었다는 것이다. 이와 같이 생명이 없는 죽은 밥이나 말을 못하는 미생물도 말에 따라 죽기도 하고 살기도 한다.

잠언 18:21에는 죽고 사는 것이 혀의 권세에 달렸으니 혀를 쓰기를 좋아하는 자는 그 열매를 먹으리라고 하였다. 그런데 우리는 영원히 살아계시고 지금도 살아 역사하시는 예수님의 이름으로 선포되는 영원한 생명수인 보혈의 말씀은 우리 영을 살리고 모든 일에서 우리를 기적의 길로 인도하시는 것은 지극히 당연한 것이다. 히브리서 4:12에는 하나님의 말씀은 살았고 운동력이 있다고 하였다.

창세기 1:1에 하나님은 말씀으로 천지를 창조하시니라고 하였다. 마태복음 8:16에 보면 밤에 사람들이 귀신 들린 자와 병자들을 예수님께 데려왔는데 주님이 말씀으로 귀신을 쫓아내시고 병자를 고치시는 장면이 나온다. 그 말씀은 보혈의 말씀이다. 보혈의 말은 더욱 힘이 있다. 그 이유는 영원히 살아있는 예수님의 피이기 때문이다.

한 번은 사역 중에 일주일에 세 번 피를 투석하는 60대 환자를 위해 기도하는데 필자가 "예수님의 보혈의 능력으로 명령한다. 피가 돌아갈지어다. 빠르게 돌아갈지어다." 하였더니 "목사님이 피가 돌아갈지어다 명령할 때 진짜로 피가 돌아가요." 하는 것이 아닌가.

예수님의 이름으로 보혈 피를 붓는다. 예수 이름으로 명령한다. 피가 돌아갈지어다. 하였는데 함께 사역하던 이명수 목사가 눈물을 흘리면서 환상으로 보니 필자가 명령했을 때 피가 돌아간다는 것이 아닌가. 30년이나 잘 돌아가지 않던 피를 순식간에 돌아가게 한 예수님의 이름과 보혈이 이렇게 엄청나게 큰 능력임을 체험하게 되었다.

병을 고치려면 이렇게 기도하라

잠언 15:4에는 "온량한 혀는 곧 생명나무라도 패려한 혀는 마음을 상하게 하느니라"고 하였다. 잠언 12:18에도 "혹은 칼로 찌름 같이 함부로 말하거니와 지혜로운 자의 혀는 양약 같으니라"고 하였다. 이 양약과 온량한 혀는 히브리어로 마르테로 같은 말로 쓰였는데 '치료하다'라는 뜻이다. 온량한 말은 치료의 양약이 된다는 뜻이다. 필자는 치유기도를 할 때 처음에는 '하나님 사랑합니다. 예수님 사랑합니다. 성령님 사랑합니다. 영광을 받으시옵소서. 하나님 감사합니다. 예수님 감사합니다. 성령님 감사합니다. 영광을 받으시옵소서.'라는 말로 기도한 후 시작한다. 그 이유는 주님이 가장 기뻐하시는 말이 사랑,

감사, 영광을 받으라는 말씀임을 알기 때문이다.

주님은 우리가 주님을 사랑하고 감사하게 살기를 원하신다. 그리고 주님은 우리를 통하여 영광 받으시기를 원하신다. 그러기 때문에 성삼위 하나님께 '사랑합니다. 감사합니다. 그리고 영광을 받아 주옵소서.' 하는 기도를 먼저 해야 하는 것이다. 이것이 성경 속의 신비요, 비밀이다.

데살로니가전서 5:16~18에도 "항상 기뻐하라 쉬지 말고 기도하라 범사에 감사하라 이는 그리스도 예수 안에서 너희를 향하신 하나님의 뜻이니라"고 하지 않았는가.

그 다음은 치료 천사, 보혈 천사, 건강 천사, 약병 천사, 전쟁 천사와 성령의 불 천사를 주님께 요청하여 불러 천사를 통해 치유하도록 해야 한다. 이것이 비밀이요 놀라운 능력이다. 물론 명령기도로 하여야 한다.

오늘의 신앙생활은 말이라고 생각한다. 은사, 능력, 구원, 설교, 기도, 전도, 찬송, 보혈, 치유 등 모든 신앙생활이, 헌금을 제외하고는 모든 것이 말로 이루어진다는 것이다. 그러므로 오늘날 신앙생활은 말이라고 해도 틀린 말이 아니다. ^{로마서 10:10} 마음으로 믿어 의가 되고 입으로 시인하여 구원을 받는다고 하였다. 다시 말해 말로 구원을 받는 것이다.

잠언 16:24에 선한 말은 꿀송이 같아서 마음에 달고 뼈에 양약이 된다고 했다. 선한 말은 히브리어로 '노암'이라고 하는데 기쁨, 은혜, 아름다운 이라는 뜻이다. 데살로니가전서 6:18에 여러 말로 서로 위로하라고 하였다. 서로라는 말은 누구든지 위로가 필요하다는 뜻이다. 그리고 위로라는 말은 따뜻한 말을 하여 주라는 뜻이다. 잠언 12:25에 선한 말은 그것을 즐겁게 한다고 하였다.

하지 말아야 할 말

잠언 12:18 칼로 찌름 같이 함부로 말하거니와 지혜로운 자의 혀는 양약과 같으니라. 시편 140:3 뱀 같이 그 혀는 날카롭게 하니 그 입술에는 독사의 독이 있느니라.

이 말씀들은 선한 말은 치료가 되지만 반대로 악한 말들은 사람을 병들게 한다는 것이다. 죽고 사는 것이 혀의 권세에 달렸다고 하지 않는가. 야고보서 3:8에 "혀는 길들일 사람이 없으니 쉬지 아니하는 악이요 죽이는 독"이라고 하였다. 베드로전서 3:10에는 "생명을 사랑하고 좋은 날 보기를 원하는 자는 혀를 금하여 악한 말을 그치고 입술로 거짓말을 하지 말라"고 하였다.

잠언 15:1 유순한 대답은 분노를 쉬게 하여도 과격한 말은 노를 격동하느니라 하였다. 이 말씀은 온유하고 따뜻한 말은 나던 화를 멈추게 하지만 과격한 말은 온유한 마음에 분노을 일으키게 한다는 것이다

'성공하려면'이라는 글에서 '성공을 원치 않는 자의 10가지 말'에 대해서 소개한 것을 본 적이 있다. 그것은 ① 바빠 죽겠네 ② 너무 힘드네 ③ 할 일이 너무 많네 ④ 시간이 없는데 ⑤ 다음에 하지 ⑥ 죽고 싶다 ⑦ 짜증나 죽겠네 ⑧ 아파 죽겠네 ⑨ 난 되는 게 없어 ⑩ 차라리 죽는 게 낫겠어 등이라고 하였다. 미국의 철강 왕 카네기는 성공의 비결은 말을 잘하는 것이라 하였다. 그는 타인의 장점은 칭찬하고 격려하는 것보다 더 좋은 방법은 없다고 하였다. 그는 성공하는 사람은 '없다. 한계가 있다. 잃었다.' 같은 부정적인 말은 하면 안 되고 항상 긍정적인 말을 해야 한다고 하였다.

말은 나를 끌고 간다

우리가 기억해야 할 것은 우리말이 우리 자신을 끌고 간다는 사실이다. 다시

말해 말하는 대로 된다는 뜻이다.

민수기 13:28~33에 있는 정탐꾼의 예에서 그것을 잘 알 수 있다. 처음에 열두 명의 정탐꾼들을 가나안에 보냈다. 그런데 열 명의 정탐꾼과 두 명의 정탐꾼들의 보고가 크게 달랐다. 열 명은 부정적이요 비성경적이요 육적인 말이었다. 그러나 갈렙과 여호수아는 긍정적이요, 성경적이요, 신앙적이었다. 우리가 기억해야 할 것은 그들의 말 대로 되었다는 것이다. 그리하여 하나님은 민수기 14:29에서 "너희 시체가 이 광야에 엎드러질 것이라 너희 이십 세 이상으로 계수함을 받은 자 곧 나를 원망한 자의 전부가 여분네의 아들 갈렙과 눈의 아들 여호수아 외에는 내가 맹세하여 너희로 거하게 하리라 한 땅에 결단코 들어가지 못하리라" 하셨는데 그 말씀대로 그들은 광야에서 죽었으며 갈렙과 여호수아와 새로 태어난 자만 가나안에 들어가게 된 것이다.

지리학자들에 따르면 광야에서 가나안까지 7일, 늦어도 10일이면 갈 수 있는 길인데 그 짧은 길에 그들의 말 때문에 그것이 불신앙이 되어 40년이 지나도록 가지 못하다가 모두가 광야에서 죽임을 당하였다. 아담과 하와도 뱀의 말을 하나님의 말씀보다 더 믿고 따르다가 인류에 씻을 수 없는 원죄를 안겨 주었고 우리에게 저주와 영원한 사망을 가져다 준 것이다.

세례 요한의 증거

마태복음 11:11 예수님은 세례 요한을 가리켜 여자가 낳은 자 중에는 가장 큰 자라고 칭찬하셨다. 세례 요한은 말라기 선지자 이후 암흑기를 거치고 400년 만에 구약시대에서 신약시대를 여는 예수님의 길잡이로 회개를 외친 위대한 선지자이다. 그는 용기 있고 담대하여 제2의 엘리야 선지자로 불렸고, 특히 이스라엘 종교 지도자를 향하여 강한 책망으로 많은 사람들의 존경을 받았다. 그리고 예수님께 세례를 베푼 것을 비롯해서 많은 사람들에게 세례를 베풀어서 그의 이름도 세례 요한이라 불렸다. 특히 예수님의 제자 다수가 세례 요한의 제자였으며 그는 헤롯왕에게 회개를 외치다가 순교하며 주님께 영광을 돌렸다.

그는 예수님께 대하여 두 가지를 예언하였다.

(1) 요한복음 1:29 - 예수님을 세상 죄를 지고 가는 하나님의 어린양이라 함으로 우리 죄를 위하여 속죄 피를 흘리러 오신 예수님으로 고백하였고 창세기 3:21에 아담이 지은 첫값으로 제2의 언약인 구속 언약을 완성하시기 위해 친히 십자가의 피를 흘리러 오실 예수님을 잘 표현하였다.

(2) 요한복음 1:33 - 예수님은 성령 세례를 주러 오신 예수님이라 하였다. 다시 말씀드리면 흘리신 보혈을 증거하시기 위해 성령의 불을 주러 오신 예수님이심을 예언하였다. 마태복음 3:11에서 "나는 너희로 회개케 하기 위하여 물로 세례를 주거니와 내 뒤에 오시는 이는 나보다 능력이 많으시니 나는 그의 신을 들기도 감당치 못하겠노라 그는 성령과 불로 너희에게 세례를 주실 것이요"라고 하였다. 예수님의 두 사역, 즉 보혈의 피를 흘리러 오신 예수님과 그 흘리신 보혈을 증거하기 위하여 성령을 주시러 오신 예수님을 잘 증거하였다. 또 마태복음 3:12에 "손에 키를 들고 자기의 타작마당을 정하게 하사 알곡은 모아 곡간에 들이고 쭉정이는 꺼지지 않는 불에 태우시리라"고 하심으로 보혈의 피로 씻은 자는 천국에 들어가고, 피로 씻지 못한 자는 지옥에 던지우도록 심판하실 예수님을 잘 증거하였다.

천국의 보화 Treasures of Heaven

예수님은 천국에 대한 말씀을 비유로 하셨다. 마태복음 13:34에 예수님은 모든 것을 비유로 말씀하시고 비유가 아니면 아무것도 말씀하지 아니하였다고 하셨다. 마태복음 13:35에는 내가 입을 열어 비유로 말하고 창세로부터 감추인 것들을 드러내려 하심이라고 하였다. 성경의 진리요 보화는 숨겨져 있다. 그리고 그것을 비유로 한다는 것이다. 성경은 비유의 글이다. 특히 천국은 비유가 아니면 하시지 아니하신다. 그 이유는 보화는 숨기지 않는 것이 없기 때문이다. 아무 곳에나 두었다면 그것은 보화가 아니다.

마태복음 13:44에 천국은 마치 밭에 감추인 보화와 같다고 하였다. 천국의 보화란 천국에 가는 길을 설명한 것이다. 그 보화가 보혈이다. 그 이유는 죄를 씻는 샘이 보혈이기 때문이다.

베드로전서 1:19에는 보배로운 피라 하였는데, 보화를 다른 말로 하면 보배라고 할 수 있다. 그러므로 밭에 감추인 보화가 보혈임이 틀림없다. 보혈은 감추인 보화요 천국은 비유로 되어 있으므로 십자가 구속, 죄사함, 구원, 속량, 회개, 생명, 사랑 등을 보혈로 이해할 수 있어야 한다.

물론 본문과 문맥에 따라 달리 쓰여질 수가 있으나 다 보혈로 보아야 한다. 특히 십자가 구속, 속량, 죄 사함, 회개란 말 등은 보혈임을 알아야 할 것이다. 그렇게 해야 성경을 이해하고 해석하는 데 크게 도움이 된다(요13:1~17, 마 16:21~23참조). 그러므로 많은 보혈 신학자들은 신구약 성경 전체를 보혈의 책이라고 부른다.

필자도 언제부터인가 성경이 보혈로 보이기 시작하였고 특히 신약성경은 거의 다 보혈로 보이기 시작했다. 특히 많은 사람들은 보혈을 현재완료형으로 쓰는 경향이 있다. 그러나 우리가 기억할 것은 보혈은 현재 진행형이요, 반복형으로 보아야 한다. 우리가 죄를 아무리 씻고 회개해도 거듭해서 짓는 것처럼 보혈도 반복적이요, 진행형이어야 하는 것이다.

그런데 보혈을 현재완료형으로 보기 때문에 문제가 생긴다. 이미 죄 사함을 받았으므로 더 이상 보혈의 필요성을 인정하지 않게 되는 것이다. 주님은 요한복음 13:8에서 발 씻음을 거부하는 베드로에게 내가 너를 씻기지 않으면 너와 나는 상관이 없다고 하심으로 보혈은 반복적이요 진행형임을 가르쳐주고 있다.

발은 날마다 씻어야 하기 때문이다. 본문 마태복음 13:44에 밭에 감추인 보화를 발견한 농부가 자기 소유를 다 팔아 밭을 샀다고 하였다. '발견한 농부'란 말에서 깨달을 수 있는 것은 성경 속에 숨겨 놓은 것을 찾으려는 노력이 있을 때 찾을 수 있다는 뜻이다. 발견이라는 것은 찾는 노력을 할 때 사용하는 말이기 때문이다. 그리고 찾은 농부가 자기 소유의 모든 것을 다 팔아 그 밭을 샀다고 하였는데 그것은 보혈의 가치를 설명한다. 예수님은 부자 청년에게도 같은 말씀을 하신 적이 있다. 네 소유를 팔아 불쌍하고 가난한 이웃을 위해 나눠주라. 그리하면 하늘의 보화가 네게 있으리라고 하셨다. 이 말씀은 보혈이라는 보화는 쉽게 얻을 수 있는 것이 아니라는 것이다. 나의 모든 것을 다 드려야 얻을 수 있음을 알아야 한다. 천국의 보화와 보혈을 통한 구원은 이 세상 모든 것을 주고도 살 수 없는 보화임을 명심하여야 하겠다.

보혈은 복이다

베드로 사도도 요한복음 13:18에서 예수님의 보혈의 죄 씻음의 원리를 잘 알지 못했다. 그러나 주님은 요한복음 13:7에서 "네가 이제는 알지 못하나 이 후에는 알리라"고 하였다. 주님의 예언의 말씀처럼 베드로는 베드로전서 1:19 을 보면 주님의 보혈을 보배로운 피라고 고백하는 것을 볼 수 있다. 왜 보혈이 보배인가 주의 피가 들어가면 죄인의 신분이 의인으로 바뀌고 마귀의 자녀에 서 하나님의 자녀로 바뀌게 된다. 다시 말해 지옥의 권세에서 해방되어 하나님 의 자녀가 되어 천국으로 들어가게 된다. 그러므로 보혈은 기적인 것이다. 이 를 보고 어찌 보배라 하지 않겠는가. 주님은 요한복음 13:17에 보혈을 가리켜 이것을 알고 행하면 복이 있으리라고 하셨다.

보혈은 이 세상에서 가장 귀하다. 어느 목사님이 기도하다가 주님께 들었다 면서 필자에게 해 준 이야기가 있다. 미국에서는 보통 인사를 할 때 '축복합니 다 May God Bless You.' 라고 하는데, 주님께서 '보혈로 축복합니다 May God Bless You with Holy Blood.' 로 바꾸어 인사하라고 하시더라는 것이다.

베드로전서 1:18~19에 "너희 조상의 유전한 망령된 행실에서 구속된 것은 은이나 금 같이 없어질 것으로 한 것이 아니요 오직 흠 없고 점 없는 어린양 같 은 그리스도의 보배로운 피로 한 것이니라"라고 한 베드로 사도의 말에서 보 배 피가 세상의 어떤 보배보다도 더 귀하다는 것을 알 수 있다.

성경에도 가장 귀하게 쓰임 받은 사람은 모두가 보혈을 아는 사람이었다. 성 경에서 가장 귀하게 쓰임 받은 이사야, 엘리야, 모세, 바울, 베드로, 요한을 한 번 보자. 모두가 보혈이 있는 자로 귀하게 쓰임 받았다. 오늘도 보혈과 성령이 충만한 자를 주님은 찾고 귀하게 쓰신다.

보혈은 숨어있다는 뜻

이 세상의 보화는 숨겨져 있고 그 수가 또한 많지 않기 때문에 값이 귀한 것이다. 보혈은 바닷물같이 강물처럼 흘러넘치지만 그것을 알고 받아 마시고 간직하고 귀하게 쓰임 받는 보혈의 전도자는 세상에 숨겨 두었으며 또한 많지 않음을 알아야 한다. 엘리야는 자기만 바알에게 무릎 꿇지 않았다고 하였으나 주님은 7,000명을 숨겨 두었다고 하셨다. 보혈은 영육에 이적과 기적을 얻게 한다.

주님이 쓰시는 그릇

^{디모데후서 2:20} 바울은 우리 성도를 그릇에 비유하여 말하고 있다. 큰 집에는 금그릇과 은그릇 뿐 아니라 나무그릇과 질그릇 등이 있다고 하였다. 하나님의 나라 복음 전파를 위해서는 많은 사람들이 필요하다는 뜻이다.

주님이 사역을 시작하실 때 먼저 40일을 금식기도 하시고 또 세례를 받으신 후에 열두 제자를 선택하셨다. 예수님이 하나님이신데 무슨 사람이 필요한가 의문을 가질 수 있다. 그러나 주님은 열두 제자, 그 다음 70인, 500여 문도를 부르시고 쓰셨다. 더욱 놀라운 것은 가서 모든 족속을 제자로 삼으라 하셨다(마 28:19). 이 말씀은 바로 모든 사람이 다 필요하다는 뜻이다.

예루살렘 온 유대와 사마리아 땅 끝까지 이르러 내 증인이 되라고 하셨다(행 1:8). 이 말씀은 주님이 나를 필요로 하신다는 뜻이다. 문제는 나 자신이 준비만 하면 쓰신다는 것이다.

모든 족속으로 제자를 삼으라고 하셨다. 그 일을 위해 모든 사람이 필요하다는 뜻이다(마28:19). 우리 지체가 많지만 모든 지체가 한 몸에 붙어있는 것은 다 필요하기 때문이다. 이와 같이 많은 지체가 모여 한 몸을 이루듯이 우리도 많은 사람이 모여 주님의 복음 전파에 쓰임 받는다는 뜻이다.

어떤 프로그램에서 눈썹이 없는 아가씨가 공개구혼을 하는 것을 보았다. 다른 것은 다 정상인데도 눈썹이 하나도 없어 결혼을 아무리 하려고 해도 안 된다는 것이었다. 아무 필요가 없는 것 같은 눈썹도 필요하다는 말이다.

바울은 주님께 쓰임 받기 위해서는 조건이 있는데 바로 깨끗한 것이라고 말한다. 주님은 깨끗한 사람을 쓰신다. 주님께 귀하게 쓰임받기를 원하는 것은 우리 모두의 소원 아니겠는가.

모세는 필자가 볼 때에 신·구약을 통틀어 가장 귀하게 쓰임 받은 사람이 아닐까 생각한다. 하지만 그의 깨끗하지 못한 그릇 때문에 40년 동안 광야에서 훈련 받게 하셨다. 결국 그를 훈련시키셔서 다이아몬드 Diamond처럼 귀하게 쓰신 것을 볼 수 있다.

반면 가룟 유다나 게하시 같은 사람은 큰 그릇으로 쓰일 수 있었으나 크게 쓰임 받지 못하고 최후를 마친 사람들이다.

그릇대로 쓰신다. 주님이 말씀하시기를 마9:29 "너희 믿음대로 되라" 하셨다. 이 말씀은 우리의 믿음대로 된다는 것이다.

열왕기하 4:1~7에 보면 어떤 선지자의 생도 부인이 엘리사를 찾아왔다. 그 여인은 말하기를 저희 남편은 죽었고 두 아들이 있는데 생활고로 빚을 졌는데 갚지 못해 두 아이가 종으로 가게 되었다는 것이었다. 그러므로 도와달라는 것이었다. 엘리사는 그에게 무엇이 있느냐고 물었다. 여인은 기름 한 그릇 외에는 아무것도 없다고 하였다.

그때 엘리사는 그릇을 빌리되 이웃에게 조금 빌리지 말고 많이 빌리라고 하였다. 이 말씀은 우리의 그릇대로 준비한 대로 쓰신다는 것을 보여 주시려는 것이다. 4절에 너희 두 아들과 함께 문을 닫은 후에아들은 그릇을 가져오고 그는 부었는데 그릇이 차니까 기름이 그쳤더라고 했다(왕하4:6).

이 기적이 주는 교훈은 많지만 중요한 한 가지를 들자면 그릇대로 채워주신다는 것이다. 우리가 준비한 대로 채워주신다는 것이다. 주님이 더 주시거나 덜 주시는 것이 아니라 준비한 대로 채워주신다는 것이다.

성경은 사람이 무엇을 심든지 심는 대로 거두리라고 하였다(갈6:7).

마태복음 25장의 달란트 비유도 사람들이 각각 다섯 달란트, 두 달란트, 한 달란트를 재능대로 받았다고 하였다. 시편 126:5~6에도 울며 씨앗을 뿌리는 자에게는 정녕 기쁨으로 단을 거둔다고 하였다. 사사 기도온도 미디안과의 전쟁을 위하여 군사를 모집할 때 아무나 쓰지 않았다. 많은 사람 가운데 준비된 300명만 쓴 것이다.

우리도 보혈을 알고 준비하면 주님께 귀하게 쓰임 받겠지만 그렇지 못하면 주님의 나라 쓰임에서 제외될 수밖에 없을 것이다.

그릇을 준비하는 것이 무엇이냐

디모데후서 2:21이 그 답을 주고 있다. 누구든지 이런 것에서 자기를 깨끗하게 하면 귀하게 쓰임 받게 된다고 가르치고 있다. 여기서 가장 귀한 말은 '누구든지' 라는 말이다. 누구든지 라는 단어 속에는 나도 포함된다는 사실이다. 남녀노소, 유식하든지 무식하든지, 천민이든 귀인이든 깨끗한 그릇을 다 쓰신다는 것이다.

그럼 깨끗한 그릇이란 무엇일까? 두 말할 필요도 없이 영적으로 심령이 깨끗한 사람을 쓰신다는 것이다. 심령이 깨끗한 자는 복이 있나니 하나님을 볼 것이라고 하였다(마5:8). 깨끗한 그릇이란 새 것이든지 아니면 깨끗이 씻어 쓰든지 둘 중의 하나인 것이다. 깨끗하다는 말은 비유이니 사람이 죄가 없다는 표현이다.

그렇다면 세상에 새 것은 없다. 예수님밖에는 없다. 그러면 우리의 그릇을 씻어야 한다. 그래야 주님께 쓰임 받을 수 있는 것이다. 성경의 가르침은 죄가 없는 사람은 예수님 외에는 아담 이후 심판의 때까지 없다는 것이다. 또한 죄에서 사람의 심령이 깨끗함을 얻는 길은 예수님의 보혈밖에 없다는 것이 성경이 가르치는 진리이다.

요한일서 1:7 "그 아들 예수의 피가 우리를 모든 죄에서 깨끗하게 하실 것이요".

성경은 이와 같이 예수 피밖에는 깨끗하게 할 것이 없다고 말씀하고 있다.

에베소서 1:7 "그의 피로 말미암아 구속 곧 죄 사함을 받았으니"라고 하였다.

레위기 17:11 "생명이 피에 있으므로 피가 죄를 속하느니라"고 하였다.

성경은 진리이다. 그리고 천지는 없어지더라도 내 말은 없어지지 아니하고 그대로 이루리라고 하였다(마5:18).

레위기 20:7 "너희는 스스로 깨끗하게 하려 하여 거룩할지니라 나는 너희 여호와 하나님이니"라고 하였다. 이 말씀은 거룩하게 하기 위해 보혈로 죄를 씻으라는 말이다.

민수기 8:21 "레위인이여 이에 죄에서 스스로 깨끗하게 하고 그들의 옷을 빨매…… 그들이 속죄하여 정결케"되었다고 하였다. 쉽게 말씀드리자면 그의 피로 죄를 씻으라는 말이다.

민수기 19:13하 "정결하게 하는 물을 뿌리지 아니하므로 깨끗케 되지 못하고 그 부정함이 그저 있음이니라" 하였다. 보혈로 씻지 않아서 깨끗함을 받지 못했다는 것이다. 바꾸어서 말하면 보혈로 씻으면 깨끗하게 된다는 말씀이다.

주님은 온 몸을 씻어달라는 베드로의 말씀을 들으신 후에 온몸이 깨끗하나 다는 아니니라(요13:10)고 하심으로 예수 피로 씻어주신 제자들은 발 외에는 깨끗하나 가룟 유다는 보혈로 아무것도 씻지 않았으므로 깨끗지 않다고 하신 것이다.

곧 물로 씻어 말씀으로 깨끗하게 하라 하심으로 보혈의 말씀을 듣고 보혈로 씻어 깨끗하라는 뜻이다(엡4:26). 물론 깨끗한 그릇이라는 말씀이 보혈로 씻는 것만 가르치는 것이라고 생각하지는 않는다. 그러나 우리가 죄에서 멀리하고 죄를 짓지 않고 노력하는 자를 의미하기도 하지만 보혈로 씻기어 깨끗하게 된 자를 쓴다는 말씀인 것이다. 그 이유는 보혈만이 참된 의요 하나님의 의의 전가요, 언약이기 때문이다.

일본의 유명한 신학자 우찌무라 간조 內村鑑三는 세계 2차 대전 말기에 일본 인들을 향해 회개를 외쳤다. '여러분, 오늘 우리가 겪고 있는 이 고통이 어디에서 왔습니까. 하나님은 섬기지 않고 우상인 태양신을 섬기고 각종 신을 섬기고 약한 나라를 괴롭힌 죗값입니다. 대지진이나 공습해오는 적군들의 공습을 두려워하지 말고 우리들의 죄를 보응하시는 하나님을 두려워하고 하나님께 우리 민족이 회개해야 합니다. 이 길만이 우리와 우리 민족이 사는 길입니다.' 고 외쳤다.

물론 예수님 피로 씻음 받아야 한다. 그러나 피로 씻어달라고 하기 전에 진심으로 회개하고 주님께 용서를 구하고 하나님께 돌아오고 난 다음에 보혈로 씻어 달라 하여야 할 것이고 그래야만 주님이 우리를 죄에서 씻어 정결케 하실 것이요 또한 귀하게 쓰실 것이다.

사탄을 이기는 무기

사도행전 14:22에는 우리가 하나님의 나라에 들어가려면 많은 환난을 받아야 한다고 하였다. 바울은 선한 싸움을 다 싸우고 믿음을 지켰다고 하였다(딤후4:6). 세상은 일명 전쟁터라고 할 수 있다.

교회는 둘로 나눌 수 있으니 천상교회와 지상교회가 그것이다. 지상교회는 싸우는 교회이고 또한 전쟁하는 교회라고 부른다. 물론 싸우는 것이 혈육으로 싸우는 것을 말하는 것은 아니다. 영적인 것이며 마귀와 내 자신의 자아와 죄와 싸우는 것이다.

우리가 기억할 것은 싸우는 데에는 반드시 무기가 있어야 한다. 그런데 그 무기가 무엇일까. 성령의 은사이며 능력이다. 하지만 빼놓을 수 없는 것이 보혈인 것이다. 무당들도 귀신을 쫓아낼 때 칼로 십자가를 그리고 피를 뿌린다.

인도인은 힌두교를 90% 이상 믿는다. 필자가 인도에 가서 선교할 때 일이다. '그들은 어떻게 의식을 하는가? 또 어떻게 믿는가?' 궁금증이 생겨 힌두교 신전에 들어가 본 일이 있다. 그때 깜짝 놀랐다. 왜냐하면 그들도 피를 뿌리고 온몸을 피를 상징하는 붉은 물감으로 칠하는 것이 아닌가. 네팔에서도 그들이 신에게 제사를 드릴 때 닭이나 염소를 잡아 피를 드리는 것을 보았다. 이와 같이 사탄도 보혈의 권세를 알고 흉내 내는 것이 아닌가 생각한다. 통일교도 피가름이라는 것을 한다.

이와 같이 이방종교와 이단들도 참 종교를 흉내 내는데 정작 참 종교요, 유일신을 믿는 구원의 종교인 기독교에는 보혈이 없다. '붕어빵에는 붕어가 없다' 라는 말이 생각났다. 그럼 우리는 어떻게 사탄과 싸워서 이겨야 할 것인가.

요한계시록 12:10~11절에 보면 우리 형제들이 밤낮 참소하던 사탄이 쫓겨났는데 어린양의 피와 자기들이 증언하는 말씀으로 그를 이기었으니 이 말씀이 무슨 말씀인가 우리를 참소하는 적은 사탄이라는 것이다.

그 사탄은 우리를 밤낮 참소하고 말로 우리를 참소한다. 그런데 사탄을 이기는 것이 둘이니 하나는 주의 피요, 또 하나는 보혈의 말씀이다. 다시 말해서 보혈과 그의 말씀이라는 것이다(계12:10~11).

예수님의 보혈만이 사탄을 이기는 유일의 무기임을 알아야 한다.

어느 집사님이 사탄에 들려 산만한 아이를 필자에게 데려왔다. 이 아이는 온 교회를 막 뛰어다니며 난동을 피웠다. 기도하기 전에 필자가 내 말을 따라해 보라고 하였다. 예수님, 성령님, 하나님, 교회, 능력 다 물어 보면 대답을 잘하는데 보혈, 예수, 피를 말하라니 입을 꼭 다물고 말하지 않는 것이 아닌가. 그때 필자가 고함을 지르며 따라할 것을 강요하였는데 그때 보혈을 하라고 했더니 도혈이라고 하고, 예수 피라고 시켰더니 '예수 파' 라고 하는 것이 아닌가. 아무리 달래고 설득해서 말해도 끝내는 하지 않았다. 다시 말하면 하질 못하였다. 이와 같이 사탄은 예수 피를 가장 무서워하는 것임을 알 수 있다.

어느 목사님이 깊이 기도하는데 주님이 물으시기를 '좋아, 무엇이 가장 귀한 줄 아느냐?'

그래서 그 목사님은 깊이 생각한 후 '주님, 하나님의 말씀이지요.' 하였더니 주님이 '아니다. 보혈이다.' 라고 하셨다는 것이다. 그러시며 주님이 하시는 말씀이 '보혈이 나의 사랑이며 지금도 살아 역사하는 나 예수니라' 고 하셨다는 것이다. 그 말을 듣고 보혈을 사랑하고 연구하는 종으로는 너무도 귀한 말씀이라 가슴이 뭉클했다.

한번은 포항에 가서 사역하는 중 사탄 들린 자를 축사하면서 사탄과 대화를 하였는데 사탄에게 "너는 무엇이 가장 무서우냐?"고 했더니 "보혈이지 뭐기는 뭐냐. 이제 제발 다른 소리를 하고 예수 피, 보혈 소리 좀 그만해라. 내가 죽겠다."고 하였다.

그렇다. 사탄도, 귀신도 예수님의 피를 가장 무서워하는 것이다.

우리는 모든 일에 이렇게 외쳐야 한다. "예수님의 이름으로, 예수 피로, 성령의 불로 악한 사탄아 떠나갈지어다!"

이렇게 예수님의 이름으로 명령하면 누구든지 다 사탄을 축사할 수 있고 사탄을 이길 수가 있는 것이다. 이 세 가지가 사탄을 이기는 무기임을 알아야 한다.

찬송가 493장 2절의 '예수 보배로운 피 모든 것을 이기니 예수 공로 의지하여 항상 이기리로다' 라는 가사를 기억해야 할 것이다. 이 찬송을 부르며 많이 울었다. 예수 피가 모든 것을 이긴다고 하지 않는가. 예수 피는 주님의 공로요, 항상 이긴다는 그 말을 우리 가슴속에 신앙으로 남기를 원한다.

^{야고보서 4:7} "마귀를 대적하라 그리하면 너희를 떠나리라" 하였다. 우리가 사탄을 대적할 때 우리 힘으로 대적하면 백전백패한다. 그러나 성령으로, 예수님의 이름으로, 보혈로 대적하면 반드시 승리할 수가 있다.

에베소서 6:11에서 분명히 사탄을 대적하기 위하여 하나님의 전신갑주를 입으라고 말씀하고 있다. 이 전신갑주는 보혈의 옷과 성령의 옷, 진리의 말씀으로 무장함을 가리킴을 명심하여야 할 것이다.

보혈의 피를 뿌려야 한다

보혈은 성경 속에 있는 가장 위대한 진리요 보화이다. 그 이유는 보혈이 없이는 천국도 구원도 죄 사함도 없기 때문이다. 주님이 이 땅에 오신 이유도 우리에게 보혈을 흘려주시고 그 피로 죄 사함을 받게 하고 구원을 주시기 위함이다. 그러나 많은 사람들이 보혈의 진리에 대하여 알지 못하는 것이다. 주님은 우리에게 보혈을 뿌리라고 하셨다(눅24:47~49참조).

바울은 자신을 비유하면서 자신은 포행자요 폭행자요 죄인의 괴수라고 하였다. 이 모든 것을 알지 못했기 때문이라고 하였다(딤전1:13~15).

이 말씀은 많은 사람은 보혈을 알지 못해서 뿌리지 못했다는 말이기도 하다. 베드로전서 1:2에 피 뿌리기 위해서 선택된 우리라고 하였다.

이 말씀은 보혈, 즉 피의 진리를 우리가 알고 보혈을 받기 위하여 선택되었다는 뜻이며 보혈의 진리를 많은 사람에게 전하기 위해서 선택되었다는 뜻이다. 우리는 스프링클러 sprinkler라는 물을 뿌리는 기계로 밭에 심긴 과일나무나 채소나 화초에게 물을 뿌리는 것을 종종 볼 수 있다. 물을 뿌리는 것은 죽어가는 곡식이나 과일, 화초, 채소 등을 살리려고 뿌리는 것이다. 이와 같이 많은 사람들에게 보혈의 진리를 증거하여 죽어가는 그들의 영혼이 살아나게끔 보혈을 뿌려야 할 것이다.

요한복음 13:7에 지금은 네가 알지 못하나 나중에는 알리라는 주님의 말씀처럼 베드로 사도도 알지 못하는 것이 보혈이니 많은 사람이 알지 못한 것은 어쩌면 지극히 당연한 일인지도 모른다. 그러므로 우리가 증거하여야 한다. 그래야만 그들이 알 수 있게 될 것이다.

부활하신 주님은 요한복음 20:21에서 아버지께서 나를 보내신 것처럼 나도 너희를 보내노라고 하셨다. 이 말씀은 예수님이 보혈을 흘리러 하나님이 주님을 세상에 보내신 것처럼 나도 너희를 보내는 이유는 피를 뿌리기 위해서라는 말씀이다. "너희가 누구의 죄든지 사하면 사하여 질것이요 누구의 죄든지 그대로 두면 그대로 있으리라"(요20:23)고 하셨다.

다시 말씀드려 우리가 보혈을 전하면 그들도 보혈로 죄를 씻어 구원을 받을 것이요, 우리가 전하지 않으면 그대로 죄가 있다는 말씀이다.

주님은 요한복음 13장에서 발 씻음의 진리를 설명하시면서 14절에서 내가 주와 선생이 되어 너희 발을 씻겼으니 너희도 서로 발을 씻기는 것이 옳다고 하셨다. 이어서 17절에는 "이것을 알고 행하면 복이 있으리라"고 하셨다. 이는 보혈을 알고 실천함으로 죄를 씻고 천국의 복을 받는다고 주님이 친히 말씀하신 것이다. 사도행전 7:34에 나오는 스데반의 설교 중에도 "애굽에 있는 내 백성의 탄식소리를 듣고 저들을 구원하기 위하여 모세를 보냈다"고 하였다. 그냥 모세를 보내는 것이 아니라 준비된 모세를 통해서 보혈의 피를 뿌리기 위해 보내신 것이다. 모세를 속량자로 보냈다고 하심으로 보혈의 피를 뿌리기 위해 보내셨음을 말씀하신 것이다(행7:35).

왜 보혈을 뿌려야 하는가

로마서 10:13에는 누구든지 주의 이름을 부르면 구원을 받는다고 하였다. 그러나 누가 주의 이름을 부르느냐가 중요하다. 이어지는 14절에 "믿지 아니한 자를 어떻게 부르리요 듣지도 못한 자를 어찌 부르리요 전파하는 자가 없이 어찌 들으리요", 15절에 "보내심을 받지 아니 했으면 어찌 전파하리요 아름답도다 좋은 소식을 전하는 자들의 발이여"라고 하였다.

이 말씀은 믿으면 구원을 받게 되는데 믿기 위해서는 불러야 하고 부르기 위해서는 전파하는 자가 있어야 한다는 것이다. 그렇다. 보혈이 아무리 귀한 진리라 하여도 전해야 알게 되고 들어야 믿게 될 것이요 들어야 믿고 부르게 됨으로 결국은 구원을 받게 된다는 것이다. 그러므로 먼저는 알아야 하고 또한 전하여야 할 것이다.

왜 보혈을 전해야 하는가. 보혈은 하나님과 인간과의 죄 씻음의 약속의 언약이기 때문이다.

고린도전서 11:25에는 이 잔은 내 피로 세운 새 언약이라고 하셨다. 구약은 짐승의 피로 죄를 사하시도록 언약하셨고 신약은 예수님의 피로 죄를 씻도록 언약하셨던 것이다.

보혈의 복음 전파의 사명

바울은 사도행전 20:24에 주 예수께 받은 사명 은혜의 복음을 증거하는 일을 마치려 함에는 나의 생명을 조금도 귀한 것으로 여기지 아니한다고 하였다. 생명은 누구든지 하나밖에 없다. 그러므로 생명이 가장 귀하다. 그런데 바울은 복음 전파가 더 귀하여 자기 생명을 복음을 위하여 아낌없이 바친다고 하였다.

그렇다. 천국의 복음은 우리의 생명보다 더 귀한 것이다.

찬송가 435장 1절은 '나의 영원하신 기업 생명보다 귀하다'고 하였다. 요한 사도는 요한계시록 5:9에서 사람들을 피로 사서 하나님께 드린다고 하였다. 이 말씀은 우리가 천국에 가려면 반드시 보혈을 믿음으로 사서 들어가야 한다는 것이다. 다시 말하자면 보혈의 복음을 통해서만 천국에 들어간다는 것이다. 구원은 보혈을 믿음으로만 가능함을 우리는 알아야 한다.

요한복음 6:54에 "내 피를 마시는 자는 영생을 얻었고 마지막 날에 내가 그를 다시 살리리라"고 하셨다. 이 말씀은 주님의 피를 믿고 씻는 자만 구원을 얻을 것임을 말씀하시는 것이다.

히브리서 9:7에 "피 없이는 아니하나니 이 피는 자기와 백성의 허물을 위하여 드리는 것"이라고 하셨다. 그러므로 우리는 보혈의 복음 전파의 사명을 감당해야 할 것이다.

성령은 우리가 보혈 전파의 사명이 있다고 말씀하셨고 성령은 우리에게 보혈을 증거하라고 말씀하신다.

<주님께 빚진 자>라는 복음성가 가사 중에 이런 가사가 있다. '십자가 보혈 증거하라고 주님이 살리셨네.' 이 가사가 너무 은혜가 되어 얼마나 많이 불렀는지 모른다.

며칠 전에 어떤 목사님이 하시는 말씀을 들었는데 몇 년 전에 그 목사님이 사과 농사짓는 집에 초청받아 가서 기도를 하게 되었는데 이 목사님이 사과나무를 향해서 외쳤다고 한다.

"사과나무야! 보혈의 피를 뿌린다. 예수의 이름으로 십자가 피를 뿌리노라. 병균은 없어지고 해충아! 성령의 불로 태우고 빛으로 날아갈지어다. 십자가의 피를 뿌린다. 사과농사가 풍년이 될지어다. 풍성한 열매가 열려 자랄지어다!" 이렇게 계속해서 기도하고 왔는데 그 집에 기적이 일어났다고 했다. 그 사과밭 주인이 전하기를 그해에 사과농사가 잘 되어서 농약도 두 번이나 덜 뿌리게 되었고 다른 해보다 천만 원이나 수입이 더 많았단다.

"목사님, 사과가 보혈로 바뀌니까 기적이 일어났어요." 하는 것이 아닌가? 그 말을 듣고 생각해 보았다. 보혈은 생명이니 그 말도 일리가 있다는 생각이 들었다. 이렇게 보혈은 영적인 것뿐 아니라 육적인 일에도 심지어 모든 곳에서 기적을 일으키는 것이다. 모세는 보혈을 백성들과 그릇에 심지어 내가 살고 있는 집에도 뿌렸다고 하였다.

보혈과 성령의 기름

베니 힌 Benny Hinn 에 대하여는 말이 많지만 필자는 잘 모른다. 그러나 하나 아는 것은 그분은 이 시대에 보혈의 종이요, 신유의 종이라는 사실이다. 그는 한 번도 자신의 설교 중에 보혈을 말하지 않는 적이 없다는 말을 책에서 읽고 크게 감동을 받았다. 베니 힌은 맥스웰 화이트 Maxwell whyte 목사의 제자이다. 필자는 누구에게도 보혈 설교를 들은 일도 세미나에 참석해 본 일도 없다. 단지 맥스웰 화이트 목사의 저서 『예수님의 보혈은 현실생활에 어떻게 적용하는가』와 『예수님의 보혈이란』 이렇게 두 권을 읽기 시작하면서 보혈에 눈을 뜨게 되었다.

베니 힌은 기도 중에 주님의 음성을 들었는데 미국 교회에서 주님이 떠났다는 음성이었다. 그 이유를 주님은 미국 교회가 보혈을 떠났기 때문이라고 하였다고 했다. 곧 주님을 떠나는 것이 보혈을 떠나는 것이요, 보혈을 떠나는 것이 성령을 떠나는 것이라는 말이다.

요한일서 5:8에 보혈과 말씀과 성령이 셋은 합하여 하나라고 하셨다.

보혈은 성령과 함께 역사한다

칼빈은 말씀과 성령이 더불어 역사한다고 하였고 마틴 루터는 말씀과 성령은 함께 역사한다고 하였다. 더불어 역사한다는 말이나 함께 역사한다는 말은 그 뜻은 같은 것이다.

구약시대의 번제를 드릴 때도 먼저 일주일을 번제단에 피를 뿌리고 그 다음 불로 태워 짐승의 향기로 하나님께 드린다. 이는 보혈과 성령을 드린다는 뜻이다. 이 말의 뜻은 보혈도 성령도 모두가 다 함께 성도들의 죄 씻음과 구원의 사역을 한다는 것이다.

요한일서 5:7에 "증거하는 이는 성령이시니 성령은 진리니라"라고 하였다.

우리가 한 가지 기억할 것은 보혈을 증거하면 성령이 강하게 역사하신다는 사실과 보혈과 성령은 실제로 하나라는 사실이다.

이 시대에 귀하게 쓰임 받으려면

성경에서 가장 귀하게 쓰임 받은 자는 누구일까? 물론 주님만이 아실 것이다. 우리는 잘 알지 못한다. 우리 눈으로 알 수 있는 자뿐 아니라 보혈의 종은 주님이 숨겨놓기 때문이다. 그러나 우리는 성경에서 그 답을 찾을 수 있다.

구약에서는 모세, 엘리야, 엘리사, 이사야, 다윗 등이며 신약에서는 바울, 베드로, 요한 등이라고 할 수 있다. 그런데 놀라운 것은 이들 모두가 다 보혈전도자라는 공통점이 있다. 특히, 구약에는 보혈전도자인 모세를 가장 귀하게 사용하셨다고 할 수 있는데 그는 주님이 그를 신처럼 사용하였다고 하였다.

신약에서는 바울이다. 그는 신약성경의 반을 기록하였으며 사도행전 19장에는 그의 손수건만 만져도 병이 나았으며 20장에는 죽은 사람도 살렸으며 행 19:6에서는 그가 안수할 때 성령이 임하였고 은사가 임하였다고 하였다.

특히 우리가 놓치지 말아야 할 것이 있다. 그것은 오늘날에도 신유 은사가 강하든지 축사의 능력이 강하든지 은사가 강한 분들은 자세히 관찰해 보면 공통점이 있으니 그들은 모두 보혈을 안다는 것이다.

보혈의 서적이 없다

필자는 얼마 전에 본서를 쓰기 위해 도서를 몇 권 구입하러 서점에 갔었는데, 보혈에 대한 책은 거의 찾아볼 수가 없었다. 필자가 읽은 몇 권의 책 외에는 거의 다 절판이 되고 없었다. 마침 『보혈의 능력』이라는 한 권의 책이 눈에 들어와 사서 읽어 보았는데, 너무나 실망스럽게도 제목만 보혈책이고 내용적으로는 보혈도 없고 너무 형편이 없어 다른 사람에게 선물하고 말았다. 이처럼 이 시대에 보혈의 진리를 아는 사람이 없다는 사실은 한국 교회는 회개하여야 할 것이다. 그런데 B.C. 700년 경 이사야 선지자는 예수님의 사역을 직접 본 것처럼 예언하였는데, 이사야는 대선지자 중 한 명이었으며 특별히 예수님의 구속사건을 예언한 선견자였다.

예수님은 택한 백성들을 죄에서 구원하기 위하여 피 흘리러 오셨다. "이것은 죄 사함을 얻게 하려고 많은 사람을 위하여 흘리는바 나의 피 곧 언약의 피니라"(마26:28)고 하셨다. 예수님은 "다 이루었다!"(요19:30) 하심으로 당신이 흘린 보혈이 언약의 성취이며 동시에 새 언약의 시작임을 선포하신 것이다.

그렇다면 무엇을 다 이루었다는 것인가? 이는 구약의 옛 언약에서 새 언약으로 이루어놓으신 승리의 메시지인 동시에 예수님의 사역의 마침과 성경에서의 보혈의 위치를 말씀하신 것인 동시에 구약의 선지자들의 예언의 성취요 성령의 시대를 알리는 것이다.

이사야는 이사야 53:11에서 "그들의 죄악을 친히 담당하리라"고 하였고, 이사야 53:4~5에서 "그는 실로 우리의 질고를 지시고 우리의 슬픔을 당하였거늘 우리는 생각하기를 그는 징벌을 받아서 하나님에게 맞으며 고난을 당한다 하였노라 그가 찔림은 우리의 허물을 인함이요 그가 상함은 우리의 죄악을 인함이라 그가 징계를 받음으로 우리가 평화를 누리고 그가 채찍에 맞음으로 우리가 나음을 입었도다"라고 하였다. 이사야의 이 같은 예언대로, 예수님의 고난은 우리의 죄악 때문에 대신 받으시는 고난이었다. 겟세마네 기도가 이를 증명한다. "나의 원대로 마옵시고 아버지의 원대로 되기를 원하나이다"(눅22:42).

마태복음 20:28 "인자가 온 것은 섬김을 받으려 함이 아니라 도리어 섬기려 하고 자기 목숨을 많은 사람의 대속물로 주려 함이니라".

고린도후서 5:14 "우리가 생각건대 한 사람이 모든 사람을 대신하여 죽었은즉 모든 사람이 죽은 것이라".

이 구절들은 모두 예수님의 고난에 대해 이야기하고 있다.

보혈은 신유의 능력

이미 살펴본 것처럼 예수님의 피는 우리를 모든 죄에서 구원하게 하신 피이다. "그가 찔림은 우리의 허물을 인함이요 그가 상함은 우리의 죄악을 인함이라"(사53:5) 하심으로 그의 고난과 죽으심의 결과는 우리에게 복과 생명, 구원과 천국이라는 능력으로 찾아온 것이다. 뿐만 아니라 보혈은 우리의 질병도 낫게 하신다. "그는 실로 우리의 질고를 지고 우리의 슬픔을 당하였거늘 우리는 생각하기를 그는 징벌을 받아서 하나님에게 맞으며 고난을 당한다 하였노라"(사53:4)고 하였고, "그가 채찍에 맞음으로 우리가 나음을 입었도다"(사53:5)라고 하였다. 또 "예수께서 말씀으로 귀신들을 쫓아내시고 병든 자를 다 고치시니"(마8:16)라고 하셨는데 이 말씀은 "이는 선지자 이사야로 하신 말씀에 우리 연약한 것을 친히 담당하시고 병을 짊어지셨도다 함을 이루려 하심이더라"(마8:17)는 말씀의 성취인 것이다.

필자는 보혈을 알지 못할 때도 신유의 역사는 조금씩 나타나긴 했었지만 보혈을 알고부터는 점점 더 강하게 나타나고 있다. 예수님의 보혈이라는 말만 입에서 나와도 사탄은 벌벌 떨며 물러가는 것을 알아야 한다. 이 성경 속의 비밀이 이 글을 읽는 모든 분들에게도 일어나기를 기도드린다.

7장

보혈과 기도

Jesus blood & Prayer

보혈의 기도

하나님 아버지, 예수님을 이 땅에 보내주셔서

우리를 위하여 대신 고난 받으시고

우리 죄를 위하여 십자가에서 흘리신 보혈로

우리 죄를 사하시고 구원하여 주심을 감사드립니다.

주님! 우리를 사랑하사 흘리신 보혈을 기억하게 하소서.

이 한 주간도 지은 허물과 죄를 예수님의 보혈로 정결케 하옵시고

예수님의 보혈을 우리 머리에 부어 주사 주님만 생각하게 하시고

보혈을 우리의 심령에 부어 주사 주님을 뜨겁게 사랑하게 하시고

발과 손에 부어 주사 복음 전파에 쓰임 받게 하소서.

주님이 보혈 흘려주심은 사랑의 증거이며

주님의 보혈은 오늘도 우리의 현실에서 살아 역사하심을 믿습니다.

오늘도 보혈의 은사로 충만케 하시고 성령으로 충만케 하사

이 시대 사명자로서 또한 하나님의 자녀로 행복한 ○○교회와

저희들 되게 하시며

우리들의 예배를 받아주시고 은혜 내려 주시옵소서.

예수님의 이름으로 기도드립니다. 아멘.

보혈의 기도는 (능력)

주님의 존귀하신 보혈을 흘려 주신 은혜를 항상 찬송합니다.

주님의 보혈을 알게 하시고 보혈의 전도자로 세워주심을 감사드립니다.

예수님의 보혈로 나는 죄에서 해방되었음을 믿습니다.

예수님의 보혈로 나는 구원 받았음을 믿습니다.

예수님의 보혈은 죄를 씻는 샘이요 생명수임을 믿습니다.

예수님의 보혈은 주님의 사랑임을 믿습니다.

예수님의 보혈은 죄의 저주와 사망에서 승리하게 하심을 믿습니다.

예수님의 보혈은 우리를 의인되게 하는 능력이 있음을 믿습니다.

예수님의 보혈은 우리를 죄와 사망에서 구원하심을 믿습니다.

예수님의 보혈은 모든 질병을 치료해 주심을 믿습니다.

예수님의 보혈은 죄의 유혹을 이기게 하심을 믿습니다.

예수님의 보혈은 부정한 것을 거룩하게 하고, 더러운 것을 깨끗하게 하는 능력임을 믿습니다.

예수님의 보혈은 모든 일에 승리하는 능력이 있음을 믿습니다.

주님은 나를 위해 십자가에 못 박히시고 대신 피 흘려 주심을 믿습니다.

보혈의 기도 (나의 고백)

주님은 나에게 생명 주시기 위해 십자가에서 피 흘려 주셨습니다.

주님은 나에게 구원을 주시기 위해 십자가에서 피 흘려 주셨습니다.

주님은 나에게 자유를 주시기 위해 십자가에서 피 흘려 주셨습니다.

주님이 날 위해 죽으심으로 내가 산 것을 믿습니다.

이제 내 생명은 내 것이 아니라 주님이 주신 은혜임을 믿습니다.

이제 내가 예수 그리스도와 함께 십자가에 못 박힌 것을 믿습니다.

내 옛사람은 십자가에서 죽고 새로운 삶을 살기를 원합니다.

이제는 내가 사는 것이 아니요, 예수님이 내 안에 사십니다.

주님, 오늘도 예수님이 흘리신 보혈을 찬양하는 입술이 되게 하옵시고,

예수님이 베푸신 은혜에 감사하는 입술이 되게 하옵시고,

예수님의 십자가 복음을 들고 증거하는 입술이 되게 하옵소서.

예수님의 보혈이 강물처럼 내 삶속에 흐르게 하소서. 이제는 내가 아니라 내 안에 주님이 주인되게 하옵시고

주님이 날 위해 구속의 십자가를 지시고 피 흘려 주셨으니

이제 나는 주님의 사명의 십자가를 내가 지기를 원합니다.

이제는 사는 것이 내가 아니요 주님의 되게 하소서.

주님의 진리의 피, 생명의 피, 구속의 피, 구원의 피, 십자가의 피가 나에게 강물처럼 흐르게 하시고

수많은 영혼들에게 보혈을 나눠주고 뿌리고 덮고 마시게 하소서.

9조 칠천 억 개의 나의 세포마다, 1천7백 킬로미터의 나의 혈관에 날마다 보

혈을 부어 씻어 주시고

주님의 보혈을 전하게 하시사 저들도 나처럼 구원받게 하옵시고

『보혈은 기적이다』책을 읽는 모든 분도 나와 같이 보혈의 복을 받게 하옵시고 주님의 택한 백성들의 구원을 받아 우리가 주님의 재림을 앞당기게 하옵소서.

예수님의 이름으로 기도합니다. 아멘.

응답받는 기도 예문

아래 기도 예문들은 필자가 새벽마다 기도드릴 때 그리고 사역할 때 드리는 기도문을 요약해서 옮겨놓은 것이다. 이것은 필자의 주관적인 기도이지 객관적이라고 할 수는 없음을 밝힌다. 보혈의 기도를 하는 데 또한 능력의 기도로 참고가 되었으면 하는 바람을 가져본다.

기도에 대한 성경의 가르침

기도는 영혼의 호흡이요 영적 운동이요 주님의 선물이요
또한 성도의 특권이다.

성경은 기도를 명령하고 있다.

예수님은 친히 기도로 본을 보여주셨다.

주님은 새벽기도의 창시자시요(막1:35)

철야기도의 창시자이시며 항상 기도하시는 분이시다(눅22:39).

주님은 죽음을 앞두시고도 겟세마네 동산에서 기도하셨다(눅22:39~44).

주님은 40일 밤낮으로 금식하시며 기도하셨다(마4:1~2).

주님은 하나님께 통곡과 눈물과 간구와 소원으로 기도하셨다(히5:7).

주님은 기도하지 않는 자에게는 응답하실 수 없다.

주님이 우리에게 주시는 가장 귀한 선물은 기도이다.

누구든지 기도하면 응답해 주신다는 약속을 하셨기 때문이다(마 7:7~9).

주님이 우리를 향한 기도의 교훈은 부탁이시요, 사랑이시요, 명령이시다.

기도에 대한 주님 말씀

주님은 겟세마네 동산에서 기도하셨고 시험에 들지 않게 기도하라 하셨다 (눅22:40).

우리에게 한시 동안도 깨어 있을 수 없느냐 하셨다(마26:40).

항상 기도하고 낙망치 말아야 한다고 말씀하셨다(눅18:1).

이제 자고 쉬라, 일어나라 함께 가자 하시므로 기도도 때가 있음을 교훈하셨다(마45~46).

밤낮 부르짖는 택한 백성의 기도를 듣지 않겠느냐 하셨다(눅18:7).

기도할 때 믿고 기도하면 다 주시겠다 약속하셨다(마21:22).

사탄은 밀 까부르듯이 우리에게 역사하지만 주님이 우리 위해 기도하신다 (눅22:31~32).

주님은 우리를 위하여 중보 기도하신다(롬8:34).

성령님께서 우리를 위하여 중보 기도하신다(롬8:27).

기도에 대한 우리의 자세

우리는 기도하는 것과 말씀 전하는 것을 전무하리라(행 6:4).

힘쓰고 애쓰며 주님처럼 열심히 기도하자(눅22:44).

복음의 비밀을 담대히 전하게 하여 달라고 기도하자(엡6:19).

새벽기도, 철야기도, 무시로 성령 안에서, 밤낮 부르짖어 기도하여야 한다(막 1:35 눅22:39 엡6:18 눅18:7 참조).

기도는 우리의 임무요, 할 일이요 또한 축복이요 응답받는 길이다.

보혈의 찬송 부르고 보혈의 기도를 하여야 한다.

주님은 귀를 기울여 우리의 기도를 받기를 원하신다(시116:1~2).

특별히 보혈로 죄를 씻은 의인의 기도를 귀 기울여 들으시고 응답하신다(시 34:15).

기도의 예문

"능력의 기도는 명령으로 하여야 하고, 예수님의 이름으로, 보혈로 ,성령으로 해야 한다."

(1) 자신과 가정 보호 기도

주님, 감사합니다. 우리 모두는 오늘도 주님 앞에 있음을 믿습니다.

지금까지도 나와 우리 가정은 주님의 은혜로 살아왔음을 믿습니다.

나는 예수님의 십자가 보혈의 능력을 믿습니다.

나의 죄와 허물을 십자가의 보혈로 사해 주시고 그 피로 덮어 주시옵소서.

사탄의 권세로부터 지켜주시고 우리 가정과 가족 사업과 직장도 지켜주옵소서.

예수님의 이름으로 명령한다! 우리 가정의 행복을 막고 있는 사탄아!

나사렛 예수의 이름으로 명령한다!

저주받고 떠나갈지어다! 성령의 불로 태우고 빛으로 날아갈지어다!

모든 것을 막고 있는 악한 영아! 떠나가라! 물질을 막고 있는 가난의 영아!

떠나갈지어다!

성령의 불이다. 보혈의 피다. 성령의 검이다. 예수의 이름으로 떠나가고 축복이 임할지어다!

하늘의 천군천사를 파송하시어 우리 가정과 나를 지켜 주옵소서.

주님 우리 가정에 전신갑주를 입혀주시고

마귀의 유혹과 공격으로부터 보호하여 주시옵시고 승리케 하소서.

예수님의 이름으로 성령의 불 보호막이 쳐질지어다! 보혈의 보호막이 쳐질지어다!

주님, 이 땅에서 살아갈 때에 복을 받고 살게 하시고 이 세상 떠나는 날 천국 가게 하옵소서.

예수님의 이름으로 기도 드립니다. 아멘.

(2) 심령 치유와 보호 기도

주님, 감사합니다. 모든 치유가 하나님께 있음을 나는 믿습니다.

성령님을 보내주시고 천사를 파송하시어 우리의 심령을 치료해 주소서.

예수님이 흘리신 보혈로 나의 생각과 감정이 치료되고

주님의 생각과 성령의 생각으로 가득 차게 하옵소서.

내 심령 속에 자리 잡고 있는 악령아! 보혈의 피다! 성령의 불이다! 떠나갈지어다!

조상으로부터 물려받은 저주의 영아! 떠나가라! 내가 받은 상처, 화병, 우울증, 교만의 죄, 심령의 병아! 예수의 이름으로 명령한다. 떠나갈지어다! 예수 피다! 성령의 핵폭탄이다! 검이다!

성령의 불로 태우고 연기로 빛으로 날아갈지어다!

성령의 불 천사, 보혈의 천사, 치유 천사, 전쟁 천사를 보내주소서. 천사들로 하여금 악령이 잡고 있는 내 심령이 치료될지어다!

악령이 떠나간 자리에 말씀과 성령과 빛과 보혈이 채워질지어다!

주님, 나에게 전신갑주를 입혀주시고

마귀의 유혹과 공격으로부터 보호하여 주시옵시고

예수님의 이름으로 불 보호막이 쳐질지어다! 보혈의 보호막이 쳐질지어다!

예수님의 이름으로 기도드립니다. 아멘.

(3) 건강 치유 기도

하나님 아버지, 우리를 위하여 흘리신 십자가의 보혈로 나의 모든 병과 사탄의 세력으로부터 치료하여 주시옵소서.

내가 예수님의 보혈의 능력으로 명령하노니 암 병아! ○○○병아 물러가라!

예수의 이름으로 치료될지어다!

내 심령 속에 질병을 주는 악한 영아 물러가라!

보혈의 능력으로 모든 병에서 해방될지어다! 떠나갈지어다!

예수 이름으로 명령한다. 계속 치료될지어다. 깨끗하게 치료될지어다! 건강할지어다.

하늘의 천군천사를 보내주소서. 치유천사 성령의 불 천사, 보혈의 천사, 전쟁 천사, 약병 천사를 보내주소서. 천사를 통해 질병이 다 치료되고 하늘의 양약으로 먹여주시고 발라주셔서 치료해 주소서.

온몸이 다 건강할지어다! 다시는 발병하지 않게 성령의 불 보호막, 보혈의 보호막이 쳐질지어다. 예수의 이름으로 악령이 떠난 자리에 말씀과 보혈과 성령과 빛으로 채워질지어다.

예수님의 이름으로 기도드립니다. 아멘.

(4) 사탄, 마귀, 귀신을 쫓는 기도

우리 모두는 하나님 앞에 있음을 믿습니다.

성령 하나님, 이 자리에 오시옵소서. 환영합니다. 영접합니다.

성령님은 우리를 사랑하시어 영으로 우리 속에 있는 악한 영을 축사해 주심을 믿습니다.

하나님 아버지, 악한 사탄, 마귀, 귀신의 권세에서 이 아들(딸)을 구원해 주세요.

악한 영아, 내가 예수님의 보혈의 능력으로 네게 명령한다. 떠나가라 !

예수 피로 뿌리고 덮고 바르고 명령하노니 이 ○○○에게서 나가고 다시는 들어가지 말지어다!

예수 피로 너를 저주하니 영원히 떠나갈지어다!

성령의 검이다. 성령의 불이다. 성령의 핵폭탄이다. 저주받고 떠나가고 성령의 불로 태워질지어다.

주님, 하늘의 천군천사를 파송하소서. 치유 천사, 성령의 불 천사, 보혈의 천사, 전쟁 천사, 약병 천사를 보내주소서. 천사를 통해 모든 악령이 떠나가고 치료될지어다.

건강할지어다.

다시는 발병하지 않게 불 보호막, 보혈의 보호막이 쳐질지어다.

예수의 이름으로 악령이 떠난 자리에 말씀과 보혈과 성령과 빛으로 채워질지어다.

예수님의 이름으로 기도드립니다. 아멘.

(5) 복을 비는 기도

주님, 감사합니다. 부족과 허물 많은 우리를 위하여 십자가에서

물과 피를 아낌없이 쏟아부어 주시고 구속하여 주신 은혜 감사드립니다.

주님, 우리 가정과 ○○○에게 축복하소서.

하늘의 천군천사를 파송하시어 우리 가정과 우리를 지켜주소서.

예수의 이름으로 보혈의 능력으로 명령한다. 내 기도가 다 응답될지어다.

인권, 영권, 물권이 있을지어다. 내 통장에 재정 천사를 파송시켜 돈이 들어

올지어다.

예수의 이름으로 행복할지어다. 자녀들이 복을 받을지어다. 사업과 직장과

우리 가정에 축복이 임할지어다. 성령의 불 보호막이 쳐질지어다. 보혈의 보

호막이 우리 가정에 쳐질지어다! 오늘도 이 한 주간도 항상 우리를 사탄의

권세에서 보호해 주실 것을 믿습니다.

또한 영육이 복을 받아 주의 보혈의 복음의 역군이 되게 하시고 이 세상 떠

날 때 천국 가게 하옵소서.

예수님의 이름으로 기도 드립니다. 아멘.

8장

보혈과 간증
Jesus blood & Testimony

영적 눈이 밝아야

주님은 ^{요한복음 9:39} 유대인을 향해서 내가 심판하러 세상에 왔으니 보지 못하는 자들은 보게 하고 보는 자들은 맹인이 되게 하려 함이라 하셨다. 그럼에도 그들은 자신들이 맹인임을 알지를 못하였다. ^{사도행전 28:26} 너희는 보기는 보아도 도무지 알지 못하는도다 하셨다. 주님은 그들이 영적인 소경임을 말씀하셨으나 그들은 자신을 알지 못하였다.

엠마오로 가던 두 제자들도 주님과 함께 동행했으나 그들은 주님을 알지 못했다. 그 이유는 그들의 눈이 가리워졌기 때문이라 하였다(눅24:16).

주님은 라오디게아 교회를 향하여 책망하시면서 ^{요한계시록 3:17} 나는 부자라 부요하여 부족한 것이 없다 하나 네 곤고한 것과 가련한 것과 가난한 것과 눈 먼 것을 알지 못한다고 하셨다. 이와 같이 보혈도 숨어 있는 진리라 영의 눈이 떠져 있지 않으면 알 수 없음을 알아야 한다.

크로스 비 F. J. Crosby 여사는 평생 동안 7,000편의 시를 지었다. 그 시 중에서 3,000편이 찬송가와 복음성가로 작곡되었다. 그는 앞을 볼 수 없는 시각장애인이었으나 영의 눈으로 주님을 보았다. 크로스비가 지은 가사가 우리 찬송가에 20여 곡이나 있다.

사도 요한은 볼 수 없는 하나님 나라를 영의 눈으로 보았고 그 결과 요한계시록을 기록하였다. 영의 눈이 밝아야 보혈의 진리도 하나님의 나라도 볼 수 있다. 우리는 오늘도 영의 눈으로 세상을 보고 하나님을 볼 수 있어야 한다.

송명희 시인은 전신 뇌성마비로 누워서 일어나지도 못한 육체적 불구였지만 <나>라는 복음성가 곡에서

"나 가진 재물 없으나 나 가진 건강 없으나

나 남이 못 본 것을 보았고, 나 남이 듣지 못한 음성 들었고,

나 남이 받지 못한 사랑 받았고, 나 남이 모르는 것 깨달았네"라고 외쳤다.

이와 같이 우리는 나도 영적소경이 아닌가. 겸손하게 자신을 볼 수 있어야

한다.

『보혈은 기적이다』 2권을 쓰세요

2년 전 봄에 대전 주성령교회에서 두 번째 <보혈세미나>를 인도하였는데, 본 교회 박정미 목사님이 필자에게 "주님께서 목사님에게 『보혈은 기적이다 Jesus blood is the miracle』 2권을 쓰시랍니다." 하는 것이 아닌가…….

1권은 독자들에게 알리는 정도이고, 시집 『은총의 붉은 낙엽』은 잘 팔리지 않을 것이나, 2권은 수백만 권이 팔리고 베스트셀러가 될 것이고 그 후에 필자의 이름이 크게 알려지게 될 것이라고 하면서 책을 쓸 것을 권했다. 무엇보다 주님이 책을 쓰기를 기다리고 계신다고 하였다.

알았다고 말만 하고 책을 쓰지는 않았다. 그 후에도 여러 차례 그 목사님을 통해 책을 쓸 것을 권유받았다. 심지어 안양에 있는 자기 소유의 기도원에서 숙식을 제공해줄 테니 꼭 와서 쓰라는 말을 하였다. 그 후에도 내게 전화를 걸어 성령님이 책망을 한다고 하며 화를 내는 것이 아닌가!

그런데 작년에 인도에서 필자가 직접 주님께로부터 응답을 받은 것이다.

제2권에서는 1권과는 차원이 다른, 하늘의 보혈의 비밀을 많이 담을 수 있

다는 확신을 주님이 주셨다. 이미 성령님이 깨닫게 하신 그 비밀들을 머리에 담고 온 것이 가장 큰 소득이었다.

필자는 인도에 있는 많은 교회에서 보혈을 뿌렸으며 더욱 놀라운 것은 성경을 보는 눈이 더욱 열리고 『보혈은 기적이다』 2권을 써야겠다는 주님의 뜻을 깨달은 것이다.

무엇보다도 주님은 책을 쓰기 위한 준비를 위해 인도로 보냈고 <보혈선교세미나>에 성령께서 강권적으로 역사하셨음을 믿는다.

말레이시아 Malaysia에서 보혈세미나

2011년 여름에 전한 말레이시아 Malaysia 안디옥교회 <보혈세미나>로 주님이 인도해 주셨다. 서울에 있는 김 에스더 목사님 교회에서 보혈부흥회를 한 주간 한 후 김 에스더 목사님 초청으로 간 것이다.

말레이시아 안디옥 교회는 다민족 교회로써 작지만 6개 나라 사람들이 모이는 교회이며 네팔 Nepal, 파키스탄 Pakistan, 인도 India, 중국, 한국인 등이 모이는 교회이다.

마침 본 교회 담임목사님이 해외 출장 중이시라 안 계신데도 집회를 하게 되었다. 필자는 하루에 찬송인도를 합해서 5시간 가까이 말씀을 월요일부터 토요일까지 2주간이나 전하였으니 실제로는 시간적으로는 3주간 전한 것이다. 2주간 주일은 말레이시아에 있는 몽골교회에서 봉사하였다.

특별히 기억나는 것은 하루는 사모님이 저에게 말씀하였다. "목사님, 한 주간만 더 있다가 귀국하시면 안 되겠어요?" 하시길래 필자가 물었더니 "목사님 한 주간만 <보혈세미나> 더 해주세요." 하는 것이 아닌가. 또 감격스러운 것은 목사님의 아들 조영광 군은 대학생인데도 공항까지 인사하러 왔다. 뭐 하러 왔느냐고 물었더니 목사님께 안수기도가 받고 싶어 왔다는 것이다.

특이한 것은 안디옥교회 성도 90%가 공항까지 오셨고 모두 다 공항에서 안수기도를 받았다.

주님을 사랑하는 소년

미국에 초등학교 시절부터 주님을 사랑하는 소년이 있었다. 그는 너무나도 가난한 가정에서 출생하였다. 그러나 주님의 은혜로 어릴 때부터 신앙생활을 하였다. 그는 주일학교 다닐 때 주일날만 되면 울었다.

그 모습을 지켜보던 장로님이 그를 불러 물었다.

"애야, 왜 너는 주일날만 되면 우느냐?"

그때 소년이 말했다.

"장로님, 주님께 연보를 많이 드리고 싶은데 드릴 것이 없어서 주님께 너무 죄송해서 울어요."

장로님이 물었다.

"얼마씩 연보하느냐?"

소년은 한 주에 1센트씩 한다고 대답했다. 그때 장로님이 지갑을 열어 32센트를 주면서 "내가 오늘 이것을 줄 테니 이 돈으로 연보하고 32주간은 울지 마

라. 네가 연보할 돈은 내가 다음에 또 주겠다."고 약속하였다.

그 다음 주일에는 소년은 울지 않았다. 그래서 장로님이 안심을 하였는데 그 다음 주일에 또 우는 것이 아닌가. 그래서 장로님이 물었다. 내가 너에게 울지 않기로 약속하고 32센트를 줬는데 왜 또 우느냐 물었더니 그가 하는 말이 "장로님, 우리 가정이 너무 가난합니다. 그래서 혹시라도 용돈으로나 학용품도 사고 싶고 장난감도, 군것질도 하여 주님의 돈을 잘못되게 쓰고 시험 들어 죄를 지을까 지난 주일에 32센트를 한 번에 다 드렸습니다. 그래서 오늘 주일은 또 드릴 것이 없어서 주님께 죄송하여 울었습니다."라고 하였다.

주님도 요한복음 21:21 내 계명을 지키는 자라야 나를 사랑하는 자니 하셨다. 그는 눈물로 그리고 자기의 모든 것을 드려 주님을 사랑한 것이다. 그가 바로 유명한 미국인 선교사 언더우드 Underwood 목사이다.

그는 아펜 셀라 Appen Cellar 목사와 함께 1885년 4월 부활주일에 인천제물포항으로 온 한국 최초 목사, 선교사요 연세대학교를 설립한 훌륭한 주님의 사람이다.

찬송가 143장 5절 "늘 울어도 눈물로써 못 갚을 줄 알아 몸밖에 드릴 것 없어 이 몸 바칩니다".

우리도 찬송가 가사처럼 언더우드 Underwood 처럼 우리 위해 생명의 피를 주시고 구원하신 주님의 은혜를 감사의 눈물로 사랑의 눈물로 회개의 눈물을 드리고 보혈 복음 전파로 우리를 사랑하시어 생명의 피를 주신 주님께 영광 돌려드려야 겠다.

목사님 머리에 보혈이

이번 서울 임마누엘교회에서의 집회는 협력사역자 여자 목사님을 보내 주셔서 함께 사역하였다. 그런데 마지막 날 저녁에 그 목사님이 입신을 하게 되었는데 깨어나서 간증하였다. 그 내용은 입신하여 필자를 보았는데 주님이 필자의 머리를 반으로 가르더니 그 속에 보혈을 세포마다 부어 주시고 다시 머리를 온전케 해주시더라는 것이다. 그리고 필자의 온 몸에 복福이라는 글씨를 써 주시더라는 것이 아닌가.

그리고 큰 지구가 있는데 그 지구 위에 필자가 서서 보혈을 붓더라는 것이다. 그리고 다른 사역자와 자신이 함께 좌우편에 서 있더라는 것이었다.

또 어떤 권사님이 환상으로 보았는데 필자가 세계에 보혈을 전하며 웃으면서 바쁘게 다니는 모습을 보았다면서 주님이 목사님은 보혈로는 세계 최고의 목사가 된다고 했다는 것이 아닌가. 정말로 너무나 감사한 일이다.

한 번은 어느 목사님이 필자에게 전화를 걸었다. 필자는 그분을 모르는데 그분은 필자를 잘 안다고 했다. 그래서 어떻게 저를 잘 아느냐고 물으니 목사님은 보혈목사라 목사님 글도 많이 읽었고 이미 인터넷 상으로나 보혈을 사랑하는 모든 분들은 심 목사님을 모르는 분이 없는 유명한 분이라고 했다.

그 말을 듣고 생각하였다. 보혈은 큰 환난이라 하였는데 이제 큰 환난을 지나고 주님이 사용하시려나 보다.

2013년부터는 보혈 목사인 심상태 목사의 기적의 나날이 될 것이라 굳게 믿으며 필자를 통해 쓰실 주님을 바라보며 이 모든 영광을 주님께 돌려드린다. 그리고 이렇게 말하고 싶다. 이 모든 것을 100% 주님이 하셨습니다.

그리고 앞으로 필자를 통해 하실 모든 일도 주님이 하실 것입니다.

나의 나 된 것은 주님의 은혜입니다. 계속해서 주님이 하시옵소서. 종을 통해 하시고 영광을 받으소서. 아—멘.

행복을 알지 못하고 지은 죄

오랜만에 만난 친구 목사와 함께 사우나를 갔다. 친구 목사가 필자에게 하는 말이 "형님, 요즘은 목회가 너무 힘들어 죽겠어요." 하는 것이 아닌가. 물론 그 말도 일리가 있고 목회는 항상 어려운 것이 사실이다. 지상교회는 전투하는 교회가 아닌가.

그럼에도 필자가 말했다. "당신은 300명이 넘는 교회 목회자면서 행복하지 뭘 죽겠다고 하느냐. 우리 같이 개척임대교회 목회자도 죽겠다는 말은 안 하는데." 하였더니 "형님 말을 들으니 그 말이 맞네."라고 했다. 그러면서 행복에 대한 이야기를 해줬는데 가슴에 남아 있다.

친구 목사는 어느 책을 보았다면서 아프리카 지역 사람들이 생각하는 행복과 부자들의 이야기를 들려주었다. 행복한 것이 27가지인데 그 중에 생각나는 것이 몇 가지가 있다며 하는 말이 집에 TV 있는 게 행복이고 세탁기 있으면 행복하고 먹을 양식이 있으면 행복하고 잠 잘 데가 있으면 행복하고 땔감이 있으면 행복하고 전기불이 있으면 행복하고 자녀가 있으면 행복하고 내가 살아 있으면 행복하게 생각한단다. 또 부자는 통장에 잔고가 있으면 부자요 집이 있으면 부자이고 건강하면 부자이고 가축이 있으면 부자라고 했다고 한다. 이 말대로라면 우리 국민 거의 대다수가 부자가 아닐까 하는 생각이 들었다. 필자도 참으로 영육으로 부자요 또한 행복한 사람이라는 생각이 들었다.

우리는 늘 주님께 받은 것은 생각하지 못한 채로 없는 것만 불평하는 것은 아닐까? 몇 십 년 전만 하여도 우리 조상들은 육적인 면도 얼마나 어려웠는가. 그때에 비하면 모든 것을 얻었음에도 불구하고 불만 불평의 잣대로 평가하며 원망한 것은 아닐까 하는 생각이 들었다.

필자가 인도에 갔을 때 길을 걷다가 목이 말라 어느 집에 들어간 적이 있었다. 그 집에는 방도 없고 전기도 없이 야자수로 엮었고 바닥은 그냥 흙인 집에서 생활했으며 먹을 것도 없이 10여 식구가 한방에서 옹기종기 모여서 사는 것을 보았다.

한 달 생활비를 물어 보았더니 한 달 수입이 우리나라 돈으로 35,000원 정도라고 했다. 그 돈으로 10여 식구가 생활한다고 하였다. 그러면서도 크게 웃으면서 행복해 하는 그들의 모습이 갑자기 생각이 났다.

무심코 친구와 나눈 27가지 행복이야기는 개척교회라고 원망하면서 살았던 내 자신을 부끄럽게 했다. 한편으로는 주님께 죄송한 생각이 들었다. 바울도 자신이 과거에는 포행자요 폭행자라고 말하면서 알지 못하고 행하였다고 하였다(딤전1:13).

필자도 회개하였다. '주님, 죄송합니다. 모든 것을 받았고 가지고 있음에도 불구하고 알지 못한 것이 죄였고, 남들이 알지 못한 영적인 보화인 보혈을 알고 있으면서도 감사할 줄 몰랐으며 한국에서도 몇 명 되지 않는 보혈전도자, 보혈신학자로 은혜 베풀어주신 최고의 축복을 알지 못한 채로 원망하며 지냈던 지난날의 잘못이 내 가슴에 사무치오니 이 귀한 깨달음을 주신 주님께 용

서를 구합니다. 종을 행복하게 하셨고 모든 것을 주셨건만 알지 못한 종을 용서하소서.'

인도에서 일어난 일

필자는 기도할 때마다 '종을 인도하여 주소서. 인도하여 주소서.' 매일 그렇게 기도하였다. 그래서 그런지 모르지만 주님은 필자를 인도에 7번이나 가게 하셨고 도합 약 6개월 정도 인도에서 선교하게 하셨다. 그러니 일명 인도 선교사라 하여도 틀린 말은 아닐 것이다.

2010년에는 경산 청암교회 김영석 목사님 단기 선교사로 43일 동안 파송받아 콜카타 Kolkata, 첸나이 Chennai, 뱅갈로루 Bangalore 지역에서 연 인원 1만 명 정도의 사람들에게 서툴지만 영어 설교로 복음을 전했다. 김영석 목사님께 감사드린다.

2011년에는 우리 카페에서 알게 된 안양에 계신 송해순 영어 선생님이 친히 300만 원을 보내주셔서 첸나이와 뱅갈로루 지역에서 보혈의 복음을 63일 동안 전하는데 후원해 주셨다. 필자는 그분의 얼굴도 한 번도 본 일이 없다. 그것 말고도 기도로, 물질로 후원해 주셨고 인도에서 한 전화비도 수십만 원이 넘게 부담해 주셨다. 너무 고마워 귀국 후에 선물이라도 드리려고 했으나 그마저 거절하여 필자는 아무 것도 드리지 못했고 사랑의 빚만 지게 되었다.

무엇보다 송해순 선생님께 감사한 것은 인도에서 선교하는 동안 하루에 3~5시간 동안이나 기도해 주셨다는 것이다. 필자도 너무 힘이 들어 조기 귀국

하고 싶었으나 송해순 선생님의 사랑의 빚 때문에 그렇게 하지 못했다.

그 덕택으로 많은 신학교, 교회, 또 현지 교회와 현지 교회 목회자들, 특히 많은 한국인 선교사님께 보혈의 복음을 전하게 되었다. 함께 동역해 주신 인도 선교사인 김영철 선교사님 내외분께도 감사를 드린다.

그 동안에 일어났던 많은 체험들이 있었지만 집회 때마다 많은 치유가 일어났다. 현지 교회에서 집회할 때였는데 결혼한 지 4년이 지났는데 애기가 없다는 현지 교인의 기도를 부탁받고 그 자리에서 기도하였는데 울면서 교회에서 소리치며 뒹굴었다. 그 속에 사탄이 나가며 소리친 것이었다.

또 어느 현지 교회 갔는데 술주정뱅이 속의 사탄이 나가고 회개하는 일도 있었다. 많은 분들께 치유가 일어났다. 그 후에 선교사님을 통해 들은 말씀인데 필자가 집회를 인도하였던 어메이징교회 Amazing Church 담임목사님 말씀이 한국의 심 목사님이 언제 다시 오시느냐 묻기에 왜 그러냐 했더니 우리 교회에 기적이 일어났다며 계속해서 회개의 역사가 일어나고 기도 받은 분들이 거의 다 병이 나았다고 하더라는 말을 들었다. 무엇보다 가장 귀한 것은 보혈의 말씀을 전한 것이었고 거의 대부분의 성도가 통곡하며 회개하였던 것이 가장 귀한 선교가 아닌가 생각한다.

한 번은 경남지역의 300여 명이 모이는 교회에서 말씀을 전하는 기회가 있었는데 그날 밤 설교를 듣고 85%성도가 통곡을 하였다. 그때 필자가 강단에 엎드려 기도하고 있는 담임목사님을 깨워 물어보았다.

"목사님이 교회 부임하신 지가 얼마나 되셨나요?" 목사님은 20년이 다 되어 간다고 말씀하셨다. 필자가 또 물었다.

"그럼 20년 동안 설교하시면서 몇 번이나 설교 중에 이렇게 교인들이 통곡하였어요?"

그때 담임목사님께서 하시는 말씀이 한 번도 없었다고 하였다. 그때 필자가 말했다.

"목사님, 저 모습들을 보십시오. 그리고 깨달아야 합니다. 저들의 눈물을 보십시오. 진심어린 눈물을 보십시오. 이것이 바로 보혈의 능력입니다."

그때 목사님이 말했다. "나도 놀랐습니다. 목사님, 감사해요."

회개, 이것이 가장 귀한 능력이 아닐까? 필자가 인도에서 복음을 전하며 일어났던 체험들을 다 말하려면 끝이 없다. 하지만 한 가지 가장 귀한 능력은 많은 분들이 은혜 받고 통곡하였다는 사실과 이 모든 일을 주님의 보혈을 전했기 때문에 주신 것이라는 것이다. 이 모든 영광을 주님께 돌려 드리며 필자를 한 번도 보지도 않았는데도 믿고 선교비를 보내주시고 기도해 주신 송해순 선생님께도 다시 한 번 감사를 드린다.

심상태 목사님은 한국의 엘리야

첸나이 김영철 선교사님 댁에서 50여 일 숙식하며 같이 선교하였다. 특히 양선희 사모님이 귀한 분이며 신앙인이었다. 친히 필자의 비서 겸 도우미로 선교 내내 도와주셨다. 2010년에 첸나이에서 400여 명이 모이는 첸나이 마드라스 한인교회 Chennai Madras Korean Church에서 집회를 한 주간 하게 되었다.

그때도 많은 치유와 특히 회개의 역사가 일어났고 본 교회 담임목사님도 통곡하며 큰 은혜를 받았고 또 간증하였다.

그 집회에 김 선교사님 내외분과 함께 참석하게 되었다. 김 선교사님 사모님은 처음에는 방언도 하지를 못했다. 그곳에 머무는 동안 방언도 하고 계속 기도하면서 예언의 은사도 받게 되었다. 마드라스 한인교회 집회 중 낮 공부시간에 필자가 말했다.

"양선희 사모님, 이 집회를 어떻게 주님이 생각하시는지 예언해 보세요. 예수 이름으로 명령한다. 사모님의 영이 열릴지어다. 예언할지어다." 하였더니 사모님이 하시는 말씀이 "내가 너희를 기뻐하여 한국의 엘리야 심상태 목사를 너희를 위하여 보혈을 증거하라고 보냈노라." 하는 게 아닌가.

그 말을 듣는 순간 깜짝 놀랐다. 엘리야라는 말은 주님이 필자가 기도할 때 여러 번 하신 말씀이었다. "넌 한국의 엘리야니라."

무엇보다 나의 제자가 이미 여러 차례 예언했던 말이기도 하다. 필자는 사모님께 단 한 번도 그 말을 한 일이 없었기 때문에 놀라지 않을 수 없었다.

그 후 필자가 물어 보았다. "사모님, 그 말을 내가 한 적이 있었나요?" 했더니 "아니요. 전혀 들은 일이 없는데 그 말이 입에서 나왔어요." 하는 것이 아닌가.

그 말을 듣는 순간 한편으로는 허물 많고 죄 많은 종을 주님이 대선지자에게 비유하여 크게 봐 주시니 두렵고 떨리기도 했지만 주님의 은혜가 너무 감사하여 내게 직접 주님께 들었을 때 보다, 처음으로 하였던 제자의 예언보다 훨씬 더 가슴을 울렸다.

주님의 마음을 알았기 때문이었다. 많은 체험들이 있었지만 그 말이 가장 내 가슴에 남았다. 너는 한국의 엘리야니라.

보혈 다 알아요 들을 필요 없어요

첸나이에서 사역하고 있을 때였다. 우리는 한국에 있는 모 신학교 신학생들이 졸업여행을 위하여 인도 첸나이에 온다는 사실을 알고 감사했다. 그 신학생들에게 보혈을 전하기 위해서였다. 그들에게 보혈복음을 전하고자 기도하며 비밀리에 그날을 준비했다. 김영철 선교사와 사전에 준비하고 약속하고 며칠을 기다렸다.

드디어 날짜가 되어 그곳에 계신 선교사님의 50평 아파트에 그분들을 모시고 30여 명에게 보혈복음을 전했다. 보혈이 왜 생명인가에 대해 10여 분쯤 강의를 하는데 갑자기 인솔한 신학교수들의 집단 반발로 중간에 강의를 중단하는 사태가 일어났다.

금년 들어 필자는 33년 동안 목회를 하였고 부흥사 26년, 신학강의 20년을 하였으나 설교를 마치지 못하고 중단된 일은 그때가 처음이었다. 보혈은 다 알고 있고 배웠으니 보혈강의는 들을 필요가 없다는 것이 그 이유였다. 그때 양선희 사모님은 보혈의 진리가 너무 귀하니 들어보아야 한다고 말하였으나 소용없었다. 결국 중단하게 되었다. 그 문제로 필자는 김 선교사님과도 마음이 상했고 금식하며 이기려고 노력하였다.

그때 다시 깨달았다. 교수라고 다 아는가. 예수님 당시에 서기관과 바리새인들이 생각이 났다. 동시에 요한계시록 7:14에 흰 옷 입은 자가 누구냐고 물은 사도 요한의 질문에 주님이 말씀하시기를 큰 환난에서 나오는 자들이라는 말씀이 생각났다. 그렇다. 보혈이 큰 환난이니 그런 거야. 스스로 묻고 대답하며 위로를 받았다.

보혈의 복음은 듣는 중에 성령이 강하게 역사하여 은혜도 되지만 또한 사탄이 역사한다는 사실을 그들은 알지 못했다(마16:21~23참조).

주님께서 말씀하시기를 내 살을 먹지 아니하고 내피를 마시지 아니하는 자는 너희 속에 생명이 없느니라(요6:53)고 하셨다. 이 말씀이 내 뇌리를 스치며 참으로 안타까운 마음과 감사의 마음이 교차했다. 참으로 유감스런 일이었다.

보혈 전도자 보내달라고 기도했어요

교수님들의 집단 반발 때문에 마음이 상하여 다음 사역지로 보내달라고 금식하며 기도하는데 갑자기 응답이 일어났다. 뱅갈로루에서 선교사님들 수십 명이 모여서 심 목사님을 기다리고 있다는 연락이 온 것이다.

그것도 세 군데서 한 주간이나 보혈 세미나를 해달라는 것이었다. 그 말이 너무나도 기뻤고 우리는 김용운 선교사님 내외분과 함께 7시간이나 승용차를 타고 뱅갈로루에 달려가서 한 주간 동안 세 군데 집회를 인도하게 되었다.

그날 도착하여 어느 선교사님 집에 초청되어 몇 명이 모인 가운데 <보혈세미나>를 인도하게 되었는데 여 선교사님 한 분이 말씀을 듣는 내내 눈물을 흘렸다.

그분이 세미나를 마치고 하시는 말씀이 주님 앞에 보혈 전도자를 보내달라고 2년 동안이나 간절히 기도 했다고 하는 것 아닌가. 필자가 쓴 보혈시집『은총의 붉은 낙엽』을 며칠 전 받아 읽고 밤새 울었다고 했다.

강의를 중단하며 마음 아파하고 금식하였더니 이미 주님이 다른 곳을 준비하고 계셨던 것이다. 그리고 인도에서 선교사님으로는 상상할 수도 없는 거금을 연보해 주셨다. 물론 그 헌금은 그곳에서 선교비로 사용했다.

다음날부터 계속된 두 군데 집회도 많은 은혜와 결실을 맺고 인도를 떠날 준비를 하였다. 인도에서 2개월의 선교 중 가장 기뻤던 순간이 그때가 아닌가 생각이 들었다.

"목사님 같은 분 보내달라고 2년을 밤낮으로 기도했어요."

통곡하시며 간증했던 그 말씀이 기억에 오래 남아있다. "보혈이 능력이에요. 너무 귀한 은혜를 받았고 2년 동안 드린 보혈기도가 헛되지 않았습니다." 라고 하셨던 선교사님의 말씀이 오늘 또 다시 새롭게 느껴졌다. 주님, 감사합니다. 그리고 선교사님, 감사해요.

심 목사님은 불이 없잖아요

필자는 군소교단 신학교에서 약 20여 년 동안 강의를 하였다. 그때마다 많은 사람들이 말하였다. 심 목사님은 말씀이 참 좋고 성경적이고 또 재미있고 쉽다고 많은 사람들이 칭찬을 해주셨다. 필자가 신학교재로 사용하는 조직신학 관련 저서만 두 권이 있고, 성경, 조직신학, 보혈론 등 많은 강의를 하였다.

주님이 필자에게 주신 은사인 목회, 교수, 부흥사 세 가지 중에 무엇을 제일 잘할까 생각해 보니 교수의 은사인 강의를 제일 잘하지 않나 하는 생각이 들었다.

지금부터 약 10여 년 전의 일인 것 같다. 필자가 섬겼던 학교 학생 중에 필자를 많이 따르던 학생들이 있었는데 그 중에 단독 목회를 하던 학생이 하루는 필자에게 말했다.

"목사님, 다음 주간에 우리 교회에서 부흥집회를 하는데 목사님이 찬양인도를 좀 해주세요." 하지 않는가. 몇 번이나 거절하였으나 간절히 부탁하여 결국 그렇게 하기로 했다.

첫 날 저녁 찬양인도를 한 후에 강사가 말씀을 전하는데 이게 웬, 일인가 말씀이 없고 그냥 고함만 지르며 설교를 하는 것이 아닌가. 하도 기가 막혀 더 이상 듣기가 민망하였다.

예배를 마친 후에 필자가 담임교역자였던 학생에게 말했다. 어디에서 저렇게도 말씀이 없는 목사님을 강사로 모셔 왔느냐고 물었다. 차라리 필자에게 말했으면 자비량으로 부흥회를 해줄 수도 있는데 아쉽다. 필자가 부흥사인 것은 그 학생도 잘 알고 있었다.

그랬더니 서슴없이 그 전도사가 하는 말이 "심 목사님은 말씀은 좋은데 불이 없잖아요. 저 강사 목사님은 말씀은 없어도 불이 있어요. 성도들은 말씀보다 불의 종을 원해요." 하는 것이 아닌가.

충격이었다. 그날 밤 생각했다. 학생들이 말하는 불이 없는 교수, 목회자. 너무 가슴이 아팠으나 그것이 사실임을 필자도 인정할 수밖에 없었고 당돌하게 던진 '불이 없어요' 라는 말보다 더 슬펐던 것은 필자가 생각해도 불이 없다는 것을 인정할 수밖에 없는 현실이었다.

그로부터 얼마 후에 전남 목포의 기도원에 부흥회를 가게 되었다. 대구에서 필자가 잘 아는 분이 목포에 가서 기도원을 하신 것이다. 대구에 있을 때도 4~5번 부흥회로 봉사한 적이 있었다.

한 주간 집회를 마친 마지막 날 밤에 원장님이 필자를 부르더니 하시는 말씀이 "심 목사님을 초청하여 집회를 6번이나 했지만 심 목사님보다 말씀이 더 좋으신 분도 잘 없어요. 어떻게 그렇게 설교를 쉽게 성경적으로 잘 하세요? 성경을 많이 아시고 실력이 있으시니 일주일이 금방 지나갔네요. 거기다가 찬송까지 잘 부르시니." 하시더니 "그런데 목사님, 섭섭하게 생각하지 마시고 제 말을 잘 들으세요. 이젠 성경 그만 보시고 기도를 많이 하셔서 불을 받으세요. 목사님은 말씀은 좋은데 불이 약해요. 말씀을 들을 때마다 그게 아쉬워요. 목사님 말씀에다 불만 받으면……. 그래서 말씀드리려고 해도 상처 받으실까 말씀을 못 드렸는데 오늘 작정하고 말씀드리는 것은 목사님을 위해서 하는 말씀이니 상처 받지 마세요." 하셨다.

집회를 마치는 마지막 날 밤에 '불이 약해요' 하는 그 말이 상처가 되어 뜬눈으로 밤을 새웠다. 그런데 보혈이 온 후 놀라운 일이 일어났다. 보혈을 안 지금년 들어 10년, 이젠 성령과 말씀이 함께 역사하는 것이 아닌가. 불을 달라 기도한 일이 없는데도 말이다. 성령의 불이 뜨겁게 역사하는 것이다. 요즘은 필자의 안수를 받는 분들 중에는 "어~ 어, 목사님, 뜨거워요. 목사님 손에서 불이 나와요." 하는 것이 아닌가.

보혈을 구하고 알고 전하고 기도했더니 필자도 모르는 사이에 성령과 보혈이 충만하게 역사한 것이다.

6년 전에 일어난 일이다. 300일 산 기도를 하는데 그 때가 겨울이라 너무 추워서 손으로 얼굴을 쓰다듬는데 깜짝 놀랐다. 필자의 손에서 뜨거운 불이 나오는 것이 아닌가.

한번은 교회에서 기도하고 나오는데 너무 추워 한기가 들 지경이었다. 말이 나오지 않았다. 필자는 결핵을 앓았기 때문에 한기나 오한이 갑자기 자주 찾아오곤 하였다. 그때는 아무리 이불을 덮어도 안 된다. 일주일은 약을 먹고 앓아누워야 한다. 그런데 필자는 외쳤다. 나도 모르게 "예수 이름으로 명령한다! 불천사가 내려올지어다! 예수 이름으로 불천사야, 내려올지어다! 불! 불!" 크게 외치는데 갑자기 뜨거운 불이 내 몸에 들어오는 것이 아닌가. 순간 그 생각이 났다. '심 목사님은 말씀은 좋은데 불이 없어요.'

이젠 불이 있는 목사가 된 것이다. 보혈과 성령이 함께 역사하시며 보혈의 종이고 또한 불의 종이 된 것이다.

우리는 명심해야 한다 말씀과 보혈과 성령이 함께 역사해야 한다는 것을. 그래야 설교요 목회요 목회자인 것을.

보혈 특공대에서 보혈 사령관으로

한번은 긴 메시지가 날아왔다. 서울에 있는 김보배 전도사라는 분으로부터 였다. 그는 필자의 저서 『보혈은 기적이다』를 읽고 평소부터 보혈에 대하여 알고 싶었는데 책을 보고 은혜를 많이 받았다는 감사 인사의 내용이었다.

그 후에도 자주 문자를 보내왔다. 기도 부탁이었다. 너무 힘든 고난이 많다고 하였다. 그런데 그는 필자를 '보혈특공대 목사님'이라고 불렀다. 아마도 몇 안 되는 보혈 책을 쓴 목사이니까 그렇게 부르겠지 생각하고 그냥 대수롭지 않게 생각하였다. 그런데 얼마 후에는 '보혈사령관 목사님'이라고 문자로 보내왔다. 그래서 물어보았다. 왜 사령관이라 부르느냐고. 하였더니 주님이 그렇게 부르라고 한다는 것이 아닌가. 그때 이런 생각이 들었다. 주님도 필자의 보혈 연구와 열정을 알아주시고 보혈 특공대에서 사령관으로 크게 진급시켜 주시는구나 생각했다. 얼마 전에는 서울에서 <보혈세미나>가 있었는데 김보배 전도사님이 두 주간이나 참석하였다.

코카콜라는 세계에 최고의 음료수이다. 세계 제2차 대전 후 코카콜라 사장인 로버트 우드러프는 다음과 같이 결심하고 말하였다.

"나의 꿈은 내 세대에 전 세계 모든 사람이 코카콜라를 한잔이라도 다 마셔보게 하는 것이다. 내 혈관 속에는 피가 아니라 코카콜라가 흐른다."

그는 코카콜라에 완전히 미친것이다. 그 결과 코카콜라는 아프리카서 시작하여 전 세계 200여 개국에까지 보급되었다. 그의 꿈과 열정이 이렇게 엄청난 기적을 만든 것이다.

필자도 지난 10년 동안 보혈에 미쳤다. 온통 내 삶은 오직 보혈만이 있었다.

보혈특공대 보혈사령관 이 말을 듣게 된 것은 보혈에 미친 열매가 아닐까?

또 하루는 어느 목사님에게서 전화가 왔다. 필자의 저서『보혈은 기적이다 Jesus blood is the miracle』를 읽고 은혜 받았다며 감사하다는 인사의 전화였다. 그런데 그 분은 저를 잘 안다고 하는 것이 아닌가. 그래서 어떻게 잘 아느냐고 물었더니 필자의 글을 인터넷을 통해 많이 읽었고 이미 인터넷에서는 사람들이 보혈은 우리나라에서 심상태 목사가 최고라는 소문이 파다하며 보혈의 말만 나오면 필자의 말을 한다는 것이었다. 그때 생각했다. 그래서 주님이 종을 '보혈 사령관'이라 하는구나 하는 생각이 들었다. 얼마 전에 능력의 종을 만났는데 그 분이 주님께 직접 들은 말씀인데 앞으로 보혈로서는 필자가 세계 최고의 전도자가 될 것이며 제 2권 본서는 베스트셀러가 될 것이라고 주님이 말씀하셨다는 것이다. 아무튼 주님의 은혜가 감사할 따름이다.

심 목사님 진짜래요 주님이 말씀하셨어요

2008년 5월에 총신 80회 동기동창들이 베트남에 여행을 가게 되었다. 필자도 아내와 함께 가게 되었다. 그곳에서 동기들과 함께 한 주간 동안 즐거운 시간을 보내게 되었다. 그런데 동기 목사 부부가 함께 모여 자신을 소개하는 시간이 있었다.

그래서 필자는 <보혈신앙선교회>http://cafe.daum.net/angtae카페소개와 간단하게 보혈에 대한 간증을 하게 되었다. 그때 동기 목사님 중에 일본 오사카 신학교 정광용 학장님이 계셨는데 정 목사님이 필자에게 오셔서 보혈에 대하여 은혜를 받았다고 하시며 자기 신학교에 와서 강의를 한 학기 해줄 수 있느냐고 물었다.

그래서 초청에 응하여 오사카신학교 Osaka Reformed Presbyterian institute 에서 그해 가을학기에 <보혈세미나>를 인도하게 되었다. 일본 오사카는 필자의 어머니가 나고 자란 고향이기도 하다. 학생들은 현지 교포가 거의 대부분이었으나 일본 현지인들과 청강생과 선교사님들 합하여 약80여 명이 모인 것 같았다.

그곳에서 일어난 일이 많이 있었으나 한 가지만 말씀드리려고 한다.

그곳에 참석하신 분 중에 오사카에서 제일 큰 교회를 시무하시는 부목사님과 사모님이 계셨다. 목사님은 성악가이시고 사모님은 연세대 작곡가를 졸업하신 작곡가셨다. 월요일부터 토요일까지 한 주간 동안 <보혈세미나>를 인도하게 되었는데 목요일에 사모님이 필자를 찾아왔다. 자신은 보혈을 평소부터 알고 있고 항상 사모하고 있다고 하시며 자신이 보혈을 사랑하여 작곡하고 작사한 '보혈 찬송' 이라고 하며 보혈 찬송 책을 필자에게 선물하였다.

그리고는 그 노래집에 편지를 한 장 써서 가져 왔는데 그 내용을 간단히 소개하면 이런 내용이었다. 자신은 필자가 <보혈세미나>를 한다는 광고를 듣고 기도하며 <보혈세미나>를 사모하면서 기다렸다는 것이다. 강의를 듣고는 평소에 알지 못했던 보혈의 비밀을 듣고 알게 되었고 은혜를 많이 받아 너무나도 기분이 좋았다고 했다. 그날 밤 주님께서 필자를 위해 기도를 시키는데 주님이 세 번이나 '심상태 목사가 진짜다. 심상태 목사가 진짜다. 심상태 목사가 진짜다.' 라고 또렷하게 들려주셨다는 것이다.

그러면서 하는 말이 "우리 교회는 일본에서 제일 큰 교회라서 세계적인 목사님들이 많이 오셔서 부흥회를 하였는데 나름대로 은혜도 되고 권위도 있었지만 심상태 목사처럼 가슴을 울리는 감동과 감화가 적었으며 목사님의 설교가 제일이었어요. 역시 보혈밖에는 없어요. 목사님, 힘내세요. 주님이 목사님과 함께하셔서 세계 최고의 보혈목사님이 되게 하신대요."라고 하는 것이 아닌가. 그리고 출발하기 전날 금요일에 남편 목사님과 함께 오셔서 일본에서 제일 좋은 양복 한 벌과 헌금 80만 원도 주셨다.

물론 주신 헌금도 양복도 감사했지만 5년이 지난 오늘까지 잊지 못할 감동은 '목사님이 진짜래요' 라던 주님의 말씀이었다. 주님, 감사합니다. 그리고 목사님, 사모님, 감사합니다. 이 모든 영광을 주님께 돌려 드립니다.

목사님의 심령상태가 좋네요

필자는 이름 때문에 좋기도 하지만 너무 괴롭다. 한 번 들으면 잘 안 잊어버리니 광고 효과가 크고 인지도가 높으니 좋으나 거의 대부분의 사람들은 필자의 이름을 부를 때 부정적으로나 놀릴 때 많이 사용한다. 상태가 좋다느니, 안 좋다느니, 날씨상태, 건강상태 등등 멋대로 사용한다. 두 사람만 모여도 사람들은 필자의 이름을 이야깃거리로 사용한다.

심지어는 신학강의 중에도 중강기 상태니 무슨 신앙 상태니 등등 쓴다. 말은 씨가 된다고 하지 않나. 어쩌면 이름 때문에 더 큰 환난과 고난이 있었는지도 모르겠다.

필자의 이름은 부모님 말씀에 내가 지었단다. 성은 심이요 돌림자가 상이니

'심상' 까지는 이미 지은 상태인데 태어날 때 목에 탯줄을 감고 나왔다 하여 '심상태' 가 되었단다. 실제로는 서로 상 相, 클 태 泰 자字니 심령이 서로 크자는 원 이름 뜻대로 살아가는 데 말이다. 서로 너도 나도 크자는 뜻으로 지금도 그렇게 살아가고 있다.

한 번은 어느 치유집회에 협력 사역자로 참석하여 식사를 하게 되었는데 앞자리에 앉은 여 전도사님이 필자에게 하는 말이 명찰을 보더니 "목사님, 심령상태가 심히 좋네요."라고 하는 것이 아닌가.

필자가 물었다. "농담하는 겁니까? 진심입니까?" 했더니 주님이 그렇게 말씀한다는 것이 아닌가. "목사님은 세계적인 종이세요."

그 후 그분이 섬기는 교회에서 부흥회를 하였고 사역도 함께하며 새로운 동역자로 일하는 기회를 주님이 주셨다. 지금은 목사로 안수를 받게 되었고 잠시 필자가 섬기는 교회에서 목사로 같이 섬기기도 하였다.

이명수 목사님은 영적으로 큰 능력자이고 영적인 투시예언, 신유축사에 능한 능력자이다. 더욱이 신유가 강하여 '제2의 현신애' 라 부른다. 필자는 사역을 많이 해서 그런지 한쪽 팔이 아파서 팔을 들 수가 없었다. 다른 분에게 여러 번 기도를 받아도 안 되고 침을 맞기도 하고 피를 뽑기도 하였으나 차도가 없었다. 그런데 이명수 목사님께 그 얘기를 하였더니 기도하면서 하는 말이 "목사님, 근육이 땡기는 것같이 아프지요?" 하는 것이 아닌가. 그렇다고 했더니 "근육을 잡고 있는 악한 영아! 예수의 이름으로 나가!" 하고는 손으로 톡톡 쳤는데 씻은 듯이 그때 나았고 지금까지도 재발하지 않았고 완치된 것이다.

물론 그분의 질병인 당뇨도 필자가 여러 번 기도함으로 주님이 낫게 하셨다. 한 번은 "내가 젊음의 천사를 불러 젊게 해달라고 기도하는데 한 번 좀 봐주실

래요?" 하였더니 "목사님이 명령할 때 정말로 천사가 내려와서 목사님의 죽은 세포가 살아나네요." 하는 것이 아닌가. 할렐루야!

한 번은 미국에 있는 딸을 축사하는데 봐 달라 했더니 나의 기도가 미국에 있는 딸에게도 현장에서 응답된다고 하는 것이 아닌가. 할렐루야! 한국의 현신애처럼 이명수 목사를 이 시대를 빛내는 제2의 현신애 같은 사역자가 될 것으로 믿으며 오늘도 기도한다.

"주여, 이명수 목사를 축복합니다. 그를 사용하소서. 이 시대의 별로 그리고 신유의 종으로 크게 사용하소서!"

예수 피를 찾았습니다

필자가 카페지기로 섬기는 보혈신앙선교회(http://cafe.daum.net/angtae).
〈보혈설교방〉에 '예수 피를 찾았습니다.' 라는 동영상이 있다. 나는 그 동영상을 보고 큰 은혜를 받았다. 그 내용을 잠시 소개하면 예수님이 죽으시기 약 500년 전에 구약에 나오는 법궤를 잃어 버렸다. 그러다가 얼마 전 탐험가들에 의해 법궤를 찾게 되었다. 그런데 놀랍게도 그 법궤가 예수님이 죽으셨던 골고다 십자가 바로 밑 몇 십 미터 땅굴에서 발견되었다는 것이다. 예수님이 죽으신 후라면 사람들이 의도적으로 그 곳에 옮길 수도 있었겠으나 B.C. 500년, 즉 예수님이 세상에 오시기 500년 전에 잃어버렸으니 이는 하나님이 하신 것이다. 법궤가 무엇인가. 그것은 살아계신 하나님 자신이며 곧 언약의 말씀을 상징하는데 더 놀라운 것은 그 법궤 위에는 피가 흥건히 있었다는 것이다. 그 피를 연구하니 보통 인간의 피는 남자 유전자 49%와 여자 유전자 51% 유진자로 되어 있는데 이 피는 남자 유전자는 하나도 없고 51%의 여자 유전자로만 되어 있더라는 것이다. 더 놀라운 것은 모든 피는 떨어져 말라버리는 순간 즉시 죽게 되는데, 이 피를 연구한 결과 지금도 살아 있더라는 것이다. 이 피가 누구의 피인가. 예수 그리스도 Jesus Christ 의 피인 것이다.

성경에도 그가 죽었으나 오히려 말한다고 했으며(히11:4), 새 언약의 중보자이신 예수와 및 아벨의 피보다 더 나은 말하는 뿌린 피라고 하였다(히12:24). 예수님의 피는 지금도 살아 역사한다. 뿌린 피를 우리 입으로 전하면 영원히 받은 자 속에 역사하실 것이다.

히브리서 4:12 하나님의 말씀은 살았고 운동력이 있다고 하였다.

필자는 2010년 42일에 이어 2011년에도 인도에서 보혈의 복음을 63일 동안 전했다. 그 때 현지인 목사님 부부들 40명에게 보혈의 복음을 전했는데 예수의 피가 살아있다는 동영상 이야기를 하자 누가 시키지도 않았는데도 모두가 동시에 일어나서 기립박수를 치지 않는가. 필자는 그 장면을 지금도 잊을 수 없다.

나는 심상태 목사의 아내이다.

이 글은 <보혈신앙 선교회> 카페 http://cafe.daum.net/angtae 를 찾아오신 분들에게 작게나마 도움을 드리려고 쓴 글인데 독자여러분은 어떻게 생각하실지…….

저희 가족은 남편을 부를 때 심보혈이라고 부른다. 별다른 뜻은 없지만 보혈을 전하는 그의 생각과 열심이 아마도 그렇게 자연스럽게 부르게 된 것이 아닌가 생각한다. 정확하게 언제인지는 기억이 나지 않지만 갑자기 보혈에 대한 설교를 하기 시작했다. 평소에는 전혀 하지 않는 설교라 처음에는 대수롭지 않게 여겨 그냥 얼마 후에는 그만두겠지 생각이 들어서 그냥 지켜만 보았다. 그런데 연초에 강대상에서 올 한해에는 보혈설교만 하겠다고 선포한 것이 아닌가. '아차, 기회를 놓쳤구나.' 하는 생각이 들어 반대하며 설득했으나 그의 고집을 꺾을 수가 없었다. 그 후에 2년 동안 보혈 설교를 계속하는 것이 아닌가.

가족이 총동원 하여 왜 다른 목사님들같이 안하고 당신 혼자 의인이고 우리는 지옥 백성이냐고 반대를 하였으나 소용이 없었다. 급기야 우려하던 일이 현실로 닥쳐왔다. 교인들이 하나 둘씩 떠나간 것이다.

그 뒤로는 설교를 들을 때 거부반응이 일어났다. 나도 은혜 좀 받자고 반대를 계속하였지만 말없이 보혈 책 연구와 기도하는 일에만 최선을 다하는 것이 아닌가. 때론 내가 잘못되어 사탄의 도구가 되어 주의 종을 괴롭히는 것은 아닌가 생각이 들었다. 그러나 솔직히 설교를 들으면 거부 반응이 일어나고 은혜가 안 되었다. 때론 용돈을 주며 친구도 만나고 여행도 좀하라고 했으나 그 돈으로 보혈 책을 사버리는 것이 아닌가.

그러기를 1~2년이 지나면서 차츰 차츰 나도 보혈설교에 세뇌가 되었는지 은혜가 되었는지 잘은 모르지만 나 역시 자신도 모르게 보혈찬송을 즐겨 부르고 보혈기도를 하고 있었다. 아마도 보혈의 진리가 내 가슴 깊은 곳에서 자라기 시작했는가 보다.

지금 생각해보니 보혈이 싫은 것은 사탄이 한 것인데도 그것도 알지 못하고 보혈이 진리라 잘 알지 못한 나 자신의 잘못을 복음을 전하지 못하게 했으니 이 죄를 어떻게 해야할지 주님께 남편 심보혈 목사님께도 죄송할 뿐이다.

내 남편 심보혈 목사는 참으로 성경을 많이 알고 설교를 참 잘하는 목사님이다. 그리고 가슴이 참으로 따뜻한 사람이다. 정이 너무 많아 교인 한 사람이 떠나면 그 상처를 좀처럼 떨쳐버리지 못한다. 정 때문에 오해를 받은 일도 종종 있었다. 주머니에 용돈이 있으면 다른 사람에게 주어 버리면서도 본인에게와 가족에게는 인색하다.

요즘은 며칠은 밤새 잠도 못자고 어두운 얼굴로 있어서 물어보았더니 회원 두 사람이 탈퇴했다는 것이 아닌가. 탈퇴하면 한 거지 돈 버는 것도 아닌데 하였더니 그들이 탈퇴하면 보혈을 부인할까 너무 가슴이 아프다는 것이 아닌가. 그런데 이상한 것은 그렇게 반대가 심하고 핍박이 와도 점점 더 기도하고 책연구와 보혈의 열정은 식지 않은 데 놀랐다.

저것이 사람으로부터 왔다면 넘어질 것인데 놀라운 것은 그가 한 예언과 비전이 하나씩 응답된다는 것이다. 아직도 개척교회인데 세계적인 교회를 꿈꾸는 그의 생각이 때론 어린이를 보는 것 같기도 하지만 나는 생각한다. 그는 세계 최고의 보혈목사요 능력자가 될 것이라 믿고 기도한다.

그는 믿음이 좋은 사람이다. 보혈을 안 후에는 시간이 있든 없듯 열심히 영어공부도 한다. 그 이유를 물어보니 세계로 복음을 전하기 위해 영어는 반드시 필요하기 때문에 준비한단다.

　나는 생각한다. 지난날에 핍박이 내 잘못이라고. 당신은 믿음의 사람이요 보혈의 신앙가요 주님이 숨겨놓은 귀한 보혈의 사람이라고. 언젠가는 주님이 남편 심보혈 목사를 통해서 보혈의 복음을 지구인들에게 뿌릴 것이라고 굳게 믿는다.

> 구하라 그러면 주실 것이요
> 찾으라 그러면 찾을 것이요
> 문을 두드리라 그러면 너희에게 열릴 것이니
> 구하는 이마다 얻을 것이요 찾는 이가 찾을 것이요
> 두드리는 이에게 열릴 것이니라

마태복음 7:7~8

9장

보혈과 체험
Jesus blood & Experience

나는 보혈로 이런 체험을 하였다

필자는 많이 망설였다. 체험을 강조하다가 자랑으로 그쳐 주님이 받아야 할 영광을 내가 받으면 어떡할까. 또한 간증이 자랑이 되면 어떡할까. 주님이 종을 통하여 한 것이지 내가 한 것은 아닌데……. 또한 보혈의 체험이 또 다른 시빗거리인 신비를 강조하는 사람으로 비추어져서 보혈강의의 빛이 가리지는 아닐까.

그러나 용기를 낸 것은 보혈이 이렇게 역사가 일어난다는 체험을 말함으로 독자들에게 새 힘과 용기를 줄 수 있고 보혈의 능력을 믿게 할 수가 있다면 그 수가 극소수가 된다고 할지라도 보람된 일이 아닐까 생각이 들었다.

필자가 이번에 쓴 보혈 책은 보혈시집 『은총의 붉은 낙엽』을 포함하면 3권이다. 앞으로 만약 또 보혈책을 쓰게 된다면 세계를 다니면서 보혈을 통해 일어난 간증과 체험들을 담은 책을 준비할 생각이다.

여기서는 지금까지 일어난 일이 한 권의 책을 내어도 손색이 없지만 간단하게 몇 가지만 쓰려고 한다.

주님이 날 불쌍히 여겨 심 목사를 보내셨네

2013년도 새해에는 주님이 종을 바울처럼 엘리야처럼 크게 쓰시리라 굳게 믿는다. 『보혈은 기적이다』 2권을 마무리 교정하느라 바쁘게 일하는데 갑자기 형님이 생각났다. 필자는 형님이 없다. 그분은 친척도 아니고 친형님도 아니지만 난 그 목사님을 만나면 목사님이란 말보다 형님이라 부른다. 그분은 지금은 은퇴를 앞둔 현직 목사요 큰 교회를 시무하시고 또한 전국적으로 부흥회를 다니시는 유명한 목사님이시다. 이미 목사 안수 받으신 지가 35년이나 되신 교계의 어른이시다.

필자가 형님을 도와드린 것도 필자가 받은 것도 없지만 이미 40년 전에 우린 알았고 우리는 서로가 염려하며 걱정하는 사이이다.

무엇보다 감사한 것은 형님은 매일 필자를 위해 기도해 주셨고 잘되기를 그렇게 원하시니 필자의 몇 안 되는 지인이요 우군이다. 우린 자주 만나지는 못하지만 1년에 3~4차례 만나서 식사하면서 이야기를 나누곤 한다.

그런데 작년에는 바쁘다는 핑계로 1년 동안 거의 만나지 못했다. 그런데 갑자기 그 형님이 보고 싶어지는 것이 아닌가. 그래서 전화를 드리고 우리는 만났다.

한참동안 근황을 얘기하는데 목사님이 "아우야, 내가 요즘 양쪽 갈비뼈가 아파서 너무 힘이 든다. 아우가 날 위해기도 좀 해주게." 하는 것이 아닌가.

겸손하게도 한참이나 후배인 종에게 기도해 달라는 것이 아닌가. 구하는 것이 믿음이 되어서인가 필자는 차 안에서 열심히 기도하였다.

그런데 놀랍게도 기도하는 즉시 주님이 통증이 사라지게 하시고 고쳐 주셨다. 그래도 필자는 염려스러워서 20분씩 세 번이나 치유기도를 하였다.

기도 중에 필자가 물었다. "형님, 방언할 줄 아세요?" 하였더니 하시는 말씀이 방언이 너무 하고 싶은데 40년을 기도해도 안 된다고 하였다.

필자가 말했다. "이제 방언해 보세요. 형님, 됩니다." 하고는 기도하였다.

"예수 이름으로 명하노니 방언 천사가 내려올지어다. 방언할지어다."

그 한마디에 당장에 방언을 하기 시작하였다.

참으로 보혈은 능력이다. 그 전에는 필자가 두 시간씩이나 방언 받기를 원하는 사람에게 안수하면서 방언 은사를 위해서 기도하여도 안 되었는데 단 한마디 '방언할지어다'에 40년 동안이나 그렇게 원하고 소원하고 기도해도 안 되던 방언이 그것도 유창한 방언이 나오는 것이 아닌가.

보혈목사가 된 후로는 말하는 대로 다 되니 보혈은 참으로 귀한 능력임을 다시 한 번 알게 하셨다. 형님이 말했다. "참으로 신기하네. 나도 방언이 되네. 주님이 나를 불쌍히 여겨 심 목사를 보내셨어. 병도 낫고 방언도 받게 하시네. 참으로 주님의 은혜가 감사하네."

그러면서 필자를 위해 기도해 주셨고 또한 말씀을 여러 번 하셨다.

"심 목사는 참으로 능력이 강해. 참으로 보혈은 능력이야."

우리는 그 후에 식당에 갔다. 식당에서 아무리 필자가 밥값을 내려 해도 안 된다며 맛있는 식사를 사주셨다. 잠시라도 잊었던 형님을 다시 생각나게 하셨고 또한 만나게 하신 주님께 감사한 하루였다.

'너는 한국의 엘리야니라' 하셨던 주님의 말씀이 다시 생각나는 기쁜 날이었다. 감사하는 마음과 가벼운 발걸음으로 집을 향하여 올 수 있었다. 목사 형님을 만나게 하셨고 종의 기도에 응답하여 주신 주님께 이 모든 영광을 돌려드린다.

기적이 일어났어요

주님이 필자에게 보혈이 기적이라 하셨다. 물론 아직도 보이는 기적은 많이 일어나지 않았으나 영적인 기적은 진행형으로 계속되고 있다. 주님이 이 모든 것을 하시고 성령님이 하시지만 성령님은 사람을 통해 역사하시는데 필자도 성령님께 잡혀서 사역하고 있으니 감사할 뿐이다.

필자가 보혈을 전할 때마다 성령님이 역사하여 많은 사람들이 은혜 받고 회개하게 하시니 이것이 진짜 기적이라 생각한다. 성경은 보혈이 생명이라고 말씀한다. 생명보다 더 큰 기적이 어디 있을까? 아무리 믿음이 적은 사람도 말씀을 들음으로 죄를 씻고 죄 사함을 받아 잃었던 생명을 얻게 되니 이것이 곧 기적이라고 할 수 있다.

그 중에서도 2012년 12월 첫째 주에 열린 서울 임마누엘교회에서 행한 <보혈세미나>는 지금까지의 어느 집회보다도 더 많은 보이는 기적을 주님이 주셨다.

필자는 월요일 저녁부터 금요일 새벽 3시까지 복음을 전하였다. 아침 10시 반에 교회에 가면 다음날 새벽 3시까지 계속되었다. 말씀을 전한 후에 '축사치유기도' 때문이었다. 2013년 1월 셋째 주도 앵콜집회로 다시 전하게 되었다.

이번에는 솔직히 말씀드려서 지금까지 부흥회 중에 가장 능력이 많이 나타나는 부흥집회였다. 입신한 사람만 연 인원 40여 명이나 되었으며 거의 대부분의 환자가 자기 믿음대로 적게 크게 치유의 은혜를 입었다.

무엇보다 잊을 수 없는 사건은 30여 년을 사탄에 매여 시집도 못간 여인이 두 번의 기도로 현장에서 치유를 받았다. 그녀는 감격하여 직접 간증을 하였다. 이 모든 영광을 주님께 돌려드린다.

그녀 속에 있던 사탄에게 물어보니 30년 전에 들어왔다고 하였다. 그녀를 영적으로 볼 때 칼을 들은 귀신이 들어와서 그를 죽이려고 하는 것이 아닌가. 그날 밤에 깨끗이 치유가 된 것은 필자도 놀랐고 함께 참여한 많은 사람도 깜짝 놀랐다. 무엇보다 그녀가 그날 밤 입신하여 주님을 만났는데 "사랑하는 딸아, 내가 너의 병을 고쳤느니라."라고 하셨다는 것이다.

할렐루야! 앞으로도 보혈을 전할 때마다 역사하실 주님을 찬양하며 크신 영광을 주님께 돌려 드린다. 그 보다 더 놀라운 것은 종이 말씀을 전할 때마다 주님이 친히 오셔서 천사를 통하여 주님이 직접 말씀을 전하시는 것이며 더 귀한 것은 많은 성도들이 보혈의 말씀을 통해 은혜 받고 눈물을 흘리며 새 생명을 얻는 것이라 할 수 있다.

심 목사님은 말씀이 점점 더 좋아지네요

"심 목사님은 참 이상해요. 많은 사람들은 처음에는 말씀을 잘 전하고 능력이 나타나다가도 부흥사로 세월이 흐르고 오래되면 능력이 떨어지는데 목사님은 점점 능력도 말씀도 점점 더 좋아지네요."

필자를 사랑해서 부흥회 때 여러 번 필자의 말씀을 들은 어느 목사님이 하신 말씀이다. 그렇다. 필자는 자신이 생각해 보아도 말씀도 능력도 점점 더 좋아지는 것을 느낀다. 이 말은 필자를 자랑하기 위한 것이 결코 아니다. 다만 보혈이 능력이라는 것을 설명하기 위해서 한 말이다. 또한 기독교가 바로 그런 것이다. 기독교는 십자가의 종교이며 십자가는 더하기가 아닌가. 우리 교회 주일학교 학생 중에 어느 학생이 자기 할머니께 한 말이 생각난다.

"할머니, 예수님이 더하기를 지고 가시던데요."

이 어린이는 십자가를 지고 가시는 주님의 모습에서 십자가를 더하기로 본 것이다. 그 말이 맞다. 주님은 자신이 십자가를 지심으로 자신에게는 생명이 뺄셈이었지만 우리에게는 생명과 보혈을 주시고 우리의 모든 삶에 더하기가 된 것이다. 그렇다. 기독교는 더하기인 것이다. 가나안 혼인 잔치에서 일어난 일을 보면 알 수 있다.

_{요한복음 2:10} 사람마다 먼저 좋은 포도주를 내고 취한 후에는 나쁜 것을 내거늘 그대는 지금껏 좋은 포도주를 두었도다.

그렇다. 정상적인 기독교인은 점점 잘 되게 되어 있다. 필자는 육적으로 부정적으로 생각하면 어쩌면 성공하지 못한 목회자라고 할 수도 있다. 그러나 신학교 강의 20년, 남긴 저서 8권, 부흥사로 26년, 보혈 전도자로 10년이니 누구보다 주님 앞에 귀하게 쓰임 받았다.

그런데 필자는 26년의 부흥사로 봉사하면서 단 한 번도 물질을 탐해 보지도 말로써 강조하지도 않았으며 33년의 목회 중에 단 한 번도 성도들과 재정적인 문제로 문제가 된 일이 없으니 이것 또한 주님의 은혜다. 그래서 주님이 필자에게 그 귀한 하늘의 보화인 보혈을 가르쳐 주지 않았나 생각해 본다.

목사님 설교할 때 보혈이

주님의 은혜로 26년 동안 부흥회를 인도하였으나 혼자 다니게 하셨다. 그런데 올해부터는 함께 사역하는 협력사역자를 주님이 보내주셔서 함께할 수 있음에 주님께 감사드린다. 그분은 참으로 겸손하시고 영적인 세계를 보시고 치유사역, 예언사역, 투시, 환상의 은사, 축사사역도 함께하시게 하셨다.

무엇보다 그분은 내적치유 사역자로 많은 분들의 가정을 화목케 하시고 이혼 직전의 많은 가정을 다시 하나가 되게 하시는 귀한 사역을 하시는 분이었다. 이번 사천 집회도 함께하였는데 예배드릴 때마다 필자가 보지 못한 것을 보시게 하셔서 감사할 뿐이다.

이번 예배시간에 일어난 일을 하나 말씀드리면 목사님이 앞에 나오셔서 간증한 내용인데 필자가 말씀을 전할 때마다 주님이 직접 오셔서 안수해 주시고 종을 통해서 주님이 직접 설교 하신다는 것이었다.

"무엇보다 보혈이 교회에 계속해서 부어져요. 오늘은 보혈의 강이 되었어요." 하는 것이 아닌가.

전날은 주님이 오셔서 천사를 파송하시어 보혈 피를 교회에 바르고 뿌리신다고 감격해 했었다. 무엇보다 필자가 말씀을 전하고 안수기도를 할 때마다 보혈이 흘러넘친다는 것이 아닌가.

그 목사님의 간증을 하나 소개한다. 한 번은 대구 시내에 아주 큰 교회에서 주님이 예배시간에 바깥에 계셨다고 한다. 그래서 그 목사님이 "주님, 왜 교회에 들어가시지 바깥에 계십니까?"라고 물었더니 예수님 말씀이 "이 교회 담임 목사의 설교는 교리적이요, 지식적인 설교라 내가 싫다."하시며 보혈의 증거도 없는 죽은 설교라 내가 들어갈 수가 없다고 하셨다는 것이다.

필자는 생각했다. 허물 많고 부족한 종을 기뻐하시고 큰 교회도 가지 않으시고 필자와 함께하신 주님께 감사를 드린다.

경남 사천에서 <보혈세미나>

어쩌면 2012년의 마지막 집회일 수도 있겠구나 하는 생각이 들었다.

2012년 12월 셋째 주의 일이었다. 필자는 감사하게도 육적인 욕심이 많이 없다. 교회가 크든지 작든지, 며칠을 하든지 사례를 많이 주든지 적게 주든지 자비량이든지 관심이 없다.

물론 필자인들 왜 돈이 싫겠는가. 하지만 그동안 작든지 많든지 국내외적으로, 부흥강사로 많은 교회와 기도원 신학교 등에서 섬겨왔다. 봉사만 해도 은혜인데 물질적인 것으로 문제될 것은 없었다. 그리고 보니 물질을 강조해 본 일도 없는 것 같다. 어쩌면 그것이 작게는 필자의 자랑이라면 자랑일 것이며 주님이 보혈의 비밀을 필자에게 주신 이유일지도 모른다. 그런데 이번에는 생각 외로 너무 사람들이 적었다. 하기야 여자 목사님이 시골에서 개척했으니 어쩌면 당연한 일일지도 모른다.

필자도 사람이라 때론 힘이 없고 용기도 적어지는 것이 솔직한 심정이다. 그러나 생각했다. 반드시 주님이 필자를 이곳으로 보낸 뜻과 목적이 있을 것이라고 생각했다. 적은 인원이 모였으나 말씀에 은혜를 주셔서 마지막 날까지 오게 되었다. 마지막 날 낮 예배 시간부터 보이지 않던 분들이 오셨다. 그런데 그 중에 반가운 분이 한 분 오셨다. 그분은 필자가 20년 전 부흥회 때도 만났던 분이었다. 은혜를 많이 받았다며 저녁에는 아내도 아들도 함께 오셨다. 20년 전에도 그분이 이런 말을 한 것으로 필자는 기억한다. 낮 공부 마친 후에 그분이 하는 말이 "심 목사님 집회는 아무나 못 옵니다. 주님이 골라 뽑아서 보내 주신 분들만이 올 수 있습니다."라고 했었다.

아마도 그 말이 작은 감동이 되어 정에 메마른 필자의 마음에 20년이 지난 오늘까지 그 말과 말한 사람을 기억하고 있는지도 모르겠다. 그런데 마지막 날 밤에 엄청난 일이 일어났다. 물론 다 말씀드리지는 않겠다.

그 집사님의 아내와 아들이 기도를 받는데 특별히 아들을 성령이 만져 주셨고 영적인 기적이 일어나게 되었다. 성령 충만하여 방언도, 영적인 은사도 입신도 체험하게 되었으며 필자가 가지고 있는 모든 능력이 전이가 되었다.

그날 밤 입신하여 오랫동안 일어나지 않았고 성령의 기름 부음이 강하게 역사하였다. 이것은 영적인 비밀이라 다 말할 수가 없다. 그날 밤 그 청년은 많이 감격하여 눈물을 흘리며 말했다. "목사님, 감사합니다. 다음에도 목사님 집회 꼭 참석하고 싶습니다. 목사님 전화번호 가르쳐 주십시오. 그리고 한 번 포옹해 주십시오."

그 후 또 다른 청년에게도 같은 은사가 계속해서 나타나고 주님이 만져 주는 것이 아닌가. 필자도 감격의 눈물을 흘렸다. 같은 은사가 계속해서 그날 밤에 나타났었다. 그날 밤에 참여했던 모든 분들에게 같은 역사가 계속되었다.

그 때 생각하였다. 주님의 뜻이 이들을 만나서 은사를 주시고 만져주게 하시려고 필자를 보내신 것이라는 생각이 들었다.

기도하며 들었던 주님의 음성

필자는 예장 합동 출신이며 총신맨이다. 항상 총신을 졸업한 것을 자랑스럽게 생각한다. 그러나 이 말이 별 도움이 안 된다는 것도 필자는 잘 알고 있다. 하지만 사실인데 어찌 하겠는가. 의도적인 것이 아닐 텐데 자랑스러운 일이 아닐까.

필자는 예언의 은사를 사모하지도, 그렇게 간절히 구한 일도 없으나 보혈이 온 후부터 예언의 은사도, 방언통역도, 대언방언통역도, 신유도, 귀신축사의 능력도 심지어 남의 속에 숨어있는 악령의 세력도 보인다.

사탄을 쫓아내는 능력은 점점 더 강하게 진행형으로 나타나고 있다. 이 모든 것이 주님이 하신 것이며 보혈을 알고 기도하였더니 나도 모르는 순간 그렇게 된 것이었다.

한 번은 교회에서 기도하면서 주님께 원망하는 기도가 나왔다.

'그렇게 준비하고 기도했는데 교회 부흥도 되지 않고 점점 더 어려우니 한국의 엘리야니 세례 요한이라고 하시고 너를 사랑한다 하시면서 도대체 내게 해준 것이 무엇이 있습니까?' 원망과 불평이 섞인 기도를 하였다.

한참을 그렇게 기도했는데 갑자기 눈물이 나는 것이 아닌가. 그런데 그 후 주님의 음성이 들렸다.

'사랑하는 종아.' 따뜻한 주님의 음성이 내 입을 통해 말하는 것이 아닌가?

그래서 필자는 '주님, 말씀하십시오.' 라고 하였더니 '너를 세계적인 기적의 종으로 쓴다고 하지 않았느냐. 조금만 기다려라. 종아, 너보다 내가 더 급하다고 하지 않았느냐. 이미 시작되었고 지금도 너를 귀하게 쓰지 않느냐. 네가 울

때 나도 울었고 네가 아파할 때 나도 아파했노라.' 라고 하시는 것이 아닌가.

그 때 필자는 무릎을 끊고 말했다. '주님, 종을 용서하소서. 여호와께서 내게 주신 이 모든 은혜를 무엇으로 보답할꼬.'

주님의 그 말씀에 감격하여 눈물을 흘리며 그날 밤을 기도로 새웠고, 그 후 며칠 동안 감격하여 뜬 눈으로 밤을 새웠다.

필자는 믿는다. 주님은 반드시 그 약속을 지키실 것이고 그 날이 지금 이미 시작되었음을 믿는다.

목사님은 한국의 엘리야이고 세례 요한이시래요

지금부터 만 6년 전의 일이다. 2007년 봄 학기부터 대구 성서에 있는 신학교에서 필자가 2년간 강의를 한 적이 있었다. 하루는 보혈론 강의 1교시를 마치고 2강을 위해 잠시 쉬는 시간인데 어떤 학생이 나에게로 와서 한 말이다.

"목사님 힘내세요. 주님이 목사님을 사랑하신대요. 목사님은 세계적인 보혈의 종으로 주님이 훈련시키시고 계시고 앞으로 주님이 목사님이 지금까지 기도하며 구한 것보다 더 많이 응답해 주시고 한국의 엘리야이며 세례 요한이라 하셨어요." 라고 하는 것이 아닌가. 그때까지도 나는 그 학생의 이름도 나이도 심지어 얼굴도 잘 몰랐다.

다시 2교시 강의를 마친 후 점심시간이 되어 필자가 그녀에게 물어보았다. 아까 이야기한 것이 무슨 말이냐고.

그때 그 제자가 하는 말이 목사님 얼굴에는 항상 수심이 가득하여 안타까운 마음이 뷜 때마다 들었는데 주님께 목사님을 위해 기도하는데 주님이 필자의 기도를 계속해서 시키시더라는 것이다.

그러던 어느 날 깊이 필자의 기도를 시키시더니 주님이 '심 목사는 내 사랑하는 종이요, 한국의 엘리야요, 세례 요한이니라' 말씀하셨다고 한다. 그 말이 참으로 감사하였고 내게는 큰 위로가 되었다. 그 후에 우리는 <보혈신앙선교회>http://cafe.daum.net/angtae를 함께 만들어 보혈신앙을 위해 함께 1년간 사역하였다.

우리 교회 집사님과 함께 세 사람이 사역을 하였는데 그 때 들었던 예언이 지금 하나씩 하나씩 다 이루어져 가고 응답하고 있음을 주님께 감사드린다.

세계 최고의 보혈의 능력자가 될 것이며 보혈 책을 쓸 것이고 세계 200여 개국을 다니면서 선교할 것이라고도 하였다.

그 후 6년 동안 만나보지도 소식도 잘 듣지 못했지만 하루도 빠짐없이 난 그를 위해 기도하였고 그의 행복을 빌었으며 그를 통해 말씀했던 주님의 뜻이 다 이루어질 것을 믿어 의심하지 않는다.

아마도 그 말 때문인지도 모른다. "목사님, 힘내세요. 목사님은 한국의 엘리야요. 세례 요한이래요." 하는 그 말이 만 6년이 지난 오늘도 내 가슴속에 살아 움직이고 있고 그날이 올 것으로 굳게 믿고 있다.

목사님은 세계 최고의 보혈목사님이세요

주님은 2011년을 필자의 마지막 훈련의 해로 사용하신 것이라 생각한다. 주님은 우연히 영적 능력자를 만나게 하셨고 그분을 통해 알지 못했던 영적인 세계를 알고 많은 것을 체험하고 배우게 하셨다. 그분은 겸손하고 사랑이 많았고 주님을 크게 사랑하시는 분이셨다. 물론 그 후에 실망한 부분도 있었고 그분 때문에 낙심한 부분도 솔직히 있었기에 영원히 함께하려는 마음을 바꾸어 그분 곁을 떠났지만 나는 믿는다. 그렇게 믿지 않는 분들도 계시지만 목사님이 하신 모든 것이 주님께로부터 왔으며 사탄은 절대로 흉내 낼 수도, 할 수도 없고, 하지도 못한다는 것이 보혈 목사인 필자의 생각이며 또한 주님의 생각이라 믿는다.

무엇보다 그 목사님께 감사한 것은 그 무렵 필자가 너무나도 힘들었을 때 만나 많은 위로가 되었다. 그분에 대해 또 하나 귀하고 분명한 사실은 예수님께, 그리고 보혈에 미친 분이셨다는 것이다. 말만 하면 예수 보혈 십자가였다.

그래서 주님이 우릴 만나게 하셨다고 생각한다. 그러나 떠나게 된 것, 또한 주님이 바울과 바나바 사역을 위해 헤어지게 하듯이 한 것이라 믿는다.

그분은 남들이 갖지 못한 영성과 축사의 사역이 강했고 은사 사역의 대가셨다. 특히 그분은 날마다 주님을 만나 사역하시는 분이셨다.

그분도 필자를 사랑하여 당신의 집회 때마다 심지어는 한 주간에 세 번이나 말씀을 전하게 하셨다. 승용차를 사주신다는 말씀도 하셨다. 물론 필자가 거절했지만 감사드린다. 그렇게 겸손하시고 사랑이 많으신 분이니 정에 약한 필자는 당신 곁을 떠난 지금도 그 마음을 고이 간직하고 있다.

그분이 필자에게 한 예언의 말씀을 다 쓴다면 200페이지 책 한 권도 부족할 만치 양이 많다. 가장 기억에 남는 것은 필자가 보혈로는 세계 최고의 목사라고 주님이 말씀하셨다고 하셨고, 『보혈은 기적이다』의 2권은 세계 최고의 보혈 책이 될 것이라는 말씀이 내 가슴에 남는다.

무엇보다 6년 전에 나의 사역을 예언했던 사랑하는 제자의 예언과 한 자도 틀리지 않게 똑같았다. 그래서 더 신뢰가 깊었다.

필자는 전 세계로 다니면서 지구촌에 보혈을 뿌릴 것이라고 말씀하셨다. 자기가 한 말이 아니라 주님이 말씀하셨다고 힘주어 많은 사람 앞에서 여러 번 예언하셨고 필자를 실력과 영성을 갖춘 이 시대의 별이라고 극찬하셨다. 또 『보혈은 기적이다』의 2권은 주님이 천사를 파송시켜 보혈 천사가 친히 쓰게 하실 것이라고 하셨다.

정말 그렇다. 워드작업만 빼고 2주간 만에 다 쓰게 하셨고 참고서적은 성경 한 권뿐이었으니 주님이 보혈 천사를 통해 쓰신 것이 참으로 맞다고 아니할 수 없다. 그리고 2권은 천사를 통해 지구인들에게 배달되는 기적의 보혈책이 될 것이라고 말씀하셨다. 설령 그 예언이 맞지 않는다 할지라도 그 말씀만은 내 가슴에 고이 간직할 것이다.

그분은 선교에 남다른 열정을 가지신 분이시며 사랑이 많고 겸손하고 온유한 분이셨다. 필자도 많은 선교를 하는 목사가 될 것이라고 하셨다.

당신이 이루고자 하신 일들이 아름답게 열매를 맺기를 바라며 필자도 작은 도움이 되기를 바라고 필자를 사랑해 주셨던 그 따뜻한 마음을 간직하여 당신을 통해서 하셨던 주님의 음성이 필자에게 열매 맺기를 바라며 지면으로 인사를 드린다.

재수가 없어 심상태 목사에게 걸렸네

경북 포항 기도원에서 2012년에 약 11주간이나 집회와 사역을 한 적이 있었다. 그분들에게 보혈의 진리를 전수한 것이 가장 귀한 일이었고 많은 사람들이 병이 치유되었다. 악령으로부터 해방시키는 역사도 하셨다. 그런 모든 일들 가운데 지금도 잊지 못하는 일이 한 가지 있었다.

2012년 여름이었다. 기도원에서 숙식을 하다시피 하는 30대의 가난하고 불쌍한 청년이 있었다. 그 청년이 필자의 집회에 참석하게 되었다. 그 청년은 어릴 때부터 사탄에 사로잡혀 있다는 걸 기도원에 참석하신 분은 다 아는 사실이었다.

하루는 우리 사역자들이 함께 모여 그 청년 속에 있는 사탄을 향해 축사하기로 하고 그 청년을 위하여 중점적으로 기도하였다. 기도하는 중 필자가 물었다 "사탄아! 내가 네게 묻는다. 네가 언제부터 이 청년에게 들어왔느냐?" 그랬더니 23년 전에 들어왔다고 사탄이 이야기했다. 그리고 필자가 "대장마귀 나와!"라고 명령하고 왜 들어왔느냐 물으니 "이 청년을 죽이려고 들어왔다."라고 하는 것이 아닌가.

그 후 계속 이야기하다가 "예수의 피다. 나가! 내가 예수의 이름으로 네게 명하노니 나가! 예수의 피다! 성령의 불이다!"라고 했더니 "아이고, 뜨거워!" 고함을 치며 나가기 시작했다. 그 청년은 심한 경련을 일으켰다. 기도하고 기침하며 가래를 뱉으며 사역 중 크게 소리쳤다. 그런데 갑자기 사탄이 말했다. "내가 참 재수가 없이 더럽게 걸렸네."하는 것이 아닌가. 그래서 그게 무슨 말이냐고 물으니 사탄이 한다는 말이 "○○○목사에게 걸렸으면 견딜 수 있었는데 재수 없게 능력 많은 보혈목사인 심상태 목사에게 걸려서 떠나지 않으면 안 되니 억울하다."라는 것 아닌가.

그 ○○○목사님은 이름만 대면 다 아는 유명한 부흥사요, 한 달에 한 번씩 필자가 섬겼던 기도원에 매달 오는 강사였다. 무엇보다 축사의 능력으로는 우리나라 최고임을 누구나 잘 아는 일이며 하도 많이 들어서 귀가 따가울 정도였다. 기도원에 참석한 분들의 말에 의하면 "말씀은 심 목사님이 더 좋지만 사탄 축사는 그분이 더 잘해요."라고 하였다.

기분이 썩 좋지는 않았지만 그것이 사실이라고 인정하지 않을 수 없었다. 몇 년 전만 해도 필자는 우리 속에 사탄이 있다는 것도 몰랐으니 말이다. 그런데 아쉽게도 그 청년의 불순종으로 깨끗하게 다 치료하지는 못했다. 하지만 그날 사탄의 말이었지만 필자는 감격했고 보혈의 능력을 다시 한 번 실감하게 되었다. 그 다음날 낮 공부시간 후에 그 청년이 내게 말했다. "목사님, 신발 사이즈 어떻게 되세요?"

필자가 물었다. "왜 그래요?" 했더니 "랜드로버 구두 한 켤레 사드리려고요." 하였다. 무슨 돈이 있다고 그러느냐고 됐다고 했더니 "노가다 일 열심히 했어요. 사드릴게요."라고 했다. 물론 사양해서 선물을 받지는 않았다.

그는 고아이며 할머니께 의탁하여 겨우 밥만 먹는 그런 불쌍한 청년이었다. 보혈의 능력은 이렇게 강하게 능력으로 역사하는 것임을 필자는 다시 한 번 알게 되었다.

신학교 가서 훌륭한 목사가 될 게요

그와 비슷한 나이 또래의 청년 한사람도 사탄에 오랫동안 잡혀있었다. 필자는 그 청년 어머님인 권사님의 따뜻한 사랑을 받았다. 무엇보다 필자의 설교를 들을 때마다 눈물을 흘렸고 너무 감격하여 필자를 우리나라 최고의 설교자로 믿고 기도해 주시고 영육으로 사랑해 주시는 것 또한 필자는 잊지 않는다. 그 아들은 이름을 부르면 "예"라는 말밖에 하지 않는 심한 환자였다. 다른 사람 말은 절대로 듣지 않았지만 필자의 말은 참 잘 순종하였다. 5개월 정도 기도해 주었던 것으로 기억한다. 그때마다 주님은 나을 것이라고 말씀하셨고 차츰 차츰 차도가 있었다.

금년 여름에도 초청하여 다시 갔더니 그 전에는 상상도 할 수 없이 주님이 많이 고쳐 주셨다. 무릎을 꿇고 예배를 드리고 찬송도 하고 기도를 받는 것도 순순히 응했고 이렇게 말했다.

"목사님, 일주일에 한 번씩만 저를 위해 오셔서 기도해 주세요. 내년에는 대학에 복학해서 마치고 신학교에 들어가서 앞으로 훌륭한 목사가 되겠습니다. 신학교 입학하면 목사님 교회에서 목사님께 배우기도 하고 도와드리겠습니다."

그 전에는 "예"라는 말밖에 안 했는데 놀랍게 주님이 만져주신 것이었다.

하루는 더워서 여름에 방안에서 앉아 있는데 그 청년 어머니 권사님께 전화가 왔다.

'목사님, 우리 아들이 점점 더 좋아져요. 에어컨 한 대 사드릴게요.'

당시 아직은 필자의 집에 에어컨이 없다고 설교하면서 우연히 던진 그 말이 믿음이 되어 3백5십만 원짜리 최신형 에어컨을 사주신 것이다.

그 외에도 넥타이며 많은 선물을 해주셨고 현금도 주셨다. 참으로 감사하다. 너무 기쁘고 감사했지만 아들이 점점 더 좋아진다는 그 말이 가장 좋았고 종을 통해 역사하신 주님께 크신 영광을 돌려드린다.

'주님, 감사합니다. 주님이 하셨어요. 그 아들도 계속해서 더 치료해 주세요.'

주님이 깨끗하게 치료해 주시기만 지금도 기도할 뿐이다.

목사님, 암 덩어리가 빠져 나갔어요

포항에서 〈보혈세미나〉를 개최했을 때의 이야기다. 하루는 '이번 주간은 생각 외로 많은 분이 안 오시네.' 하는 생각을 하고 있었다. 요즘은 집회에 많은 분들이 참여하지 않는다.

물론 시대적인 여건도 있지만 방송매체와 인터넷 상으로 부담 없이 언제나 세계적인 목사님들의 설교를 들을 수 있으니 직접 힘들여 찾아오는 사람들이 적어지는 것은 당연하다.

소위 말씀의 홍수시대 아닌가. 그래도 많은 분들을 보내 주시리라 믿으며 첫날 집회를 마치고 둘째 날 낮 공부시간이 되었는데 전날 보지 못한 새 성도 몇 명이 왔다. 힘이 났다. 설교를 마치고 안수기도를 했다. 어느 여성도의 머리에 안수를 하는데 몸을 비틀며 고함을 치는 것이 아닌가. 그래서 물어봤더니 그는 암 수술을 해서 재발한 상태라고 하였다. 그 말을 듣고 본격적으로 기도를 한

30분가량 했는데 구토하고 기침을 하더니 화장실에 간다고 했다. 그러더니 몇 분 후에 와서 밝게 웃으며 "목사님, 대변 속에 큰 덩어리가 많이 빠져 나왔어요." 하는 것이 아닌가. 그때 함께 사역하던 두 사람에게 기도를 부탁했더니 암 덩어리가 빠졌다는 것이었다.

그날 그분이 집회에 참석한 30여 명에게 오리고기로 식사를 대접했고 오후에는 필자를 부르더니 함께 가자고 해서 갔더니 제일 좋은 양복과 와이셔츠, 넥타이를 선물해 주셨다.

선물보다 더 감사한 것은 생명인 보혈을 전한 것이었고 주님이 허물 많고 부족한 종을 통해 진행형으로 사용하시고 계신다는 것이었다. 모두가 주님이 하셨고 종은 그 자리에 함께 있었을 뿐이니 종을 통해 역사하신 성령님을 찬송하며 성삼위 하나님께 영광을 돌려 드린다. 바라기는 그들 모두가 완치되어 주님을 기쁘시게 하는 종이 되길 기도한다.

눈이 안 보였는데 이제 보여요

먼 곳에서 집회하고 선교사님 댁으로 가는데 참석했던 선교사님이 말했다. 현지인 목사님 한 분의 사모가 눈이 안 보이니 기도 좀 해달라는 것이었다. 쾌히 승낙하고 그 현지 목사님 댁으로 갔었다.

초라한 집에서 잠시 말씀을 전한 후에 정말 눈이 안 보이느냐고 물어보았다. 그 말에 진단서를 보여주며 거의 볼 수 없다는 것이었다. 그래서 현지 선교사님들께 불을 켜 임상실험을 하였다. 정말로 안 보인다고 하였다. 그래서 그 자리에서 기도하였다.

"예수 이름으로 눈이 떠질지어다! 보혈의 피다. 눈을 잡고 있는 악령아, 나가! 예수 피다! 성령의 불이다!" 이렇게 한참 기도한 후에 다시 물었다. 혹시나 싶어서 "좀 어때요?" 했더니 "아니! 보여요! 보여요!"라고 하는 것이 아닌가.

"조금 전에는 안 보였는데 지금은 보여요!"

그 집을 나오면서 우리는 '주의 보혈 능력 있도다' 누가 시키지도 않는데 합창으로 그 찬송을 불렀다. 그날로부터 10여 일 후에 내 집회에서 어떤 여인이 내게 정중히 인사를 하였다. 자기 아들 두 명과 함께. 그래서 누구냐고 물었더니 그때 눈을 기도 받은 사모라고 했다. 그 말을 듣고야 그분 얼굴이 기억이 났다.

필자가 물었다. "눈이 좀 어때요?"

"잘 보여요. 그래서 감사해서 우리 애들과 함께 인사하러 왔지요." 하였다.

목사님 말씀할 때 피가 돌아가네요

금년부터는 주님이 필자를 엄청난 신유의 능력과 함께 귀신축사의 능력을 더욱 강하게 하셨다.

우리가 알아야 하는 것은 인간이 죄를 지으므로 죗값으로 죄만 우리 속에 들어오는 것이 아니라 사탄이 우리 속에 함께 들어온다는 사실이다. 또한 특정한 병은 질병을 잡고 있는 악한 영을 축사해야 치유된다는 것을 알아야 한다.

필자도 알지 못했으나 보혈을 알고 난 후 주님이 가르쳐 주셨다. 이것이 영적인 비밀인 것이다(요8:32~39참조). 요즘은 진행형으로 이 모든 능력이 역사하는 것을 볼 수 있다. 앞서도 잠깐 언급하였다.

경북 지역의 기도원에서 사역할 때 일어난 일이다. 30여 년을 신부전증으로 심히 고생하며 일주일에 피를 세 번이나 수혈 받아야 하는 분이 계셨다. 예배를 드린 후 우리는 사역자들과 함께 질병의 세력을 위하여 기도하였다.

필자가 외쳤다. "예수의 이름으로 보혈을 붓는다. 예수 피다. 성령의 불이다. 막힌 것이 뚫어지고 피가 정상적으로 돌지어다! 피가 빠르게 돌지어다! 혈관을 막고 있는 악한 영아, 나가!"라고 큰 소리로 외쳤다. 그 순간 투시하며 기도하던 이명수 목사가 외쳤다. 울면서 "목사님, 피가 막 돌아가요. 목사님이 피가 돌지어다라고 명령할 때 급하게 돌아가요. 들어보세요."라고 하는 것이 아닌가. "소리가 막 들려요. 들어보세요." 거기 있는 모든 분들이 함께 들어보니 정말로 피가 돌아가는 소리가 들렸다. 할렐루야! 그 외에도 많은 사역으로 치유가 일어났지만 생략하겠다.

목사님, 무릎이 진짜로 꿇어지네요

이명수 목사님 초청으로 충남 보령시에서 부흥회 때 일어난 일이었다.

10년 이상 다리가 불편해서 무릎을 꿇지 못하는 초등학생이 있었다. 정확하게 5분 정도 다리를 잡고 명령했다. "예수 이름으로 다리가 제 자리로 돌아갈지어다! 창조의 사건으로 회복될지어다. 보혈의 피를 뿌린다!"라고 명령했더니 10년 동안 꿇지 못했던 다리가 90% 현장에서 완치된 것이다.

필자는 특히 뼈 사역이 강하게 나타났다. 경북 어느 지역에서도 허리 때문에 연세대 병원에 입원한 환자를 그 부모님이 강제로 필자의 집회에 데려왔는데 그날 밤 필자가 "예수 이름으로 나을지어다!" 하고 몇 번 허리를 쳤는데 그날 밤에 다 나았다고 간증을 하였다. 그녀가 말하기를 필자가 기도하며 예수 이름으로 허리를 칠 때 환상이 보였는데 천사가 내려와서 자기 허리를 만져주더라고 하였다.

얼마 전에는 어떤 집사님 댁에 심방을 갔는데 그 자녀 통지표를 보게 되었다. 그 통지표는 거의 다 가, 가, 가, 가, 양, 가, 가였다. 필자가 물었다. 무슨 양을 먹이느냐고 이게 뭐야 했더니 그 학생 어머니가 하는 말이 "목사님, 우리 애가 귀가 안 들려서 선생님 말씀을 못 알아들어요. 그것도 잘하는 거예요." 하는 것이 아닌가. 즉시 기도하였다. 그 아이 귀에다 손을 넣고 "십자가 보혈을 뿌리노라! 귀를 잡고 있는 악령아, 나가!" 큰소리로 방언으로 기도했는데 기도 후 들리느냐 했더니 "예"하는 것이 아닌가. 현장에서 주님이 고쳐 주신 것이다.

얼마 후 그 아이 어머니가 쌀 한가마니를 부쳐왔다. "웬 쌀을요." 하였더니 "귀를 낫게 해주셨는데 드릴 것이 없어서요. 목사님, 감사해요."